大宋宮家現形記

撕開宮廷政治三百年的黑幕

吳錚強——著

引言

不研究宮廷政治，就讀不懂宋史

兩宋三百年歷史，為秦以後歷時最久的王朝，歷史文獻也比之前任何朝代豐富得多。這個王朝給後人留下了幾種截然不同的印象。有人說那時積貧積弱，就有人說那是經濟繁華、人口飛躍的時代；有人說宋朝政治腐朽、軍事孱弱，就有人說那是建立正確政治秩序的開端與典範；有人說宋朝前所未有地加強君主專制，就有人說宋朝的士大夫政治相當於君主立憲；有人說宋朝轉向內向，不再開放自信，就有人說宋朝的文化藝術成就空前絕後，對外交流無遠弗屆。

種種印象都像是盲人摸象。但宋朝的統一形象為什麼難以構建？原因之一是文獻記載中對宋朝歷史的諸多關鍵問題都有意掩蓋。缺失了關鍵，整體就被打得零碎，不同人將碎片想像成宋朝的全部，造成各種截然相反的印象。因此想準確認識宋朝，就要把被掩蓋的關鍵重新發掘出來，將其置於破碎的拼圖中。

宋朝歷史被掩蓋得面目全非的關鍵，首先當然是宮廷政治。宮廷政治涉及統治者的聲譽與政治穩定，亦涉及政治路線的權鬥以及士大夫意識形態的塑造。當時有多少理由掩蓋兩宋宮廷政治的真相，今天就有多少理由需要最大限度地發掘出來，才能融會貫通地理解及讀懂宋朝歷史。

《水滸傳》大英雄魯智深的原型是宋朝開國皇帝趙匡胤，了解這點才能真正體會宋朝的重文輕武。關於太宗繼統，學者們長期關注所謂的斧聲燭影，其實問題的關鍵在於黑殺將軍，他預先知道了太祖的死期，只有認識黑殺將軍，才能真正理解宋朝崇祀道教的現象。宋真宗當上皇帝看似因大哥與二哥或病或死先後出局，但誰能保證宋真宗不是謀略大師，又有誰能算定宋真宗就是真正的贏家？宋真宗的血脈只相當可疑地傳了一代人，宋朝有六個皇帝是宋真宗的四弟趙元份的後裔。

據說某部電視劇描寫宋仁宗與曹皇后為了治理國家而相互支持、相互理解的深厚情感，但宋仁宗哪有一丁點愛過曹皇后？他只愛張貴妃，只想和張貴妃生下皇子。而仁宗的皇子全部早夭，無法想像曹皇后做過些什麼，只知道仁宗想廢黜曹皇后，還在病中大呼皇后「謀大逆」。

宋仁宗的身世之所以不清不白是因真宗必須保證無能生育的劉皇后能夠垂簾聽政。仁宗指控曹皇后「謀大逆」，英宗懷疑曹皇后有廢立之舉，都是曹皇后在謀劃「同聽政」。宋神宗一代英武，他推行的新政可以理解為太宗的皇四子與皇三子的路線之爭。可惜神宗英年早逝，留下的皇子都沒有成年，他的母親英宗高皇后以太皇太后的名義垂簾聽政，並徹底廢除新法。哲宗親政後，不但恢復新政，而且廢黜祖母高氏給自己安排的孟皇后。新立的劉皇后野心勃勃，然而新生的皇子夭折，哲宗本人也傷心過度不壽而終。

哲宗死因已無從追究，但徽宗繼位顯然與神宗向皇后排擠哲宗生母朱太妃密切相關，所以向太后的垂簾聽政未必只是徽宗的需要，更可能是向太后與徽宗聯合奪嫡計畫的重要組成部分。真宗劉皇后、仁宗曹皇后、英宗高皇后、神宗向皇后連續垂簾聽政，構成了宋朝宮廷史的太后聽政時代。這個現象的影響不局限於宮廷內部，更是仁宗朝以來北宋黨爭的根源之一，抽離了宮廷政治的視角，北宋政治的悲劇就會被簡單地歸咎於書生清談誤國。

宋徽宗在宋、金戰爭中禪讓於皇太子，開啟了兩宋的太上皇時代。每個太上皇的出現都是一部家庭倫理的悲劇，帝王家的倫理悲劇深刻地決定著王朝命運的走向，靖康之難、苗劉之變、紹熙政變，無不如此，直到權臣政治登上歷史舞臺。但哪一位權臣背後沒有後宮的奧援？韓侂胄背後是高宗吳皇后與寧宗韓皇后，史彌遠與寧宗楊皇后聯合專政，賈似道的姊姊是理宗的貴妃。皇帝、後宮與權臣的導傳性更替決定著權臣最後的命運，如韓侂胄的北伐及其被殺，史彌遠扶植理學成為正統思想，賈似道的和戰之策及其竄死等。至此，宋朝以後的歷史軌跡已經若隱若現：南北戰爭及理學與皇權的糾纏……

不研究宮廷政治，就讀不懂宋史。讓我們從宮廷政治的視角，重現兩宋的政治風雲。

【目錄】

第一章——俠客皇帝

1 皇帝輪流做

宋朝的開國皇帝叫趙匡胤，廟號太祖，所以稱為宋太祖。這個皇帝很奇怪，他本是一介武夫，建立的宋朝卻顯得過於文弱，其實文治宋朝是他的弟弟趙光義開創的。趙光義就是宋太宗，他在軍隊中沒有勢力，所以大興科舉，依靠文人來壓制武人的力量。趙匡胤是軍官出身，深得軍隊的擁護，是武夫的首領。建立宋朝後，趙匡胤雖然削奪禁軍將領的兵權，加強中央集權，但他在世時，沒有人敢看不起武人。然而他的兒子沒有當上皇帝，北宋後來的皇帝都是他弟弟趙光義的後代。如果不是他弟弟繼位，趙匡胤開創的宋朝可能與武人當道的五代（後梁、後唐、後晉、後漢、後周）更加接近，而不是那副文弱的樣子。某種意義上講，可以將趙匡胤當皇帝的十多年看成五代與宋朝之間的過渡王朝，一方面是五代延續下來的「第六代」，另一方面揭開了宋朝的序幕。

直到北宋亡國，南宋開國之君趙構沒有子嗣，趙匡胤的七世孫宋孝宗才得以當上皇帝。這樣一來，趙匡胤在宋朝的皇帝譜系中顯得比較奇怪。首先，僅趙匡胤是武夫形象，從趙光義開始個個都喜歡舞文弄墨。其次，趙匡胤沒讓他兒子當上皇帝，可能是因為被弟弟謀殺篡位，但武夫的首領怎麼鬥不過舞文弄墨的弟弟呢？很大程度上要歸咎於趙匡胤心太大，總認為生死由命、富貴在天。換言之，他很懂在江湖上當大哥，卻不太懂宮廷鬥爭那一套。這種人可以建立一個王朝，卻在宮鬥劇中過早出局，從而揭開了宋朝宮廷政治史的序幕。

趙匡胤是透過「陳橋兵變」當上皇帝。建隆元年（九六〇）正月初，禁軍將領趙匡胤帶著一支軍隊離開京城開封，向北行軍，本來要去打仗，因得到情報說北漢聯合契丹即將來進攻。陳橋驛是開封城北三十里的必經驛站。軍隊行至陳橋驛過了一夜，第二天，趙匡胤發現被率領的軍隊包圍了。士兵們紛紛鬧事，一致要求由趙匡胤當皇帝，因當朝皇帝年齡太小，不懂得他們打仗的辛苦。

當時的周朝是唐、宋之間五代的最後一個短命王朝，史稱後周。後周傳了三個皇帝，開國皇帝叫郭威，他的兒子都被殺，就認內侄柴榮為嗣子，柴榮以郭榮的名義繼位。柴榮是個有作為的皇帝，但顯德六年（九五九）突然病逝，年僅三十九歲，只好由他七歲的兒子柴（郭）宗訓繼位。大周就出了一個小皇帝，政權理論上掌握在柴榮的皇后符氏手中，而當時符太后只有二十八歲。這種孤兒寡母掌權的局面對於軍隊而言是不能接受的。將士們認為後周世宗柴榮當然是好皇帝，對將士們很好，但他兒子太小，太后是個年輕的寡婦，這兩人根本不懂打仗，所以不能當皇帝。原來五代長期戰亂，皇帝多是長期御駕親征的軍事將領，和軍隊的關係非常親密，對戰爭中誰的表現最出色，誰最忠誠，打完仗之後應該賞賜誰、給誰加官晉爵，都一清二楚。孤兒寡母做不到這一點，自然應該換皇帝。

2 黃袍又加身

換誰做皇帝很簡單，當時軍隊的最高領導——殿前都點檢趙匡胤。後周禁軍本來沒有「殿前都點檢」這個職務。顯德元年（九五四），剛繼位的柴榮御駕親征，在高平（今山西高平）與北漢軍隊遭遇，老將樊愛能、何徽畏戰，帶領騎兵望風而逃，步兵丟棄武器投降北漢。危急關頭，柴榮親率殿前軍躍馬突入敵陣。柴榮身先士卒，將士們奮力廝殺，趙匡胤就是其中一名將校。高平之戰後，柴榮發現禁軍紀律鬆散，士兵多是老弱病殘，於是從各地精選勇壯之士編成一支新軍，名為「殿前諸班」，統軍將領就稱為「殿前都點檢」，而負責選拔殿前諸班將士的就是新任「殿前都虞候」趙匡胤。這時的殿前都點檢是郭威的女婿、柴榮的妹夫張永德，但顯德六年周世宗北伐時，「無意中」撿到一塊木牌，上面寫著「點檢作天子」幾個字。柴榮在這次北伐中身染重病，班師半個月後病逝，去世前解除了張永德的兵權，任命趙匡胤接任殿前都點檢。

將士們嫌棄孤兒寡母掌握政權，這種觀念肯定讓宋朝人覺得不可思議，但五代的邏輯是「天子，兵馬強壯者為之」，不掌握最強大軍隊的人當皇帝才叫不可思議。如此這般，趙匡胤在陳橋驛被自己的軍隊包圍了。史書上說，前一天晚上他喝了很多酒，這天起床很晚，酒沒有完全醒。趙匡胤最初的反應當然是拒絕，他說：「這怎麼行，你們想害死我嗎？先帝對我這麼好，怎麼能做這種事情？」將士們看趙匡胤不答應，直接衝進他的營帳，把事先準備好的黃袍強行披在他的身上。無奈之下，趙匡胤答應當皇帝，要求軍隊回到京城後不得搶劫老百姓，奪取政權之後不要傷害小皇帝、太后和後周的官員。就這樣，趙匡胤率領軍隊掉頭回到開封，在沒有遇到任何抵抗的情況下奪取後周的政權，建立了宋朝。

宋人的敘述中，「陳橋兵變」對於趙匡胤來說似乎是個意外，只是受到將士們的脅迫才勉為其難地當了皇帝。歷史學者一般不相信這種說法，「黃袍加身」的情節本身就是最大的疑點，黃袍不會憑空產生，必須有人預備。難道整支軍隊上上下下都知道兵變即將發生，只有趙匡胤一個人蒙在鼓裡嗎？還有，為什麼這支軍隊發動兵變奪取政權會預先縫製一件黃袍呢？

其實黃袍加身的情節是模仿而來，後周的開國皇帝郭威本是後漢的大將，他掌握政權之後，曾率一支軍隊從開封行至澶州（今河南濮陽），也是軍士們先鼓噪起來，這時有人「扯裂黃旗為郭威加身」，於是郭威返回開封，推翻後漢，建立了後周政權。趙匡胤的黃袍加身具有向郭威澶州兵變「致敬」的意味，兩次兵變相隔不過十年，澶州兵變時，趙匡胤正是郭威的部將。

3 魯智深是誰？

趙匡胤用郭威的方式推翻了郭威建立的王朝，而這兩個開國皇帝從此成為當時武人崇拜的超級英雄。到了宋朝，武人英雄形象被邊緣化，但軍隊中、江湖上仍流傳著他們的傳說。文人統治時代，崇拜開國皇帝成為政治大忌，郭威與趙匡胤的形象因此轉化為虛構的超級英雄，就是大家非常熟悉的水滸大英雄——魯智深。

趙匡胤行伍出身，應募投入郭威帳下成為一名小校。不久，後周建立（九五一），趙匡胤被郭威從普通將校提拔為駐守滑州（今屬河南）軍隊的副指揮使。但出發去滑州任職前，趙匡胤結識了郭威的內侄、當時的開封府尹、後來的後周世宗柴榮，被任命為開封府的馬軍直使（騎兵指揮官），從而留在京城。趙匡胤從此成為中央禁軍的一員將領，開始了輝煌的軍事生涯。趙匡胤與魯智深的早期形象非常接近，都是武藝高強、行俠仗義的軍官。只不過趙匡胤生活在五代，趁某個機會當上了皇帝，而魯智深生活在北宋末年，只能去當和尚、山大王，然後接受朝廷的招安。

《水滸傳》開篇描述趙匡胤開創宋朝：

> 一條杆棒等身齊，打四百座軍州都姓趙。[1]

正是說趙匡胤武藝高強，一根棍子打下了大宋江山。武藝是混跡行伍的基本職業技能，在五代社會甚至是一種生活技能。趙匡胤不只是成功的軍官，還是武術界的一代宗師。金庸小說裡，江湖第一大門派少林寺最經典的武術

——少林長拳據說是趙匡胤所創。

少林長拳全稱就叫「宋太祖三十二勢長拳」，亦稱「太祖拳」。相傳趙匡胤投入郭威的軍隊之後，就把平生武學結合戰場上的實戰經驗編成三十二勢拳法，用來訓練士卒。後來趙匡胤發跡變泰，成為宋朝開國皇帝，昔日跟著他習武的士卒頓覺身價倍增，便在民間傳授「宋太祖三十二勢長拳」。宋初，少林寺住持福居禪師為振興少林拳法，曾邀集當時全國十八家武林門派在少林寺切磋武藝，宋太祖長拳是其中之一。《水滸傳》開篇出場而神龍見首不見尾的王進，以及敢於和魯智深切磋武藝的林沖，他們都有個威震江湖的軍隊職務——「八十萬禁軍教頭」。小說中這兩位「八十萬禁軍教頭」的原型，可能參照了趙匡胤在軍隊傳授武藝及為禁軍「殿前諸班」徵兵的那段經歷。

魯智深在王進與林沖兩位禁軍教頭之間出場，這三位人物在《水滸傳》中占據著前十回篇幅的顯赫地位，風頭幾乎蓋過梁山星魁宋江，這種現象當然有特殊原因。《水滸傳》所有的英雄豪傑中，魯智深是公認人格最完美的人物，即便林沖、武松這樣的大英雄也不能望其項背。但魯智深的早期經歷非常奇特，讀者印象最深刻的無疑是〈魯提轄拳打鎮關西〉。這個故事中，為解救被鄭屠霸占、流落渭州的小婦人翠蓮，魯達打死鄭屠而受到通緝，逃到代州，在五臺山出家為僧，法號「智深」。魯達成為魯智深，但耐不住僧人的清規戒律，被方丈安排往東京投靠大相國寺，又引出倒拔楊柳、與林沖相遇等一系列驚心動魄的故事。但從五臺山到大相國寺的途中，魯智深還發生了兩個故事。先是第五回〈小霸王醉入銷金帳，花和尚大鬧桃花村〉，說小霸王周通強娶桃花村劉員外的女兒，魯智深假扮新娘把小霸王揍了一頓，救下劉家女。接著第六回〈九紋龍剪徑赤松林，魯智深火燒瓦官寺〉，說和尚生鐵佛崔道成與道士飛天夜叉丘小乙兩位惡人霸占瓦官寺，強搶民女關在寺院裡，花和尚魯智深與九紋龍史進聯手鬥殺崔道成與丘小乙，但那個民女已投井自殺。在開封遇到林沖之前，魯智深身上的三個故事主題竟然都是英雄救美。

魯智深英雄救美的系列故事都有個共同的源頭——宋朝已流傳的話本〈趙太祖千里送京娘〉，其中刻畫的趙匡胤完全是梁山好漢的形象：

生得面如噀血，目若曙星，力敵萬人，氣吞四海。專好結交天下豪傑，任俠任氣，路見不平，拔刀相助，是個管閒事的祖宗，撞沒頭禍的太歲。[2]

青年趙匡胤力敵萬人，是路見不平拔刀相助、好管閒事的俠客。在開封闖下大禍，觸犯王法，被迫流落他鄉，一路上懲治各地惡棍。當他來到山西太原時，遇到叔叔趙景清。趙景清在當地的清油觀出家當道士，趙匡胤在道觀住了幾天。一次偶然的機會，趙匡胤發現道觀中有一間緊閉著的殿房，裡面有個美麗的少女。一打聽，才知道少女趙京娘被兩位強盜搶到了這裡，趙匡胤聽了少女的悲慘遭遇，毅然決定把她送回家。途中遭到那夥強盜的襲擊，趙匡胤將他們一一擊退，平安地將趙京娘送回家鄉。這個故事以少女自殺為結局，說趙京娘父母見到女兒後，想把她嫁給趙匡胤，趙匡胤拒絕，趙京娘為證清白自殺身亡。值得注意的還有兩位強盜的名號及他們強搶趙京娘的情節：

原來那女子也姓趙，小字京娘，是蒲州解梁縣小祥村居住，年方一十七歲。因隨父親來陽曲縣還北嶽香願，路遇兩個響馬強人：一個叫做滿天飛張廣兒，一個叫做著地滾周進。見京娘顏色，饒了他父親性命，擄掠到山神廟中。張、周二強人爭要成親，不肯相讓。議論了兩三日，二人恐壞了義氣，將這京娘寄頓於清油觀降魔殿內。分付道士小心供給看守，再去別處訪求個美貌女子，擄掠而來，湊成一對，然後同日成親，為壓寨夫人。那強人去了一月，至今未回。道士懼怕他，只得替他看守。[3]

這裡的「滿天飛張廣兒」與「著地滾周進」就是《水滸傳》飛天夜叉丘小乙、小霸王周通的原型，強搶成親的情節化入〈霸王醉入銷金帳〉，趙京娘自縊則演繹為瓦官寺婦人的投井自盡，可見《水滸傳》中「大鬧桃花村」與「火燒瓦官寺」兩個故事都由〈趙太祖千里送京娘〉演化而來。

至於最精彩的「拳打鎮關西」，一方面是套用了趙匡胤解救婦人的故事模式，另一方面直接採用後周開國皇帝郭威的一則故事。傳說郭威當年也是低階軍官，同樣武藝高強、負氣不羈、打抱不平，特別喜歡喝酒。郭威聽說某市場有惡霸屠夫，就喝了很多酒來找茬：

帝負氣用剛，好鬥多力，繼韜奇之，或踰法犯禁，亦多假借焉。嘗遊上黨市，有市屠壯健，眾所畏憚，帝以氣凌之，因醉命屠割肉，小不如意，叱之。屠者怒，坦腹謂帝曰：「爾敢刺我否？」帝即刲其腹，市人執之屬吏，繼韜惜而逸之。[4]

郭威對屠夫說你給我割肉，我規定你割幾刀，割幾片，然後嫌屠夫沒有按照他的命令割肉，便大罵屠夫。屠夫不服氣，袒露自己的肚皮向郭威叫板說，你有種把我刺殺算了，郭威一刀就把屠夫捅死了。這個故事不但與拳打鎮關西的情節如出一轍，而且原原本本地保留在新、舊《五代史》中。

1 施耐庵、羅貫中：《水滸傳》，北京：中華書局，二〇〇九年，第二頁。
2 馮夢龍：《警世通言》卷二十一〈趙太祖千里送京娘〉，北京：中華書局，二〇〇九年，第一八六頁。
3 馮夢龍：《警世通言》卷二十一〈趙太祖千里送京娘〉，第一八七～一八八頁。
4 薛居正：《舊五代史》卷一一〇〈周書一・太祖紀第一〉，北京：中華書局，一九七六年，第一四四八頁。

4 義社十兄弟

透過「黃袍加身」與魯智深故事，可以把後周與宋朝的兩位開國皇帝——郭威與趙匡胤深度地結合起來。他們都是武人心目中的英雄豪傑，深受軍隊的擁護與愛戴。從郭威與趙匡胤的角度講，他們的發跡變泰主要依靠在軍隊中結拜的兄弟們，這種特殊的社會關係模式透過《水滸傳》的梁山好漢而廣為人知。

郭威早年曾和一幫情投意合的中下級軍官結為生死兄弟，號稱「十軍主」。其中有個叫李瓊的人，認定郭威將來一定大富大貴，找了一個機會與郭威等人刺臂盟誓，說我們十個人能耐、出息各不相同，有的人將來可能當皇帝，有些人就能當個將軍，但無論誰發達了，都不要忘了共用富貴，「凡我十人，龍蛇混合，異日富貴無相忘，苟渝此言，神降之罰」[5]，後來郭威正是依靠「十軍主」的支持和擁戴一舉登上皇帝寶座。二十一歲就離家闖蕩的趙匡胤，深知結交朋友的重要性。經過多年經營，趙匡胤身邊終於有了一幫鐵哥們，號稱「義社十兄弟」。他們是楊光義、石守信、李繼勳、王審琦、劉慶義、劉守忠、劉廷讓、韓重贇、王政忠。這些人大都在後漢初年投入郭威麾下，後來漸漸成為趙匡胤生死相依、患難與共的鐵哥們。經過十多年軍旅生涯，到了後周末期，趙匡胤晉升最快、官職最高，很自然地成了義社兄弟的首領。這時，趙匡胤這些義社兄弟都已成為禁軍的中高級將領，如石守信和王審琦分別任殿前都指揮使和殿前都虞候；韓重贇則是殿前司控鶴軍都指揮使；李繼勳在高平之戰後升任殿前都虞候；劉廷讓任侍衛司龍捷右廂都指揮使；楊光義、劉慶義、劉守忠、王政忠等人應當也是禁軍中級以上軍官。這幫弟兄自然迫切希望結義大哥能夠入主皇宮，自己好跟著獲得享不盡的榮華富貴。

趙匡胤是靠結拜兄弟發動了陳橋兵變，他的親弟弟趙光義有沒有參與兵變呢？這個問題在宋代史書中有完全不同的記載。官方史書中，趙光義不但出現在陳橋兵變的現場，而且是這次兵變的重要策劃者，在將士們「叫呼而起，聲震原野」時，是他與趙普一起進入趙匡胤的大營勸進：「諸將無主，願策太尉為天子。」[6]按照宋朝的修史制度，新皇帝要為前位皇帝修一部稱為《實錄》的編年體史書，趙光義為皇兄修《太祖實錄》，修成後趙光義直接審查，對其中某些內容極其不滿，下令重修。重修《太祖實錄》的任務給史官們造成極大的壓力，直到趙光義去世，新版《太祖實錄》也沒修成，這個工作拖延到第三位皇帝宋真宗時代。參與新修《太祖實錄》的史官中有位王禹偁，與主持重修工作的宰相鬧翻而被貶官，去世時才四十八歲。他被貶官的原因就是認為新版《太祖實錄》的記載與事實嚴重不符，他說：「我的學生時代在太祖朝度過，我了解的那段歷史與現在官方史書的說法很不一樣，我應該把這些記錄下來。」於是寫了一本《建隆遺事》記載他所知的太祖朝初年的史實。

這本《建隆遺事》當然觸犯了很多政治忌諱，不可能公開發表，但大家對王禹偁記載的內容十分感興趣，因此成了宋朝有名的禁書。北宋時這部書在小範圍內祕密流傳，到南宋就已經失傳了。但因是熱門禁書，南宋時有書商偽造了一部《建隆遺事》在市場上流傳。這部書雖早已失傳，但北宋時看過這部書的邵伯溫把他有興趣的內容摘抄在筆記中，現在能從《邵氏聞見錄》中讀到《建隆遺事》記載「陳橋兵變」的片段：

杜太后度量恢廓，有才智，國初內助為多。上初自陳橋即帝位，進兵入城，人先報曰：「點檢（上時官為點檢）已作天子歸矣！」時后寢未興，聞報，安臥不答，晉王輩皆驚躍奔馬出迎（晉王後受命，是為太宗）。斯須有上親信人至，入白後，后乃徐徐而起曰：「吾兒素有大志，果有今日矣。」[7]

杜太后是宋太祖的母親。聽到趙匡胤發動兵變當上皇帝的消息時，還沒起床的杜太后沒有特別的反應，不慌不忙繼續睡覺，直到趙匡胤派出親信向母親報告時，杜太后才起床誇她的兒子真有出息。重要的是夾在中間的「晉王輩皆驚躍奔馬出迎」。「晉王」是趙光義在太祖時代的封爵，他聽說陳橋兵變的消息時非常吃驚，立即躍馬出城去迎接趙匡胤。這說明趙光義既沒有參與陳橋兵變的謀劃，更不在陳橋兵變的現場。後來官方史書說他在現場指揮兵變的記載，當然是他兒子宋真宗編造出來的，而王禹偁因反對篡改歷史而被貶官。

趙匡胤以江湖好漢的身分當上皇帝，建立宋朝以後也保持著早年的行事風格，不屑於宮廷與官場虛偽狡詐，《宋史》稱他是「孝友節儉，質任自然，不事矯飾」。趙匡胤喜歡到處遊歷，早年就不願整天待在官衙內，稱帝後還是經常微服私訪。有臣僚提醒這樣非常不安全，他卻不以為然，說「帝王之興，自有天命，周世宗見諸將方面大耳者皆殺之，我終日侍側，不能害也」。[8]趙普認為既然當了皇帝，應該打擊報復早年的仇人，趙匡胤卻說那時他們又不知道我有朝一日會當天子，大家都是勞苦出身，何苦相互為難。[9]

趙匡胤始終是喜歡武藝與飲酒的豪傑大丈夫。當上皇帝之後，再也沒人敢與他較量武藝，他不甘寂寞，身邊召集了數十位內侍太監，都是一流的大內高手。有次，地方獻上一隻威猛的老虎，趙匡胤讓人拿整隻羊前腿餵老虎。老虎吃得太猛，一根羊腿骨橫鯁於虎口。這時趙匡胤瞟了左右一眼，有位叫李承訓的內侍伸手從虎口中取出了羊腿骨而毫髮無損。只不過在身邊養一群大內高手，給趙匡胤帶來樂趣的同時，也可能產生致命的危險。

5 脫脫：《宋史》卷二六一〈李瓊傳〉，第九〇三一頁。
6 李燾：《續資治通鑑長編》卷一，北京：中華書局，二〇〇四年，第三頁。
7 邵伯溫：《邵氏聞見錄》卷七，李劍雄、劉德權點校，北京：中華書局，一九八三年，第六十五頁。
8 脫脫：《宋史》卷三〈太祖本紀三〉，第四十九頁。
9 脫脫：《宋史》卷二五六〈趙普傳〉，第八九四〇頁。

第二章 斧聲燭影

1 杜太后遺命

趙匡胤做了十七年皇帝，開寶九年（九七六）初冬十月的一天突然去世。他有兩個兒子，當時長子趙德昭二十六歲，次子趙德芳十八歲，但繼位的是皇弟趙光義。皇子為何當不上皇帝？情況非常複雜，首先關注趙匡胤死於次子趙德芳即將成年時的關鍵問題。

趙匡胤沒有考慮過皇位傳子嗎？這個問題沒有明確的答案，但他確實沒有立皇太子。沒有及時確立兒子的皇儲地位，而且兩位皇子的政治地位遠低於皇弟，給了趙光義可乘之機。趙匡胤是想把皇位傳給皇弟嗎？他也沒有立皇太弟，但他在世時，趙光義已是一人之下、萬人之上。趙光義是晉王兼開封府尹，而前一位晉王兼開封府尹是繼位前的後周世宗柴榮，按五代的慣例，親王兼開封府尹可視作準皇儲的地位。而此時兩位皇子只獲得貴州防禦使的頭銜，與趙光義不可同日而語。但問題是，既然趙光義早就成為準皇儲，政治地位遠在皇子之上，他當皇帝順理成章，旁人又何必懷疑這個皇位是搶來的，甚至認為趙匡胤是被趙光義害死的？

首先來看趙光義何時成為晉王兼開封府尹。建隆二年（九六一）七月，趙光義出任開封府尹，在他的母親昭憲太后杜氏去世後一個月時，傳說杜太后臨終前留下了「兄終弟及」之遺命，兩者顯然可以聯繫起來考慮。杜太后這個遺命史稱「昭憲顧命」或「金匱之盟」，這個遺命到底存不存在、具體內容是什麼，至今撲朔迷離。《續資治通鑑長編》系統記述了這件事：

> 六月甲午，皇太后崩……及寢疾，上侍藥餌不離左右。疾革，召普入受遺命。后問上曰：「汝自知所以得天下乎？」上嗚咽不能對。后曰：「吾自老死，哭無益也，吾方語汝以大事，而但哭耶？」問之如初。上曰：「此皆祖考及太后餘慶也。」后曰：「不然。政由柴氏使幼兒主天下，群心不附故耳。若周有長君，汝安得至此？汝與光義皆我所生，汝後當傳位汝弟。四海至廣，能立長君，社稷之福也。」上頓首泣曰：「敢不如太后教。」因謂普曰：「汝同記吾言，不可違也。」普即就榻前為誓書，於紙尾署曰「臣普記」。上藏其書金匱，命謹密宮人掌之。

這裡的要點：第一，杜太后要求太祖傳弟的理由是「立長君」；第二，杜太后只要求太祖傳位趙光義，而且「汝與光義皆我所生」暗示只有匡胤與光義是杜太后親生；第三，杜太后交代遺命時，在場人員只有趙匡胤與趙普，當事人皇弟趙光義不在場。但《長編》注文又交代了其他文獻的不同記載，並辨析了不採納這些文獻的理由。首先司馬光《涑水記聞》記載，杜太后要求匡胤傳光義之後，還要求光義再傳三弟廷美，「司馬光《記聞》稱太后欲傳位二弟，其意謂太宗及秦王廷美也」。接著《長編》又有一句關鍵的話：

> 今從正史及新錄，而舊錄蓋無是事。[1]

宋朝官方的修史制度是個複雜的體系，其中最主要的是日曆、實錄、國史的系統。日曆是史館收集、整理、編纂宋朝每天發生的重要事件，是基礎的史料積累工作。第一位皇帝去世後，新皇帝應以日曆為基礎，為前位皇帝修一部實錄，實錄是編年體史書，太祖朝的實錄稱為《太祖實錄》。而數位皇帝去世後，又可依據數部實錄再修撰一部紀傳體國史，李燾講的「正史」，就是仁宗朝修的太祖、太宗、真宗的《三朝國史》。問題是新錄與舊錄都指《太祖實錄》，《太祖實錄》最早是太宗朝編修，即「舊錄」。但因太宗不滿意，下令重修，直到真宗朝重修《太祖實錄》才完成，即「新錄」。而李燾可以同時看到這兩部《太祖實錄》，並指出舊《太祖實錄》並沒有記載「昭憲顧命」，而新《太祖實錄》及《三朝國史》記載杜太后要求太祖只傳光義。從今天史學研究的觀念來講，李燾所見「舊錄」相對而言是更原始的文獻，既然其中「蓋無是事」，則「昭憲顧命」是否存在都應該質疑。但李燾在沒有充分依據的情況下，一般優先採納官方認定的版本，所以「今從正史與新錄」。李燾同時從邏輯上否定了司馬光《涑水記聞》記載的不合理之處，因為從「立長君」的角度講，趙廷美與趙匡胤長子趙德昭年齡相差不多，沒有理由再讓趙廷美繼位：

> 按太后以周鄭王年幼，群情不附，故令太祖授天下於太宗。太宗當是時年二十三矣，太祖母弟也。若並及廷美則亡謂，廷美當是時才十四歲，而太祖之子魏王德昭亦十歲，其齒蓋不甚相遠也，舍嫡孫而立庶子，人情殆不然。然則太后顧命，獨指太宗，《記聞》誤也。

李燾並沒有無條件地迷信官方史書，他注意到《三朝國史》與新《太祖實錄》說趙光義在「昭憲顧命」的現場，這個情節不符合趙光義不知情的事實，所以被李燾直接否定了，「正史、新錄稱太宗亦入受顧命，而《記聞》不載，今從《記聞》」。[2]

「昭憲顧命」雖然存在很多疑點與爭議，但從杜太后去世後一個月，趙光義即出任開封府尹來看，趙匡胤完全有可能在傳位問題上受到母親的壓力。五代以來的傳統，開封府尹兼親王者才是準皇儲的地位，但封趙光義為晉王這件事情，一開始被趙普擋下了來。趙普不是旗幟鮮明地反對由趙光義繼位，而是說兩位皇子還沒有出閣封王，先給皇弟封王恐怕對皇子不利。趙普因此得罪了趙光義，兩人成了開封府內兩股敵對的政治勢力，明爭暗鬥，不可開交。

乾德元年（九六三），天雄軍（治魏州，今河北大名北）節度使符彥卿到京城開封朝王，趙匡胤打算用他典掌禁軍。趙普聽聞大驚，符彥卿不但是後周世宗柴榮的岳父，也是皇弟趙光義的岳父。此人武勇有謀，善用兵，然而貪財不法。在趙普看來，這樣的人物理應成為朝廷防備的重點，但解除禁軍將領的兵權之後，皇帝竟要重用本來相當疏遠的符彥卿典掌禁軍。符彥卿在後周時地位就比當今皇上還高，資格更老，若他典掌禁軍，必須是「殿前都點檢」或「侍衛親軍都指揮」之類最高的職位。趙普認為一旦符彥卿與趙光義結成同盟，往好裡想將來的皇帝是皇弟趙光義，往壞裡想甚至有可能由符彥卿改朝換代。

趙普決定不惜一切代價拉下符彥卿。當時中書門下已經起草好任命符彥卿的敕書，趙普扣下敕書求見趙匡胤。趙匡胤問「豈非符彥卿事耶」，趙普說「非也」，然後扯了一大通其他的事情，最後拿出任命符彥卿的敕書。皇上很生氣地問敕書怎麼會在你這裡，趙普說總覺得敕書中有些內容不太妥當。趙匡胤對趙普的想法感到驚訝，他質問趙普為什麼這麼苦苦懷疑符彥卿（「朕待彥卿厚，彥卿豈負朕耶！」），這時趙普淡淡地說了一句「陛下何以能負周世宗」，便讓太祖啞口無言（「太祖默然，事遂中止。」）。[3]

1 以上並見《續資治通鑑長編》卷二，第四十六～四十七頁。
2 以上並見李燾：《續資治通鑑長編》卷二，第四十六～四十七頁。
3 脫脫：《宋史》卷二五〇〈石守信傳〉，第八八一〇頁。

2 皇弟與宰相

趙匡胤至少沒有排除傳位於皇弟的可能，甚至積極地做出這種姿態，而趙普認為這對於宋朝就是一場災難。趙普第二次反對趙光義封王，因此被罷相離京。乾德二年（九六四）趙匡胤十四歲的長子趙德昭出閣。出閣就是皇子離開後宮自開府第，也意味著具備了封爵的資格。本來趙普以皇子未封王為理由反對皇弟封王，這回趙匡胤打算給皇子與皇弟同時封王，剛升任宰相的趙普再次阻撓。趙普說除非先冊立趙德昭為皇太子，否則皇子、皇弟不能同時封王，即使封王，皇弟的地位也必須在皇子之下。封王議程因此被耽擱下來，趙光義在朝廷的排名始終在宰相趙普之下。趙光義利用開封府尹的權位收羅各類人員，積蓄個人的政治勢力，對京城內所有行動進行監控。這時依附於趙光義的勇武之士包括：

河南洛陽人安忠，左清道率府安延韜之子，形質魁岸，不知書，長期侍奉趙光義；

趙州人王超，身長七尺有餘，被召置於開封府；

開封雍丘人戴興，少以勇力聞里中，及長，身長七尺餘，美髭髯，眉目如畫，自投開封府拜見趙光義，趙光義甚為稱奇，留置帳下；

徐州彭城人王漢忠，豪蕩有膂力，形魁岸，善騎射，因毆殺里中少年，遂逃亡至京師，投奔趙光義，趙光義欣賞其材力，置於左右；

滄州無棣人張凝，少有武勇，倜儻自任，原在節度使張美帳下，趙光義聞其名，召置左右；

孟州河陽人李重貴，容貌雄偉，善騎射，年輕時奉事壽州節度使王審琦，頗見親信，而趙光義知其勇敢，召隸帳下；

冀州信都人耿全斌，少豐偉，其父曾帶其拜謁著名道士陳摶，陳摶稱其有「藩侯相」，後遊京師投奔趙光義，因善於騎射，隸於其帳下；

定州人王榮，少有膂力，原在瀛州刺史馬仁瑀帳下，後被召置趙光義左右；

汾州西河人楊瓊，少年侍從節度使馮繼業，以材勇著稱，被趙光義召置帳下；

真定人葛霸，儀表雄毅，善於擊刺騎射，侍從趙光義左右；

開封東明人王延德，其父與宋太祖之父趙弘殷交好，至趙光義為開封尹，署王延德為親校，專主庖膳，尤被倚信；

許州許田人王賓，小心謹順，早年侍從趙弘殷，及長，善騎射，後進入開封府為軍校；

河南伊闕人李琪，以材力著稱，早年侍從宋太祖左右，趙光義任開封尹時，召其入府，累遷效忠都虞候、開封府馬步軍副都指揮使、領富州刺史；

宋初名將高瓊，少年時勇鷙無賴，為盜，事敗，投奔節度使王審琦，趙光義任開封尹，知高瓊材勇而召置帳下。

除了武勇精銳之士，趙光義極力收羅文人謀士為自己出謀劃策，比如：

河南洛陽人石熙載，後周顯德年間進士登第，俊異有才幹，居家嚴謹有禮法，趙光義領泰寧軍節度使時辟其為掌書記，任開封尹後奏石熙載為開封府推官；

賈琰為後晉中書舍人賈緯之子，風神峻整，有吏幹，趙光義奏為開封府推官，居趙光義幕府達五年；

魏震幼習詞業，本可據祖蔭任武官，不屑就職，後經皇子教授姚恕介紹，進入趙光義幕府；

青州臨朐人張平，早依單州刺史羅金山，任馬步都虞候，後進入開封府，成為趙光義親吏；

亳州永城人陳從信，恭謹強力，心計精敏，進入趙光義幕府，執掌財政之事，累官至右知客押衙。

除此之外，趙光義還極力拉攏開封府屬縣官吏，包括宋初名相范質之子范旻、孔聖後裔孔維。還招攬三教九流之人物，特別是一些巫醫之士，如鄭州滎澤人程德玄善醫術，將其召為左右親吏，頗得信用；宋州睢陽人王懷隱，原為京城建隆觀道士，善醫術，也被召入開封府內侍從左右。

趙普不斷將趙光義的動向報告給皇帝，反覆提醒他要限制皇弟的勢力。但趙普的專斷早就讓趙匡胤十分不滿，揭發皇弟換來的只是皇帝的嫌惡，趙普只好自己出手直接打擊趙光義集團。乾德四年（九六六），他派出的臥底告發知梓州馮瓚受賄，馮瓚被召回京城接受審查，趙普派人截獲馮瓚的行囊，查得金帶及其他珍玩之物，封皮上寫著劉嶅之名。劉嶅當時以工部郎中出任開封府判官，是趙光義的重要幕僚，金帶等珍玩的最終接收人顯然是趙光義。趙普本想以此提醒皇帝，趙光義的勢力已經盤根錯節，再不動手為時晚矣，甚至直告皇弟繼位必將危害皇子。不料趙匡胤不為所動，甚至打算寬恕馮瓚等人。在趙普的堅持下，馮瓚才被流放到登州沙門島遇赦不還，而趙光義迅速對趙普展開反擊。趙光義先是懷疑趙普同鄉宋琪是奸細而將其趕出幕府，然後不斷指使人告發趙普受賄、強市第宅、私販秦隴巨木等罪狀。[4]

宰相與皇弟的鬥爭日趨白熱化，但先讓趙匡胤感到惱火是趙普相權的膨脹。為了限制趙普，趙匡胤規定宰相府頒發的文件須由參知政事（副宰相）共同簽署才能生效，又要求替換宰相府的重要屬官十五人，除去趙普的心腹爪牙。開寶六年（九七三）八月，皇上以明升暗降的方式將趙普罷相，趙普以河陽三城（治孟州，今河南孟縣）節度使的身分離開了京城。趙普十分清楚，一旦離京，趙光義勢必繼位。這一年趙普五十二歲，在趙匡胤手下獨自擔任宰相已整整十年。考慮到有生之年或許能夠看到皇弟繼位，趙普決心給自己留一條後路，在罷相離京時特意上章自辯：

> 外人謂臣輕議皇弟開封尹，皇弟忠孝全德，豈有間然。矧昭憲皇太后大漸之際，臣實預聞顧命，知臣者君，願賜昭鑑。[5]

趙普先是睜眼說瞎話，嚴正聲明他與皇弟關係不好的傳聞全是惡意造謠，皇弟在他心目中是道德高尚、純粹完美之人。然後他透露了一個驚天的政治祕密，杜太后臨終前要求趙匡胤傳位於皇弟趙光義，而他是「昭憲顧命」唯一的見證人。

趙普剛離開京城抵達孟州上任，趙光義就被封為晉王，地位在宰相之上，從而獲得了周世宗柴榮繼位前的所有地位。在朝臣們看來，皇弟是確鑿無疑的皇位繼承人了。表面上看，趙普與趙光義的鬥爭以趙普出局告終，其實這對敵手鬥而不破，真正的輸家反而是超然在上的宋太祖趙匡胤。

4 關於趙普反對趙光義繼位，可進一步參考張其凡：《趙普評傳》，北京：北京出版社，一九九一年，第一八九～一九〇頁。

5 李燾：《續資治通鑑長編》卷十四，第三〇六～三〇七頁。

3 「斧聲燭影」是假的

「斧聲燭影」是討論宋太宗繼位繞不開的話題，但這個故事本身是虛假的。

宋太宗如何繼位，官方史書一字未題。「斧聲燭影」出自宋人筆記《湘山野錄》，作者文瑩是位僧人，生活在宋仁宗時期，當時趙匡胤去世已七、八十年，文瑩的資訊只可能來自傳聞。《湘山野錄》記載，趙匡胤去世前一天晚上，天氣本來十分晴好，星光燦爛，趙匡胤心情十分愉快；突然之間天地陡變，雪雹驟降，讓宋太祖非常緊張，他緊急傳召皇弟趙光義入宮。趙光義進宮後，趙匡胤將他請進寢宮「酌酒對飲」。奇怪的是，趙匡胤讓伺候的宦官、宮女全部離開寢宮，只剩下皇帝與晉王兄弟倆。接下來《湘山野錄》以屋外宦官、宮女的視角描述當時的情形：

但遙見燭影下，太宗時或避席，有不可勝之狀。6

遠遠只見屋內燭影下皇弟趙光義做出避讓的樣子，好像有甚無法承受之重，這個情節就是「燭影」說法的來歷。喝至半夜三更，宮殿外雪積數寸，趙匡胤趁醉隨手拿取桌上的柱斧到屋外戳雪，柱斧不是武器或工具，而是諧音「祝福」的擺飾類工藝品，所謂「斧聲」是指柱斧戳雪發出的聲音。

趙匡胤一邊戳雪一邊對趙光義說：好做好做。

「好做」應是「好好幹」，暗含「你辦事我放心」的意思，但也可理解為「好自為之」；按太宗毒殺太祖的觀點，「好做」也可理解為「你幹的好事」。太祖醉後酣睡，鼾聲如雷。《湘山野錄》又記載，這晚趙光義留宿宮內。

凌晨太祖鼾聲突然消失，左右湊近一看，太祖已駕崩，趙光義便接受遺詔繼位了。

太宗留宿宮中的情節幾乎不可能出現，但後人還是依據這段所謂「斧聲燭影」的記載形成了諸多猜測。因有兄弟倆喝酒的情節，猜測趙光義酒中下毒害死趙匡胤；因出現柱斧戳雪的情節，猜測太祖被斧頭砍殺；又或者趙匡胤酒後打鼾，便推斷死於腦溢血。但「斧聲燭影」情節在《湘山野錄》中並非整篇敘述的重點，只是這部分情節被李燾摘入《續資治通鑑長編》正文，史家又過度迷信《續資治通鑑長編》，便圍繞著這個情節打轉。那麼《湘山野錄》敘述的重點在哪裡，這段故事從趙匡胤觀察天氣開始講起，但在此之前《湘山野錄》還有很長一段敘述也被《續資治通鑑長編》做為補充資料保留在注文中，可能因涉及道教神怪而長期為史家忽視。這部分內容是趙匡胤觀察天氣並請趙光義喝酒的起因，也是探究趙匡胤死因的重要線索：

> 祖宗潛耀日，嘗與一道士游於關河，無定姓名，自曰「混沌」，或又曰「真無」。每有乏則探囊金，愈探愈出。三人者每劇飲爛醉。生善歌步虛為戲，能引其喉於杳冥間作清徵之聲，時或一二句，隨天風飄下，惟祖宗聞之，曰：「金猴虎頭四，真龍得真位。」至醒詰之，則曰：「醉夢語，豈足憑耶？」至膺圖受禪之日，乃庚申正月初四也。自御極不再見，下詔草澤遍訪之，或見於轘轅道中，或嵩、洛間。後十六載，乃開寶乙亥歲也，上巳祓禊，駕幸西沼，生醉坐於岸木陰下，笑揖太祖曰：「別來喜安。」上大喜，亟遣中人密引至後掖，恐其遁，急回蹕與見之，一如平時，抵掌浩飲。上謂生曰：「我久欲見汝決克一事，無他，我壽還得幾多在？」生曰：「但今年十月廿日夜，晴，則可延一紀；不爾，則當速措置。」上酷留之，俾泊後苑。苑吏或見宿於木末鳥巢中，止數日不見。帝切切記其語。[7]

「祖宗潛耀日」，「潛耀日」是還沒有飛黃騰達、還沒當上皇帝時，「祖宗」不是一個詞語，中間可加一個頓號，其實是宋太祖、宋太宗兩個人的連稱。趙氏兄弟還沒當上皇帝時，曾和一個道士在關河一帶一起遊歷。這個道士的名字不確定，有時叫「混沌」，有時叫「真無」，神祕莫測。三個人一起玩，錢花完了，道士就從一個袋子裡掏錢，袋子裡錢掏不完，愈掏愈多，或者說這個道士會法術，能點石為金，點金術是宋朝非常流行的道家法術。有了錢，三人就一起喝酒，喝到爛醉。「步虛」是指神仙凌空行走，也指道教儀式中道士繞著法壇遊走，有特殊的步法，邊走邊念念有詞，「善歌步虛為戲」是說道士善於舉行道教儀式。

道士還有特異功能能透過喉間向「杳冥間（天空）」發出一種特殊聲波的「清徵之聲」，有時只有一、兩句話，可以遠距離傳播，然後借助自然風定向發送，且只有太祖和太宗可以接聽。有次道士就用這種方式向太祖、太宗傳達了一個資訊，「金猴虎頭四，真龍得真位」。道士是喝醉酒時說出這句話，太祖、太宗聽不懂，等道士醒了問這話什麼意思，道士說喝醉了說的夢話，毫無依據，你們千萬不要相信。後來趙匡胤發動陳橋兵變，建立了宋朝，他登基當皇帝是庚申年正月初四。傳統中國以天干、地支紀時，建隆元年是庚申年，正月是寅月，地支又與生肖對應，申猴寅虎，所以趙匡胤登基是「真龍得真位」，宋太祖登基日是「金猴虎頭四」。這麼長篇幅的敘述是為了說明道士的預言非常靈驗，同時非常關注太祖、太宗兩人的命運。換言之，道士對太祖稱帝的預言是為了引出下面對太宗得位的另一個預言。

趙匡胤稱帝後就找不到這位道士了，他下詔在民間尋訪，但只說道士在嵩山一帶出現過，無從知道其確切行蹤。十六年後，開寶八年（九七五），趙匡胤參加三月初三日上巳節的祓禊活動，御駕臨幸西沼——注意這個情節非常關鍵，「駕幸西沼」是故意含糊其詞的表述，考諸史實應是指趙匡胤往西京洛陽祭天。這次西京行程是導致趙光義決意奪嫡的重要轉捩點，這個情節在史書與筆記的記載中相互呼應，只是為了「脫敏」而將西京祭天曲寫成「西沼」、「祓禊」。趙匡胤這次外出，突然發現道士醉酒坐在岸木陰下，道士看到趙匡胤便笑嘻嘻地上前打招呼問候。趙匡胤很開心，急忙派內侍暗中將道士召引至宮中，因擔心道士溜走，又趕緊回宮與他見面。兩人久別重逢，仍如舊時一般談笑飲酒。這時趙匡胤對道士說：我一直想讓你再幫我確定一件事情（「決克一事」是再算一次命），想問問自己能得壽多少。道士說：今年十月二十日晚上是個大坎（趙匡胤的卒年是開寶九年，這裡錯寫成開寶八年），如果那天晚上天晴，那麼你還能活「一紀」（十二年）；如果不是晴天，颳風下雨或者別的，那就趕緊安排後事。算命之後，趙匡胤把道士留下來，安排在皇家宮苑中。管理宮苑的官吏有時驚奇地發現他在樹梢、鳥巢這些奇怪的地方睡覺過夜，數日之後就消失得無影無蹤。道士說出了趙匡胤可能去世的具體日期，趙匡胤牢記在心。接下來才有了趙匡胤夜觀天象以及「斧聲燭影」故事。

「斧聲燭影」是整個故事的結尾，天氣突變是兌現趙匡胤死亡預言的徵兆，所以趙匡胤死亡的祕密藏在道士預言而不是「斧聲燭影」中。

6 文瑩：《湘山野錄·太宗即位》，鄭世剛、楊立揚點校，北京：中華書局，一九八四年，第七十四頁。

7 文瑩：《湘山野錄·太宗即位》，第七十四頁。

4 宦官與巫醫

除了引據《湘山野錄》，討論太宗繼位時還會採用《涑水記聞》的一條記載。《涑水記聞》作者是司馬光，涑水是山西南部的一條河流，流經司馬光的家鄉山西夏縣。司馬光的名著《資治通鑑》從戰國寫至五代，一般認為他有意續寫本朝史，《涑水記聞》就是為此準備的史料筆記，多為後世史書所採納的宋朝故實。做為嚴肅的歷史學家，司馬光不語怪力亂神。《涑水記聞》所述更接近政治勾鬥實景，唯人名似為「脫敏」而多訛誤，成書更晚於《湘山野錄》，著者又抱負儒家理念，與宋初道教氛圍濃厚的政治情境實有隔閡，其情偽尤需反覆辨析。關於太宗繼位的情形，司馬光根據仁宗朝侍講楊安國的口述形成如下記載：

太祖初晏駕，時已四鼓，孝章宋后使內侍都知王繼隆召秦王德芳，繼隆乙太祖傳位晉王之志素定，乃不詣德芳，而以親事一人徑趨開封府召晉王。見醫官賈德玄先坐於府門，問其故，德玄曰：「去夜二鼓，有呼我門者，曰『晉王召』，出視則無人，如是者三。吾恐晉王有疾，故來。」繼隆異之，乃告以故，叩門，與之俱入見王，且召之。王大驚，猶豫不敢行，曰：「吾當與家人議之。」入久不出，繼隆趣之，曰：「事久將為他人有矣。」遂與王雪中步行至宮門，呼而入。繼隆使王且止其直廬，曰：「王且待於此，繼隆當先入言之。」德玄曰：「便應直前，何待之有？」遂與俱進。至寢殿，宋后聞繼隆至，問曰：「德芳來邪？」繼隆曰：「晉王至矣。」後見王，愕然，遽呼「官家」，曰：「吾母子之命，皆托官家。」王泣曰：「共保富貴，無憂也。」[8]

這裡的「王繼隆」應該是王繼恩，「內侍都知」簡單講就是太監總管，「賈德玄」應該是程德玄，他是太宗幕府中的巫醫。這段敘述從趙匡胤去世開始，不涉及趙匡胤的死因。凌晨宋皇后發現趙匡胤去世，派王繼恩召趙匡胤次子趙德芳進宮繼位。王繼恩認為趙匡胤的意願是傳位於皇弟，不顧宋皇后的命令而逕趨開封府召趙光義進宮。來到開封府時，王繼恩發現程德玄坐在門口，程德玄解釋說半夜開封府來人三次呼門而不見蹤影，故而至此卻不知所謂。兩人於是一同叩門見趙光義報告趙匡胤死訊。趙光義尚有猶豫，王繼恩提醒久拖生變。三人便緊急踏雪入宮，宋皇后聞訊詢問是否傳到趙德芳，王繼恩答以召到趙光義。宋皇后驚恐之下迅速應變，直呼趙光義為「官家」並請保全家小，趙光義應以「共保富貴」。

這段記述生動描述太宗繼位的具體情形而廣為人知，雖然對太祖死因隻字不提，卻呈現皇位爭奪戰的雙方陣營，一方是宋皇后與趙德芳，另一方有趙光義、王繼恩、程德玄。宋皇后是宋太祖的第三位妻子，她沒有生子。太祖皇長子趙德昭的生母是賀氏，陳橋兵變時已去世，被追封為皇后。宋朝國史及《宋史》均未記載趙德芳的生母，元代馬端臨《文獻通考》記載是王皇后，她曾母儀天下又誕下皇子，地位高於賀皇后，因而趙德芳比趙德昭更有資格繼承皇位，所以這時宋皇后召趙德芳進宮是正常操作。[9]意外出在王繼恩身上，這位皇帝的內侍都知早早投靠皇弟。程德玄因「善醫術」被趙光義召置身邊「頗親信用事」[10]，當日凌晨他不可能毫無緣故出現在開封府前，很可能是太祖去世內幕中人。

以上形成破解太祖死因的線索包括：

一、趙光義當夜留宿宮中既不合理，也被《涑水記聞》的記述證偽，可以直接排除。

二、從《湘山野錄》記載來看，以往的討論忽略了道士死亡預言，這個情節不但是「斧聲燭影」的前因，而且版本很多，流傳甚廣，理應視為破解太祖死因之謎的核心問題。

三、從《涑水記聞》記載來看，王繼恩的背叛是趙光義繼位的關鍵，王繼恩與趙光義的勾結應是由來已久，趙匡胤之死及皇位落入趙光義手中並非突發意外，而是長期政治陰謀的結局，因此王繼恩之前的行跡是破解謎案的關鍵線索。

四、如果道士的死亡預言與王繼恩有關聯，則可以鎖定太祖死因的線索。這方面的內容曾直接記錄在宋朝官方史書中，提供太祖死亡預言的是另一組神異角色——張守真與黑殺將軍。

8 司馬光：《涑水記聞》卷一，鄧廣銘、張希清點校，北京：中華書局，一九八九年，第十八～十九頁。

9 馬端臨：《文獻通考》卷二五七〈帝系考八・皇太子皇子〉，上海師範大學古籍研究所、華東師範大學古籍研究所點校，北京：中華書局，二〇一一年，第六九八一頁；韓維〈榮王從式墓誌〉：「太祖孝明皇后生楚康惠王德芳。」（曾棗莊、劉琳主編：《全宋文》第四十九冊，上海：上海辭書出版社、合肥：安徽教育出版社，二〇〇六年，第二三一頁）詳見顧宏義：〈趙德芳生母考——兼析宋朝官史失載趙德芳生母之原因〉，《河北大學學報》（哲學社會科學版）二〇一七年第五期。

10 脫脫：《宋史》卷三〇九〈程德玄傳〉，第一〇一五五頁。

第三章——黑殺將軍

1 死亡預言

南宋李燾編寫的《續資治通鑑長編》記錄了太祖死亡預言與王繼恩同時出現的情形。《續資治通鑑長編》是編年體北宋史書，顧名思義是司馬光《資治通鑑》的續編。《資治通鑑》敘事至後周顯德六年，《續資治通鑑長編》則自建隆元年宋朝建立開始。「長編」本是司馬光編修《資治通鑑》時處理史料的方法，即將某日某事的所有史料集中抄錄在一起，經辨析考證後擇取作者認定的可靠史實載入。完成這個工作之後，《資治通鑑》不再保留未被採用的史料，但李燾的《續資治通鑑長編》採用《資治通鑑》「長編」法的同時，以小字注文的方式保留了大量未被採用的史料。《續資治通鑑長編》因此呈現為層次豐富、結構複雜的文本體系，不但多交代正文敘述的史源，還大量保留同一事件不同敘述的版本，很多早已佚失的史料也賴此保全。

關於趙匡胤的死亡預言，《續資治通鑑長編》正文記載如下：

> 初，有神降於盩厔縣民張守真家，自言：「我天之尊神，號黑殺將軍，玉帝之輔也。」守真每齋戒祈請，神必降室中，風肅然，聲若嬰兒，獨守真能曉之，所言禍福多驗。守真遂為道士。上不豫，驛召守真至闕下。壬子，命內侍王繼恩就建隆觀設黃籙醮，令守真降神，神言：「天上宮闕已成，玉鎖開。晉王有仁心。」言訖不復降。[1]

這段記述的小字注文如下，雖是寥寥數語，資訊十分豐富：

> 此據《國史・符瑞志》，稍增以楊億《談苑》。《談苑》又云：「太祖聞守真言以為妖，將加誅，會宴駕。」恐不

然也，今不取。

這以下，《續資治通鑑長編》才把《湘山野錄》中「斧聲燭影」的情節接入：

上聞其言，即夜召晉王，屬以後事。左右皆不得聞，但遙見燭影下晉王時或離席，若有所遜避之狀，既而上引柱斧戳地，大聲謂晉王曰：「好為之。」[2]

就是說，李燾之所以將《湘山野錄》中太祖死亡預言的情節截去，是因為他提供了一個更加權威的死亡預言版本。

1 李燾：《續資治通鑑長編》卷十七，第三七七～三七八頁。

2 以上並見李燾：《續資治通鑑長編》卷十七，第三七八頁。

2 太祖誅妖

《國史・符瑞志》的死亡預言是這樣講述的：最初，天上有位神明下凡，沒有直接現形，而是附身於張守真，張守真就成了神的代言人。張守真是盩厔縣人，盩厔縣是今陝西省西安市周至縣，「盩厔」本是形貌山水盤曲的形容詞，因生僻字不便讀寫，一九六四年後改稱「周至」。盩厔縣以終南山北麓樓觀而聞名，傳說此處乃周代函谷關令尹喜之故宅，尹喜於此結草樓觀星望氣，道教殿宇稱「觀」即源於此。一日尹喜仰觀天象，見紫氣東來，知有聖哲臨關。不久老子由楚入秦而經函谷關，尹喜辭關令而請老子往樓觀著書，老子乃述《道德經》五千言以授之，故而樓觀號稱老子說經臺，魏晉時有道教樓觀派興於此地。《湘山野錄》道士預言死期涉及天氣當與此傳說有關。

張守真出現在盩厔縣也與此地的道教傳統有關。神明附身之後，宣稱是名號「黑殺將軍」的上天尊神，也是玉皇大帝的輔佐大將。從此張守真可以透過齋戒祈請黑殺將軍，黑殺將軍降臨時伴隨蕭瑟風聲，說話聲音像嬰兒，語言神祕，只有張守真能聽懂，都是十分靈驗的禍福預言——與《湘山野錄》道士「能引其喉於杳冥間作清徵之聲，時或一二句，隨天風飄下，惟祖宗聞之」傳聞十分相似。張守真因神明附身，獲得言人休咎的特異功能，索性當道士專職為人算命。後來趙匡胤得了重病，朝廷急召張守真進京。時為壬子日，即十月十九日那天，趙匡胤讓王繼恩安排張守真在建隆觀舉行黃籙醮，然後張守真說出了驚人的預言，即「天上宮闕已成，玉鎖開。晉王有仁心」。

這裡包含兩個預言。「天上宮闕已成，玉鎖開」是趙匡胤的死亡預言。與《湘山野錄》中道士在暮春做出預言不同，黑殺將軍宣稱趙匡胤當日就會歸天，與其說是死亡預言，不如理解為死亡威脅或死亡宣判更加準確。「天上宮闕」這個說法聽起來有神話色彩，宋代朝野普遍信奉道教，神仙觀念深入人心，認為世間人生本是鬼神遊歷，陽壽歷盡自然回歸天上宮闕。因此宋人時常將自己與天上神明直接對應起來，比如著名的道君皇帝宋徽宗，就認為自己是「南極長生大帝君玉清真王」下凡，他的天上宮闕就是神霄玉清府。「天上宮闕已成」的趙匡胤當然也是天上神仙——後世的《水滸傳》不但杜撰了梁山一百單八將都是星宿下凡，開篇更宣稱宋太祖是霹靂大仙、宋仁宗是赤腳大仙。黑殺將軍說「天上宮闕已成，玉鎖開」是命令以宋朝皇帝趙匡胤下凡在人間的仙人即刻回歸天界，等於向肉身凡體的趙匡胤發出死亡宣判。第二句「晉王有仁心」是趙光義繼皇帝位的預言，儒家以「仁」為至高道德，「仁心」構成了超越嫡長子繼承制度而稱帝的終極條件。

這次建隆觀的黃籙醮是借黑殺將軍或張守真的口，說出了趙匡胤即將死亡而趙光義順利繼位的政治方案。李燾交代這個版本的依據是《國史·符瑞志》，《國史》是宋朝編修的紀傳體當代史，體例與《史記》、《漢書》、《宋史》等正史相同。宋朝留下四部國史，分別是太祖、太宗、真宗的《三朝國史》，仁宗、英宗的《兩朝國史》，神宗、哲宗、徽宗、欽宗的《四朝國史》，高宗、孝宗、光宗、寧宗的《中興四朝國史》，李燾這裡引用的《國史·符瑞志》就是指記錄太祖、太宗朝史事的《三朝國史》。李燾又說這個記載「稍增以楊億《談苑》」，除了依據《三朝國史·符瑞志》以外，還參考了楊億的《談苑》。楊億是宋真宗時的翰林學士，還是編修《太宗實錄》以及太祖、太宗《兩朝國史》的史官，可能掌握著相關事件最原始的史料，所以楊億提供的說法也許比《國史·符瑞志》更接近真相。然後李燾又補充了一句出自楊億《談苑》的更加驚心動魄的情節：

《談苑》又云：「太祖聞守真言以為妖，將加誅，會宴駕。」[3]

按《湘山野錄》「斧聲燭影」的說法，趙匡胤意識到自己即將死亡之後，他的反應就是安排將皇位傳給趙光義。相比之下，楊億《談苑》記載的趙匡胤「聞守真言以為妖，將加誅」反應更加符合情理，他直斥張守真的預言是妖言惑眾，並決定誅殺張守真，但這時他突然去世了！雖然李燾否定了這個說法，「恐不然也，今不取」，但沒有提出否定的任何理由，口氣也是非常含糊。

3 李燾：《續資治通鑑長編》卷十七，第三七八頁。

3 皇帝感恩道士

張守真降神預言趙匡胤死亡的情節，在宋朝由官方史書《三朝國史》確認，而楊億《談苑》「太祖聞守真言以為妖，將加誅，會宴駕」的說法很可能出自更原始的官方史料。如果趙匡胤在與張守真死亡預言的對抗中「宴駕」，那麼張守真就是參與趙光義奪嫡計畫的關鍵人物，趙光義得手後必將對張守真感恩戴德，張守真必將因此享盡榮華富貴。韋兵〈「張守真神降」考疑：術士與宋太祖太宗皇權更替〉詳細梳理張守真的來龍去脈[4]，完全證實了這樣的推論。

有兩篇重要的文獻記載了張守真的事蹟。一篇是王欽若的〈翊聖保德真君傳〉，存於道教文獻《雲笈七籤》中。[5]「翊聖保德真君」是宋朝給黑殺將軍的封號，黑殺將軍的言行透過附身張守真而實現，所以黑殺將軍的傳記很大程度上是記錄張守真的言行。另一篇是張守真之子張元濟的〈傳應法師行狀〉[6]，傳應法師是宋朝賜給張守真的道號，這篇以碑刻形態保存下來的文獻長期以來為人忽視，清代收入《金石萃編》，直至一九九六年才由唐代劍先生發現是張守真的傳記。[7]

綜合其他文獻，韋兵之文發現張守真原本是鄉曲縱逸、不拘小節的鄉間巫覡。早期的官方史書，包括《太宗實錄》、《三朝國史》對趙匡胤死亡預言多有掩飾，道教資料記述的整個過程比較複雜。最初趙匡胤召張守真進京未必是因病重，〈翊聖保德真君傳〉稱「太祖皇帝素聞之，未甚信異，遣使齎香燭青詞就宮致禱，召守真詣闕，備詢其事」[8]，趙匡胤一開始便質疑張守真的降神事蹟，將其召入京城想調查一番。然而這可能是個陷阱，或者說趙光義、王繼恩故意讓張守真放出皇位繼承的預言，以引起趙匡胤的注意。見到趙匡胤，張守真吹噓自己憑精誠召喚神明降臨，「非精誠懇至，不能降其神」，並炫耀黑殺將軍的各種神蹟。但太祖認為是無聊的騙局，召來一個小黃門模仿黑殺將軍嬰兒般的聲調並大加嘲笑：

> 太祖召小黃門長嘯於側，謂守真曰：「神人之言若此乎？」[9]

《太宗實錄》、《三朝國史・道釋志》也記載趙匡胤對張守真降神的強烈質疑，「太祖召守真見於滋福殿，疑其妄」。[10]但張守真不接受皇帝對神明的質疑，不惜以死捍衛黑殺將軍的威嚴：

> 守真曰：「陛下儻謂臣妖妄，乞賜按驗，戮臣於市，勿以斯言，褻黷上聖。」[11]

據〈翊聖保德真君傳〉的記述，趙匡胤將張守真安排在建隆觀，第二天派王繼恩讓張守真降神，這次黑殺將軍姍姍來遲，並說出了太祖死亡與太宗繼位兩個驚人的預言：

> 翌日遣內臣王繼恩就觀設醮，移時未有所聞。繼恩再拜虔告。須臾，真君降言。[12]

問題是趙匡胤既然質疑張守真，怎麼又派王繼恩讓他降神呢？韋兵反覆考證後認為，趙匡胤已將張守真軟禁在建隆觀準備施予懲罰，黑殺將軍透過張守真說出兩個預言時，趙匡胤並不在場。這次很可能是王繼恩奉趙光義之命私下請張守真降神，因道教「黃籙醮」屬於比較低階、不適用於帝王級別的儀式。

〈翊聖保德真君傳〉記述的預言內容最為完整：

> 吾乃高天大聖玉帝輔臣，蓋遵符命，降衛宋朝社稷，來定遐長基業，固非山林魑魅之類也。今乃使小兒呼嘯，以比

吾言，斯為不可。汝但說與官家，言上天宮闕已成，玉鎖開，晉王有仁心，晉王有仁心。[13]

黑殺將軍首先宣告自己是保佑宋朝社稷的玉皇大帝輔臣，而非山野鬼魅，訓斥趙匡胤「使小兒呼嘯，以比吾言」的大不敬行為，並讓王繼恩轉告當夜皇帝就將去世，而皇弟必須繼承皇位。但趙匡胤根本不可能相信這種鬼話，如果這次降神的幕後指使是趙光義，那麼這是他請神抉擇是否在當夜動手除掉趙匡胤奪取皇位。王繼恩將黑殺將軍的死亡預言直接告知趙匡胤等於宣告造反，這種情形幾乎不可能發生，除非趙匡胤聽到死亡宣判時立即被王繼恩殺害，而楊億描述的「太祖聞守真言以為妖，將加誅，會宴駕」恰好符合趙匡胤被宣判死亡時即刻被殺的推論。

事成之後，趙光義對張守真感恩戴德超乎尋常。當天午夜趙光義就將張守真召至內殿親自參加醮謝：

太宗伺午夜，祕殿底誠，稽首再拜謝曰：「仰賴上真福祲生靈，誓當修奉禮。」[14]

然後在張守真的家鄉盩厔縣修建北帝宮。黑殺將軍又稱「黑煞將軍」，後來獲封為「翊聖真君」，楊億《談苑》稱翊聖真君與真武（玄武）、天蓬、天猷並稱「北極四聖」。北帝宮又稱「上清太平宮」，專門崇奉黑殺將軍，張守真住持道觀。趙光義給張守真的賞賜更是不計其數，〈傳應法師行狀〉的記錄包括「縣官邸店越數百楹」、「田園不啻萬（畝）」，以及「給卒百人，供法師驅役」，他兒子張元濟也驚呼「殊常之禮，實前古之罕聞」。[15]趙光義在位時，張守真有享不盡的榮華富貴，甚至想作威作福。太平興國六年（九八一），張守真為黑殺將軍請求封號，朝廷賜號「翊聖將軍」，張守真竟以黑殺將軍的口吻要求朝廷解釋稱號中「聖」是指誰。韋兵分析，這是張守真不能接受朝廷將黑殺將軍定性為皇帝專職的保護神，趙光義識破張守真的用意，以「玉帝輔臣所輔翊者，上帝也」答覆張守真。[16]

張守真要求將黑殺將軍定性為「玉帝輔臣」，意味著黑殺將軍有權指定任何人當宋朝皇帝。這樣的人如果不受控制，必將成為宋朝政治混亂的根源，因此趙光義沒打算讓張守真活過自己。趙光義去世前兩年，即至道元年（九九五），張守真借黑殺將軍的預言宣告不再降神。至道二年（九九六），張守真又被趙光義召至京中，數月之後返回鄉里，「才至而亡」——大約在趙光義去世前半年。[17]

據韋兵分析，僅有王繼恩在建隆觀的張守真降神現場，並親耳聽聞黑殺將軍的兩個預言。又據《涑水記聞》記載，參與當天活動的還有巫醫程德玄，內侍王繼恩、道士張守真、巫醫程德玄就構成了趙光義奪位計畫的行動小組。宋朝的宦官機構分為「內侍省」與「入內內侍省」，其中「入內省尤為親近」[18]，而王繼恩是趙匡胤的「裡面內班小底都知」[19]，他是三人中唯一可以貼近皇帝的人。至於王繼恩如何殺害趙匡胤，可依據兩個現象進一步聯想。「斧聲燭影」中皇家兄弟對飲的情形其實沒有發生，如果趙匡胤真的被酒中下毒，只有王繼恩才有機會。但程德玄不應是多餘的人物，他在開封府門口等待不可能毫無緣故，他與王繼恩的相遇未必是意外，很可能是預先安排好的接應。巫醫程德玄在晉王府門前接應謀害趙匡胤的王繼恩，他被安排為王繼恩進行緊急醫療才是比較合理的解釋。再聯想到做為武林高手的趙匡胤身邊聚集了十餘位武藝高強的內侍，就不應排除王繼恩正是大內高手的可能。這樣一來，「太祖聞守真言以為妖，將加誅，會宴駕」的情節便可以朝著皇帝與太監武功對決的方向聯想了。

4 參見韋兵：〈「張守真神降」考疑：術士與宋太祖太宗皇權更替〉，《華東師範大學學報》（哲學社會科學版）二〇一七年第三期。
5 王欽若：〈翊聖保德真君傳〉，張君房編：《雲笈七籤》卷一〇三，北京：中華書局，二〇〇三年，第二二一九～二二四一頁。
6 張元濟：〈傳應法師行狀〉，王昶編：《金石萃編》卷一三四，上海：上海古籍出版社，二〇二〇年，影印嘉慶十年刻同治錢寶傳等補修本，第二四六三～二四六六頁。
7 參見唐代劍：〈陳摶、張守真事蹟考〉，《中華文化論壇》一九九六年第二期。
8 王欽若：〈翊聖保德真君傳〉，張君房編：《雲笈七籤》卷一〇三，第二二二二～二二二三頁。
9 王欽若：〈翊聖保德真君傳〉，張君房編：《雲笈七籤》卷一〇三，第二二二三頁。
10 邵博：《邵氏聞見後錄》卷一，第二頁。
11 王欽若：〈翊聖保德真君傳〉，張君房編：《雲笈七籤》卷一〇三，第二二二三頁。
12 王欽若：〈翊聖保德真君傳〉，張君房編：《雲笈七籤》卷一〇三，第二二二三頁。
13 王欽若：〈翊聖保德真君傳〉，張君房編：《雲笈七籤》卷一〇三，第二二二三頁。
14 張元濟：〈傳應法師行狀〉，王昶編：《金石萃編》卷一三四，第二四六三～二四六六頁。
15 張元濟：〈傳應法師行狀〉，王昶編：《金石萃編》卷一三四，第二四六三～二四六六頁。
16 參見韋兵：〈「張守真神降」考疑：術士與宋太祖太宗皇權更替〉。
17 王欽若：〈翊聖保德真君傳〉，張君房編：《雲笈七籤》卷一〇三，第二二二六頁。
18 脫脫：《宋史》卷一六六〈職官六〉，第三九三九頁。
19 脫脫：《宋史》卷四六六〈王繼恩傳〉，第一三六〇二頁。

4 洛陽祭天事件

趙普離開朝廷之後，趙光義就獲得了開封府尹兼晉王的準皇儲地位，兩位皇子的地位遠遠低於他們的叔叔，那麼皇弟真的有必要採取非常手段去搶奪皇位嗎？當然有。如果杜太后臨終前要求趙匡胤傳位於弟的理由是「能立長君，社稷之福」[20]，讓趙光義繼位的必要性將隨著皇子成年而不復存在。開寶八年（太宗繼位前一年），十八歲皇次子趙德芳出閣。與趙德昭一樣，趙德芳出閣後只得到貴州防禦使的頭銜，趙匡胤似乎沒有安排皇子繼位的跡象，但只是表面現象。

開寶九年三月，趙匡胤決定前往西京洛陽祭天，這是非常重大的政治行動：

舊儀，將有事於南郊，必先告太廟。於是，將如西京，不欲載神主俱行。壬申，上親告太廟，常服乘步輦，百官班於廟庭，不設樂懸，止一獻，不行祼禮，不飲福酒，不祭七祀。及祀圜丘於西京，前二日，覆命東京留守告宣祖廟焉。

時間是當年三月，與《湘山野錄》中趙匡胤「上巳祓禊，駕幸西沼」的情節剛好呼應。前往洛陽之前，除了「以皇子德芳為貴州防禦使」，趙匡胤還「以宰相沈義倫為東京留守、兼大內都部署。左衛大將軍王仁贍權判留司三司、兼知開封府」。趙匡胤抵達洛陽，見到「洛陽宮室壯麗，甚悅」，然後召見知河南府。河南府就是洛陽，當時的知河南府是右武衛上將軍焦繼勳，趙匡胤對焦繼勳主持重修洛陽宮室非常滿意，便封焦繼勳為彰德節度使。《續資治通鑑長編》中，李燾補充了焦繼勳拜節鉞的原因之一：

繼勳女為皇子德芳夫人，再授旄鉞，亦以德芳故也。[21]

原來焦繼勳是趙德芳的岳父，趙德芳剛出閣，婚事應在不久前舉行，差不多同時又派焦繼勳修建洛陽宮室，趙匡胤洛陽祭天就有了驗收洛陽宮室的意味。

接著，太祖又把宰相沈義倫從開封召到洛陽，另外「命王仁贍兼大內都部署，開封推官、左贊善大夫真定賈琰權知府事」。當時比沈義倫地位更高的晉王兼開封府尹扈從皇帝，所以讓沈義倫以宰相身分留守東京。現在又把沈義倫召到洛陽，顯然有重大事情需要商議。表面上看，趙匡胤來洛陽祭天地，當時連日下雨，無法舉行祭天地大禮，他先是「分命近臣遍禱城中祠廟，久雨故也」，再是「幸龍門廣化寺，開無畏三藏塔」，都是向神祈禱祭天之日能放晴：

初，雨彌月不止，上遣中使齎三木與嶽神約，宿齋日雨不止，當施桎梏，又使禱無畏三藏塔，不如約則毀之。及期始晴霽，以訖成禮。都民垂白者相謂曰：「我輩少經亂離，不圖今日復觀太平天子儀衛。」有泣下者。[22]

但還有一些事情完全超出了祭祀天地的需要，比如開鑿運河延伸至洛陽城內的菜市橋：

是月，發卒千人，自洛城菜市橋鑿渠抵漕口二十五里，以通饋運。

這一年，太祖甚至暫時取消了科舉考試：

是春，權停貢舉。[23]

接下來趙匡胤在洛陽完成了祭天活動，「合祭天地於南郊。還，御五鳳門，大赦，有司將奉冊上尊號，上卒不受」。祭天儀式完成之後，趙匡胤仍不想離開洛陽，「尚欲留居之，群臣莫敢諫」。趙匡胤是真的不想離開洛陽，這次洛陽祭天的真實目的是遷都洛陽。他之前在開封已明確提出遷都計畫，但史書上對此的記載欲言又止，如李燾《續資治通鑑長編》稱：

上生於洛陽，樂其土風，嘗有遷都之意。

好像只是思念故地的一個念想，並沒有做為政治計畫正式提出。但離開京城之前，起居郎李符就上書陳「西幸八難」，反對趙匡胤洛陽祭天：

始議西幸，起居郎李符上書，陳八難曰：「京邑凋弊，一難也。宮闕不完，二難也。郊廟未修，三難也。百官不備，四難也。畿內民困，五難也。軍食不充，六難也。壁壘未設，七難也。千乘萬騎，盛暑從行，八難也。」[24]

祭天完成之後，《續資治通鑑長編》記載李懷忠與趙光義反對遷都的意見，說明趙匡胤這時正式提出遷都計畫。鐵騎左右廂都指揮使李懷忠的反對意見是：

東京有汴渠之漕，歲致江、淮米數百萬斛，都下兵數十萬人，咸仰給焉。陛下居此，將安取之？且府庫重兵皆在大梁，根本安固已久，不可動搖。若遽遷都，臣實未見其便。

李懷忠的反對理由主要是當時漕運不方便，這可以聯繫到在祭天前趕急開鑿漕運河道。趙匡胤可能當場駁斥了李懷忠的意見，趙光義才不得不出來表態，並激怒了宋太祖：

晉王又從容言曰：「遷都未便。」

上曰：「遷河南未已，久當遷長安。」

趙光義反對遷都，趙匡胤說不管你同不同意，我不但要遷都洛陽，以後還要遷都長安，恢復漢唐雄風。這時趙光義「叩頭切諫」，而趙匡胤繼續說明遷都的理由，主要是開封無險可守：

吾將西遷者無它，欲據山河之勝而去冗兵，循周、漢故事，以安天下也。

自從後晉割讓燕雲（幽雲）十六州，長城已在國境之外，開封在廣袤平原之間，契丹騎兵隨時可以深入中原，宋朝必須在平原上修築眾多城寨構建防禦工事，極其消耗國力而收效微弱。面對這個幾乎無可辯駁的理由，趙光義提出了抬槓式反對意見：

王又言：「在德不在險。」[25]

至此可認為，趙匡胤與趙光義為遷都洛陽展開了激烈的爭吵，接下來史書記載趙匡胤接受了趙光義的意見：

上不答。王出，上顧左右曰：「晉王之言固善，今姑從之。不出百年，天下民力殫矣。」

但趙匡胤真的因為趙光義說「在德不在險」而放棄遷都嗎？早有研究者指出，趙匡胤遷都最主要的原因是趙光義在開封城內的勢力已經盤根錯節，趙匡胤如果考慮傳位於子就必須擺脫趙光義控制的開封府，否則恐怕有性命之虞。[26]而這時地位更高的次子趙德芳已成年，由其岳父焦繼勳主持洛陽宮室修造，很可能是讓趙德芳在洛陽繼位的前奏，而趙光義正是在這次西幸洛陽之後迅速展開行動奪取皇位。所以遷都洛陽應該理解為趙匡胤傳子計畫的重大步驟，趙光義深知遷都意味著喪失繼位的機會，《湘山野錄》因此將「駕幸西沼」與太祖之死、太宗繼位聯繫起來。

20 脫脫：《宋史》卷二四二〈太祖母昭憲杜太后傳〉，第八六〇七頁。
21 以上並見李燾：《續資治通鑑長編》卷十七，第三六七頁。
22 以上並見李燾：《續資治通鑑長編》卷十七，第三六八～三六九頁。
23 以上並見李燾：《續資治通鑑長編》卷十七，第三六八頁。
24 以上並見李燾：《續資治通鑑長編》卷十七，第三六八～三六九頁。
25 以上並見李燾：《續資治通鑑長編》卷十七，第三六九頁。
26 參見張其凡：《宋太宗》，長春：吉林文史出版社，一九九七年，第三八～三九頁；（日）久保和田男著，趙望秦、黃新華譯：〈五代宋初的洛陽和國都問題〉，《中國歷史地理論叢》二〇〇一年第三期，第二八～二九頁。

第四章——骨肉相殘

1 御駕親征

按《涑水記聞》的說法，趙匡胤去世後，趙光義從侄子趙德芳手中奪取了皇位。宋皇后驚恐之餘及時應變，直接以「官家」稱呼趙光義，並請求保全他們母子的安全，「吾母子之命，皆托官家」，趙光義當即答應「共保富貴，無憂也」。[1]無論趙光義實際上如何奪取皇位，這段記載有幾分可靠，至少在即位之初，趙光義的確做出了與趙匡胤兩位皇子共保富貴的姿態，甚至皇弟趙廷美也被安排在準皇儲的位置上。

趙光義首先封趙廷美為齊王，出任開封府尹兼中書令，讓皇弟取得了他繼位之前的所有地位。太祖皇長子趙德昭封為武功郡王，任永興節度使兼侍中；趙德芳封為山南西道節度使、同平章事，但沒有封爵。從官爵來講，趙廷美、趙德昭、趙德芳的地位隨年齡依次下降，但《續資治通鑑長編》對此有句補充說明：

帝友愛尤篤，不欲德芳異其稱呼，並詔王、石、魏氏三公主，皆依舊為皇子、皇女焉。

這個表述似乎是刻意針對趙德芳而言，說趙光義不希望改變對趙德芳原來的稱呼，所以下詔仍以皇子、皇女稱趙德芳與三位公主。太宗繼位時，封趙匡胤的三個女兒為鄭國、許國、虢國公主，因分別下嫁王承衍、石保吉和魏咸信而稱「王、石、魏氏三公主」。[2]但這句話沒有提及趙德昭，似乎封了武功郡王的趙德昭反而失去了皇子的身分，而保留皇子身分的趙德芳至死也沒有封王。此後，太宗「詔齊王廷美、武功郡王德昭位在宰相上」[3]，又「賜齊王廷美絹萬匹、錢五百萬，武功郡王德昭絹五千匹、錢五百萬，與元尹德芳絹三千匹、錢三百萬」。[4]總之，趙德昭與趙德芳是區別對待的，趙德芳更顯親近，但政治地位反而更低。

史料中幾乎沒有提及趙光義的早年事蹟，唯一例外是端拱元年（九八八），他教訓次子趙元僖等人時的自述：

朕周顯德中，年十六，時江淮未賓，從昭武皇帝南征，屯於揚、泰等州。朕少習弓馬，屢與賊交鋒，賊應弦而踣者甚眾。太祖駐兵六合，聞其事，拊髀大喜。年十八，從周世宗、太祖，下瓦橋關、瀛、莫等州，亦在行陣。洎太祖即位，親討李筠、李重進，朕留守帝京，鎮撫都下，上下如一，其年蒙委兵權，歲餘授開封府尹，歷十六、七年，民間稼穡，君子小人真偽，無不更諳。即位以來，十三年矣。朕持儉素，外絕畋遊之樂，內卻聲色之娛，真實之言，故無虛飾。[5]

這段話除了講他出任開封府尹以及繼位之後表現如何優異之外，還追述早年從軍作戰立下軍功的事蹟。趙光義早年確實隨父在軍營中生活，在後周擔任過「供奉官都知」武職，但他自稱武藝高強，弓馬嫻熟，騎射殺敵，包括十六歲時跟隨父親趙弘殷（昭武皇帝）南征江淮殺敵立功，十八歲時隨後周世宗柴榮參加收復瓦橋關戰役。這些戰役時間與趙光義自述的年齡完全對不上，似乎是信口開河。宋人筆記中有說趙光義「嗜學」、「好讀書」，父親趙弘殷征淮時給他收集了大量書籍，又說「工文業，多藝能」，唯獨沒有領兵作戰立下軍功的說法。[6]

趙光義繼位之後，在文治方面頗有作為，組織編修了好幾部大型圖書，包括《太平御覽》、《文苑英華》、《太平廣記》，又大興科舉，將進士名額增加了數十倍。他也十分在意證明自己的武功，完成後周世宗與宋太祖未竟的統一事業是在軍隊中樹立權威的最佳途徑。趙光義繼位第二年，南方的陳洪進與錢俶就獻出了國土，統一事業的未竟目標只剩下滅北漢與收復燕雲十六州。不知是過於自信還是太過在意，幾乎沒有作戰經驗的趙光義決意御駕親征，一舉消滅北漢。與趙匡胤臨幸西京時一樣，這次太宗御駕親征，留守京城的仍是沈義倫與王仁贍，「命宰相沈倫為東京留守兼判開封府事，宣徽北院使王仁贍為大內都部署」。沈倫即沈義倫，因避「趙光義」諱而改名（後來趙光義改名「炅」，詔不避「光」、「義」兩字）。據說趙光義原本安排趙廷美留守京城，開封府判官呂端提醒趙廷美必須扈從皇上親征：

> 主上櫛風沐雨，以申吊伐。王地處親賢，當表率扈從，若掌留務，非所宜也。[7]

「王地處親賢，當表率扈從」，意味著扈從親征的絕不止趙廷美一人，至少還有太祖長子趙德昭與吳越國降王錢俶，大臣則有宰相薛居正、盧多遜以及已罷相的趙普。

太平興國四年（九七九）二月，趙光義調動大軍數十萬親征北漢，宋軍三月開始包圍晉陽城（今山西太原）日夜攻打。但直到五月初仍未破城，趙光義親自到城下督戰，史書中甚至出現太宗身先士卒的情形：

> 上每躬擐甲冑，蒙犯矢石，指揮戎旅，左右有諫者，上曰：「將士爭效命於鋒鏑之下，朕豈忍坐觀！」諸軍聞之，人百其勇，皆冒死先登。[8]

五月五日，北漢國主劉繼元見晉陽城難以支撐，決定投降。受降儀式就在當夜準備，「夜漏上十刻」（約晚上九點）劉繼元派人納降表，趙光義以親筆詔書撫諭，然後到城北高臺上宴請從臣，連夜等待劉繼元出城投降。第二天「劉繼元率其官屬素服紗帽待罪臺下」[9]，趙光義下令釋放劉繼元，並請他到臺上。劉繼元上臺後叩頭對趙光義說，其實早就想投降了，只是部下中有些亡命之徒劫持，想投降而不得。

北漢至此滅亡，但晉陽城累月堅守仍令趙光義惱火，受降時表示他最欣賞坐在一邊的吳越國降王錢俶：

> 卿能保全一方以歸於我，不致血刃，深可嘉也！[10]

晉陽是千年古城，李淵起兵反隋之地，五代時更是與汴梁（開封）長期抗衡的政治中心，趙光義十分忌憚晉陽保有王氣，劉繼元投降後仍下令火燒水淹「毀太原舊城」。[11]晉陽城民因此流離失所，對宋朝怨恨不已。

1 李燾：《續資治通鑑長編》卷十七，第三八一頁。
2 以上並見李燾：《續資治通鑑長編》卷十七，第三八二頁。
3 李燾：《續資治通鑑長編》卷十七，第三八四頁。
4 李燾：《續資治通鑑長編》卷十八，第三九九頁。
5 李燾：《續資治通鑑長編》卷二十九，第六四八頁。
6 脫脫：《宋史》卷四〈太宗本紀一〉，第五三頁。
7 以上並見李燾：《續資治通鑑長編》卷二十，第四四四頁。
8 李燾：《續資治通鑑長編》卷二十，第四五〇頁。
9 李燾：《續資治通鑑長編》卷二十，第四五一頁。
10 李燾：《續資治通鑑長編》卷二十，第四五一頁。
11 李燾：《續資治通鑑長編》卷二十，第四五三頁。

2 兵敗高梁河

不知是得意忘形還是其他原因，趙光義滅北漢後，要求部隊繼續行軍北征，企圖一舉奪回已割讓給契丹的幽州。後晉石敬瑭割讓的燕雲（幽雲）十六州，幽是幽州（今北京一帶），雲是雲州（今山西大同），燕雲十六州即分布在這一地區的十六個州。收復燕雲十六州不只是中原王朝的顏面問題，更重要的是這一區域的割讓導致長城在國境之外，宋朝北境因此無險可守，京城開封暴露在華北大平原之上，契丹鐵騎隨時可以深入宋境，只能依靠城池軍寨構建防線，必須維持極其龐大的軍費開支，而由此導致的冗兵問題正是造成宋朝積弱的最根本原因。

宋朝始終以收復燕雲十六州做為統一事業的終極目標，滅北漢之後乘勝攻取幽薊（燕雲之地）卻非常危險。晚唐五代以來軍隊已成為特殊利益集團，「天子，兵馬強壯者為之」是社會通行的規則，發動陳橋兵變的理由無非是後周的孤兒寡母無法主持軍事集團的利益分配。按照軍隊慣例，滅北漢之後唯一重要的事情是論功行賞，但趙光義在未加行賞的情況下，讓這支剛剛出生入死、極度疲憊、傷亡慘重、補給難繼的軍隊繼續征戰，立刻遭到軍隊的強烈抵制：

丁未，次鎮州。初，攻圍太原累月，饋餉且盡，軍士罷乏。會劉繼元降，人人有希賞意，而上將遂伐契丹，取幽薊，諸將皆不願行。[12]

可能趙光義以為滅北漢能幫他建立在軍隊中的絕對權威，甚至希圖以此打破軍隊對趙匡胤的個人崇拜，以征幽薊開展一次政治忠誠度的測試。

但人性是不可測試的。太平興國四年六月，趙光義揮師幽州，宋軍在幽州北郊打敗遼將耶律奚底軍後，迅速包圍幽州城。趙光義再次親臨戰場，親率主力日夜攻城，將燕京城圍得水泄不通，宋軍一度有三百人登城，幾乎要贏得這場戰役。這時遼守將韓德讓堅守城池，趙光義攻城心切，宋軍沒有在攻城軍隊的側後方配備兵力，以防遼軍增援部隊側擊。七月初，遼將耶律休哥率領的增援大軍抵達燕京前線，先以三萬精銳部隊從宋軍南側發動猛攻，大敗宋軍。七月初六，耶律沙率軍向燕京城發動進攻，與宋軍在高梁河（今北京西直門外）相遇，被宋軍擊退。耶律休哥和耶律斜軫各率大軍從宋軍左右兩翼發動猛攻，宋軍急調圍城部隊迎敵。城內遼軍見援軍趕到，便出城助攻。宋軍在遼軍數路攻擊下，全線崩潰。宋軍大敗時，趙光義究竟遭遇什麼，官方史書故意掩飾，只說是高梁河敗績，遂詔班師。如《宋史・太宗本紀》記載：

> 癸未，帝督諸軍及契丹大戰於高梁河，敗績。甲申，班師。[13]

《續資治通鑑長編》記載：

> 甲申，上以幽州城踰旬不下，士卒疲頓，轉輸回遠，復恐契丹來救，遂詔班師。車駕夕發，命諸將整軍徐還。乙酉，次涿州。[14]

但《遼史》記載了趙光義隻身逃亡的情形：

> 秋七月癸未，沙等及宋兵戰於高梁河，少卻；休哥、斜軫橫擊，大敗之。宋主僅以身免，至涿州，竊乘驢車遁去。[15]

至於趙光義如何「僅以身免」，皇帝隻身逃亡時，敗績的宋軍內部又發生了什麼，以及這事件對宋朝產生了怎樣的影響，這些問題都是國家機密。國家機密意味著禁止書寫與傳播，但很難從人們的記憶中徹底抹去，宋代的筆記小說還是留下了零星資料。其中一條描述趙光義當時身負重傷：

> 太宗自燕京城下軍潰，北虜追之，僅得脫。凡行在服御寶器盡為所奪，從人宮嬪盡陷沒。股上中兩箭，歲歲必發。其棄天下竟以箭瘡發云。蓋北虜乃不共戴天之讎，反捐金繒數十萬以事之為叔父，為人子孫，當如是乎！[16]

據稱，這段敘述出自宋朝第六位皇帝宋神宗的口述，他說太宗戰敗逃亡之時，隨身的御用寶器以及內侍宮嬪全部陷沒，大腿上還中了兩箭。雖然中箭未致當場喪命，但趙光義負傷後乘馬逃亡，至宋境內涿州再改坐驢車，應該是沒有及時療傷，此後年年箭傷復發，最後是因此病卒。宋神宗痛陳這段歷史是為了宣示他富國強兵、不甘於歲幣求和的決心。他說太宗命喪箭傷，宋、遼是不共戴天的仇敵，做為子孫怎麼可以「反捐金繒數十萬以事之為叔父」呢？露骨地表達對宋真宗、宋仁宗的強烈不滿。這段話是宋神宗繼位之初對準備任用主持對外戰事的滕元發講的，「慨然有取山後之志……蓋欲委滕公以天下之事也」。[17]滕元發把神宗的這段話轉述給幕僚王莘，王莘的兒子王銍將其收入自己的筆記《默記》中。

關於高梁河之敗，王莘告訴兒子王銍的不只是趙光義「股上中兩箭」，更加驚心動魄的是以下這段：

> 先子言，錢俶所以子孫貴盛蕃衍者，不特納土之功，使一方無兵火之厄，蓋有社稷大勳，雖其子孫莫知之也。從太宗平太原，既擒劉繼元以歸，又旁取幽燕，幽燕震恐。既迎大駕至幽州城下，四面攻城，而我師以平晉不賞，又使之平幽，遂軍變。太宗與所親厚夜遁。時俶掌後軍，有來報御寨已起者，凡斬六人。度大駕已出燕京境上，乃按後軍徐行，

故鑾輅得脫。不然，後軍與前軍合，又虜覺之，則殆矣。蓋一夜達旦，大駕行三百里乃脫，皆俶之功也。[18]

先子就是先父，王莘還告訴王銍，吳越王錢俶的後代能享盡榮華富貴，家族不斷延綿發達，可不只是因為納土歸宋讓吳越百姓免於戰火，錢俶還為宋廷立過更大功勞，但這事連錢氏後人都不知道，原來錢俶救過趙光義的命！趙光義滅北漢後立即攻打幽州遭到軍隊的強烈抵制，「我師以平晉不賞，又使之平幽，遂軍變」，似乎是講趙光義逃亡並非因為被遼軍打敗，而是宋軍內部針對趙光義發生了兵變。但兵變不太成功，至少讓趙光義連夜逃脫了（「太宗與所親厚夜遁」）。錢俶是扈從太宗御駕親征的重要成員、宋軍的後軍指揮官，這時陸續有人向錢俶報告說皇帝已自行撤退。錢俶得到這樣的情報該怎麼辦呢？為了穩定軍心並給趙光義留足逃亡時間，他連續殺了六位來報告這個消息的人，預估趙光義已經跑出幽州才指揮後軍緩慢行動。王莘說，如果錢俶不是這樣做，兵變的軍隊可能追上皇帝，如果遼國發現宋軍內亂逃亡，後果更是不堪設想，所以趙光義當時能順利逃脫完全是錢俶的功勞。

12 李燾：《續資治通鑑長編》卷二十，第四五三～四五四頁。
13 脫脫：《宋史》卷四〈太宗本紀一〉，第六三頁。
14 李燾：《續資治通鑑長編》卷二十，第四五七頁。
15 脫脫：《遼史》卷九〈景宗本紀下〉，北京：中華書局，一九七四年，第一〇二頁。
16 王銍：《默記》卷中，朱傑人點校，北京：中華書局，一九八一年，第二十頁。
17 王銍：《默記》卷中，第二十頁。
18 王銍：《默記》卷上，第五頁。

3 趙德昭自殺

趙光義在宋軍未遭遼軍重創的情況下，因兵變而逃亡的可能性比較小，但當時軍中的確發生了變亂。司馬光《涑水記聞》記載：

> 魏王德昭，太祖之長子，從太宗征幽州，軍中夜驚，不知上所在，眾議有謀立王者，會知上處乃止。上微聞，銜之，不言。時上以北征不利，久不行河東之賞，議者皆以為不可，王乘間入言之，上大怒，曰：「待汝自為之，未晚也！」王皇恐還宮，謂左右曰：「帶刀乎？」左右辭以禁中不敢帶。王因入茶果閤門，拒之，取割果刀自刎。上聞之，驚悔，往抱其屍，大哭曰：「痴兒，何至此邪！」[19]

「軍中夜驚，不知上所在」可以理解為高梁河大敗、趙光義中箭後逃亡，也可以跟「時俶掌後軍，有來報御寨已起者，凡斬六人」聯繫起來。分析《默記》的說法，趙光義好像是因發生兵變而逃亡，《涑水記聞》卻說軍隊因皇帝失蹤而發生變亂，並描述了兵變的具體情形：有人鼓動趙德昭當皇帝，直到他們聽說皇帝還活著並已回到宋朝。綜合以上資料分析，這次幽州兵變暴露出趙光義與軍隊的衝突，以及軍隊對趙匡胤及趙德昭的擁戴，這當然是趙光義無法容忍的。

兩個版本幽州兵變的結局，錢俶因救助趙光義而飛黃騰達，趙德昭卻由於受到軍隊擁戴而被逼自刎。趙光義得知軍中嘩變後，對趙德昭產生忌恨但隱忍不發，班師後仍不對滅北漢的將士論功行賞。趙光義此舉既是發洩幽州敗績的情緒，更是與軍隊衝突的全面爆發，甚至有意刺激趙德昭。終於，在前線獲得軍隊擁戴的趙德昭忍不住為將士請賞，趙光義憋不住說出那句「你自己當皇帝再賞不遲」的話。

《涑水記聞》接下來的記述比較奇怪，趙德昭惶恐還宮，他想自殺，問左右隨從帶刀了嗎？隨從回答入宮不能帶刀，趙德昭就闖進茶果間拿起水果刀自殺。問題是趙德昭早已出閣開府，他與皇帝的對話如果發生在早朝時，之後他應該回到自己府中，但《涑水記聞》所述似乎指趙德昭死在宮中。趙德昭做為皇親當然有機會在宮中與皇帝見面，在宮中為河東之戰請賞也比較適宜，但就成了趙德昭未及出宮即已死亡，是否真的自刎而亡也得打上一個問號。至於「往抱其屍」只顯得趙光義十分虛偽，「痴兒何至此邪」甚至是暗示趙光義已在追查趙德昭幽州兵變的責任。

其實趙德昭與皇位繼承人的地位始終隔著一層。他去世時，親王兼開封府尹是皇弟趙廷美，保留皇子身分的是趙德芳，趙德昭的爵位不過是武功郡王。但幽州兵變顯示了另一種可能性——軍隊擁立趙德昭稱帝。依據五代的政治邏輯，趙光義的威脅來自趙德昭，更源於他似乎無法充分掌控的軍隊。趙德昭自刎於太平興國四年八月，那麼此後趙光義到底有沒有行河東之賞呢？當年十月，趙廷美、薛居正、沈倫、盧多遜、曹彬、楚昭輔、石熙載、潘美、王仁贍、崔翰、劉延翰、米信、田重進等人都加官晉爵，《太宗實錄》記載：

> 十月，乙亥，齊王廷美進封秦王，宰相薛居正加司空，沈倫加左僕射，盧多遜兼兵部尚書，樞密使曹彬兼侍中，文武官預平太原者皆遷秩有差，初行賞功之典也。[20]

另一部史書《宋朝要錄》則記載：

昭輔檢校太尉，熙載遷刑部侍郎，潘美檢校太尉，王仁贍檢校太傅，崔翰、劉延翰、米信、田重進以觀察使為節度使，初行平晉之賞也。[21]

「初行賞功之典」、「初行平晉之賞」是什麼意思？李燾注意到兩年後田錫在奏疏中「猶云平晉之功未賞，不知何也」：

夫賞不踰時，國之令典。頃歲王師薄伐，克平太原，未賞軍功，逮茲二載。今范陽堅壁，竊據疆封，獯鬻薦居，不修朝聘，若煩再駕，固當用兵，雖稟宸謀，必資武力。願陛下因郊禋、耕耤之禮，議平晉之功而賞之，則駕馭戎臣，莫茲為重，此要機之一也。

李燾因此猜測太平興國四年「初行平晉之賞」是有選擇性的，還有很多立下赫赫戰功而未行賞之人「或者賞未遍及故也」。[22] 等於說趙光義始終拒絕犒賞軍功，田錫做為諫官提醒趙光義這樣做很危險，收復幽雲是首要目標，北伐必須依靠軍隊，拒絕行賞勢必進一步引發軍隊的怨恨。他甚至直白地說出「駕馭戎臣，莫茲為重，此要機之一也」這樣的重話，等於說此賞不施行，得罪軍人，宋朝永遠都別想收復幽雲了。結果田錫不幸言中，而造成趙光義如此不理智的原因只能是那次幽州兵變。

高梁河之戰後，宋、遼重啟戰端，宋朝窮於應付。太平興國五年（九八〇），趙光義再次御駕親征，「詔巡北邊」並「駐蹕大名府」，這次他讓皇弟趙廷美為東京留守。不久遼軍撤退，趙光義又想攻打幽州，被翰林學士李昉勸住。趙光義回到京師，很多人主張「宜速取幽薊」，但又被諫官張齊賢勸住。事實上，下一次北伐發生在六年後，即雍熙三年（九八六），史稱「雍熙北伐」。開戰前的六年趙光義是積極備戰還是忙著其他事情呢？

19 司馬光：《涑水記聞》卷二，第三六頁。
20 李燾：《續資治通鑑長編》卷二十，第四六三頁。
21 李燾：《續資治通鑑長編》卷二十，第四六三頁。
22 以上並見李燾：《續資治通鑑長編》卷二十二，第四九六頁。

4 趙普再次出山

「雍熙北伐」前六年間，先是趙德芳於太平興國六年三月去世，沒有任何史料述及趙德芳的死因，《宋史・趙德芳傳》的記載僅「寢疾薨，年二十三」七個字[23]，甚至沒有記述趙德芳的生母是何許人。趙德芳去世後三個月，田錫上疏警告「克平太原，未賞軍功」的嚴重後果[24]，趙光義置若罔聞，顯示出皇帝與軍隊難以調和的矛盾。

與此同時，趙光義的頭號政敵趙普復相，讓他復相的目的非常明確：除掉皇弟趙廷美。史書記述趙普也別有私心，他要除掉宿敵盧多遜，因此與趙光義一拍即合。史書記載，當時有如京使柴禹錫等告發趙廷美「將有陰謀竊發」，於是趙光義搬出老對手趙普。趙普對這次復相提出了幾條要求，首先：

臣願備樞軸以察奸變。

其次，除掉宿敵盧多遜：

退，復密奏：「臣開國舊臣，為權幸所沮。」

這裡的權幸就是盧多遜。為了讓以前的政敵充分信任，趙普還給趙光義獻上投名狀：

因言昭憲顧命及先朝自愬之事。[25]

所謂「昭憲顧命」就是杜太后去世時留下遺命，讓趙匡胤傳位皇弟，據稱當時只有趙匡胤與趙普在場，趙普當場記下遺命，趙匡胤下令將趙普書寫的遺命祕藏宮中金匱，史稱「昭憲顧命」或「金匱之盟」。此事真偽是宋初一大謎案，假設實無其事，在希圖除掉皇弟趙廷美之時偽造要求傳位於弟的「昭憲顧命」顯然對趙光義不利。面對杜太后遺命，趙光義自然會質疑難道應該把皇位傳給趙廷美，而趙普的回答是「太祖已誤，陛下豈容再誤邪」[26]，後來趙光義宣稱趙廷美並非杜太后所生，因而不是「昭憲顧命」的適用對象，這些都顯示「昭憲顧命」應該確有其事。隨著杜太后與趙匡胤去世，趙普成為此事的唯一知情者與見證人，此時和盤托出無疑可以確認太宗繼位的合法性。

「先朝自愬之事」則是指趙普罷相時上書誇獎趙光義之事，這時也拿出來向趙光義表忠心。趙光義這時特別需要趙普，因此也做足了姿態請他出山：

> 人誰無過，朕不待五十，已盡知四十九年非矣。[27]

「非」指太祖朝趙光義與趙普結仇，「盡知四十九年非」等於說請趙普出山之前的所有生命都是個錯誤，這是非常誇張的道歉之辭，也可以理解為與趙普聯手的政治宣誓。

趙光義於是任命趙普為「司徒兼侍中」，是遠高於「同中書門下平章事」的宰相稱號。隨著趙德昭、趙德芳相繼死亡，趙廷美已經「始不自安，浸有邪謀」。趙普復相，趙廷美無論如何也該意識到危險臨近，立即要求把自己的位置排於趙普之下，趙光義立即批准。

史書強調趙廷美亡於趙普復相，「於是普復入相，廷美遂得罪。凡廷美所以得罪，則普之為也」。[28]趙普除掉趙廷美是個漫長的過程。太平興國七年（九八二）三月，有人告發趙廷美準備趁趙光義往金明池水心殿泛舟遊覽時圖謀不軌，還說若此計不成，趙廷美就裝病引誘趙光義來看望時動手謀亂。但面對這樣的告發，史書上記載「上不忍暴其事」[29]，就是說趙光義沒有就此展開調查，也沒有任何證據來確認此事真偽。隨後趙光義將趙廷美的職務由開封府尹改為西京留守，名義上地位不降反升，趙廷美赴任時，趙光義還賜下「襲衣通犀帶、錢十萬、絹彩各萬疋、銀萬兩、西京甲第一區」，甚至同時賜「留守判官閻矩、河南判官王遹錢各百萬」。[30]這些都是調虎離山和溫水煮青蛙的招數，有效防止了趙廷美採取非常行動。趙廷美離開京城，趙光義一面獎賞最先告發趙廷美的柴禹錫與楊守一，一面大範圍剪除趙廷美黨羽：

> 乙丑，左衛將軍、樞密承旨陳從信罷為左衛將軍，皇城使劉知信為右衛將軍，弓箭庫使惠延真為商州長史，禁軍列校蓨人皇甫繼明責為汝州馬步軍都指揮使，棗強范廷召責為唐州馬步軍都指揮使，定人王榮責為濮州教練使。

這些人受罰的原因不過是和趙廷美有交往，只是身分特殊而顯得比較危險，「皆坐交通秦王廷美及受其私犒故也」。其中最不起眼的王榮被指說過「我不久當得節帥」的狂言而被「削籍流海島」，其他降職處分或更無罪狀可言。[31]

趙廷美被調虎離山之後，趙普首先除掉盧多遜，理由仍是與趙廷美「交通」，然後以盧多遜為突破口調查趙廷美的不軌之狀。盧多遜交代他透過趙白向趙廷美表忠，曾說「願宮車早宴駕，盡力事大王」，而趙廷美透過樊德明回覆盧多遜「我亦願宮車早宴駕」。[32]如此坐實了趙廷美謀逆的罪行。很快宋廷以太子太師王溥的名義要求將大逆不道的盧多遜與趙廷美誅滅「以正刑章」，結果盧多遜全家發配崖州，趙廷美免職「勒歸私第」，其他趙白、樊德明等人統統處斬。趙廷美被定罪免職而毫無還手之力，接下來就是如何取走他的性命了。趙廷美仍留在西京洛陽的私第，眾目睽睽，難以下手。五月，趙普指使知開封府李符上言指控趙廷美「不悔過，怨望，乞徙遠郡，以防他變」，趙光義立即降趙廷美為涪陵縣公、房州（今湖北房縣、竹山一帶）安置。兩年後，即雍熙元年（九八四），趙廷美在房州「因憂悸成疾而卒，年三十八」。[33]

趙廷美死之前，趙普因擔心洩漏將趙廷美安置房州是他的主意，還找理由處罰了揭發趙廷美的李符。趙普的擔心源於趙光義的皇長子趙元佐，「初，秦王廷美遷涪陵，元佐獨申救之」。[34]趙元佐申救叔父的行動以失敗告終，卻揭開了太宗諸子奪嫡的序幕。

23 脫脫：《宋史》卷二四四〈趙德芳傳〉，第八六八五頁。
24 李燾：《續資治通鑑長編》卷二十二，第四九六頁。
25 以上並見李燾：《續資治通鑑長編》卷二十二，第五〇〇頁。
26 李燾：《續資治通鑑長編》卷二十二，第五〇一頁。
27 李燾：《續資治通鑑長編》卷二十二，第五〇〇頁。
28 李燾：《續資治通鑑長編》卷二十二，第五〇一頁。
29 李燾：《續資治通鑑長編》卷二十三，第五一四頁。
30 李燾：《續資治通鑑長編》卷二十三，第五一五頁。
31 以上並見李燾：《續資治通鑑長編》卷二十三，第五一六頁。
32 李燾：《續資治通鑑長編》卷二十三，第五一六頁。
33 脫脫：《宋史》卷二四四〈魏王廷美傳〉，第八六六七～八六六八頁。
34 脫脫：《宋史》卷二四五〈漢王元佐傳〉，第八六九四頁。

第五章——昭成太子

1 解救趙廷美

趙廷美的「陰謀竊發」、「大逆不道」應該子虛烏有，是趙普根據趙光義的意旨一手製造的冤案。做出此判斷的依據之一是理論上除掉趙廷美的最大受益者趙元佐反而挺身申救，為此不惜與趙普結為仇敵、得罪父皇趙光義，進而喪失繼承皇位的資格。宋太宗有九子，長子元佐，次子元僖，三子元侃，四子元份，五子元傑，六子元偓，七子元偁，八子元儼，九子元億。三子元侃即宋真宗，宋朝第三個皇帝，四子元份則是第五個皇帝宋英宗的祖父。次子元僖後來被封贈為「昭成太子」，他的故事很複雜。長子元佐因申救趙廷美，反而成為前四子中與皇位距離最遠的一個。

太平興國七年五月，趙廷美被從洛陽送往房州安置，史書中沒有記載趙元佐「獨申救之」的具體情況，但鉤沉史料仍可以呈現概貌。趙普透過李符的指控將趙廷美安置房州，不久趙普為防洩密而處罰李符，應是應對趙元佐調查李符幕後黑手的無奈之舉。這個時間點，趙元佐被封為衛王、授檢校太傅，很可能是趙光義與趙普防止他申救趙廷美的嘗試。而趙元佐加官晉爵的同時，年僅十七歲的皇次子趙元僖也被封為廣平郡王、授檢校太保。廣平郡王與衛王在等級上有明顯差異，但兄弟倆「並同平章事」，都獲得了在宰相府處理政事的資格。這樣的安排可以理解為既拉攏又警告趙元佐：除掉趙廷美才能讓趙元佐成為皇位繼承人，如果他不合作，這個機會隨時都可以落到皇次子趙元僖頭上。

趙元佐沒有因此停止申救行動，他與趙普的關係愈來愈糟糕，他的地位變得更加微妙。太平興國八年（九八三）冬十月，趙普罷相，「司徒、兼侍中趙普罷為武勝節度使、兼侍中」。[1]而同一天，更多皇子加官晉爵，「元佐進封楚王，元佑（信）進封陳王，元休（侃）封韓王，元雋（份）封冀王，元傑封益王，並加同平章事」，並且都可以「赴中書視事」。[2]對於已是親王並同平章事的趙元佐來說，意味著相對地位急劇下降，原本超越所有皇弟的他現在與四位皇弟平起平坐。這時趙廷美還沒去世，這個安排應理解為趙光義的一次制衡：趙元佐要求除掉趙普以拯救趙廷美，趙光義為了安撫趙元佐而將趙普罷相，同時以五子封王來警告趙元佐。

趙普雖被罷相，但畢竟為趙光義除掉趙廷美，需要特別禮遇他。十一月，趙光義在長春殿設宴為趙普餞行，並賜予御詩。或許知道趙元佐欲置其於死地，趙普對賜詩的反應有些肉麻，他捧著御詩「泣曰」：

> 陛下賜臣詩，當刻於石，與臣朽骨同葬泉下。

第二天趙普已不再早朝，趙光義還向臣僚誇獎他：

> 趙普於國家有大勳勞，朕布素時與之遊從，齒髮衰矣，不欲煩以機務，擇善地俾之臥治，因詩導意。普感極且泣，朕亦為之墮睫。

趙普對宋太宗的感恩戴德，也透過與趙普關係密切的宰相宋琪再次聲明：

> 宋琪對曰：「普昨至中書，執御詩涕泣，謂臣曰：『此生餘年無階上答，庶來世得效犬馬之力。』臣既聞普此言，今復聞宣諭，君臣始終之分，可謂盡善矣。」[3]

再再宣示趙普與皇帝的關係是何等親密，但趙元佐仍無法抑制對趙普的不滿。一個月後，與趙元佐關係密切的狀元胡旦獻〈河平頌〉，本是歌頌治理黃河的頌辭中卻出現了一些奇怪的話：

> 賊臣多遜，陰泄大政，與孽弟廷美咒詛不道，共造大難。強臣普，恃功貪天，違理背正，削廢大典，架豪傑之罪，飾帝王之非，榛賢士之路，使恩不大賚，澤不廣洽。

後面還有一句：

> 逆遜投荒，奸普屏外。

趙普是除掉趙廷美及盧多遜的功臣，罷相後政治地位也不斷提升。胡旦卻將趙普與盧多遜相提並論，甚至說趙普「架豪傑之罪，飾帝王之非」，簡直把矛頭直指皇帝本人。胡旦這種言論立即引起嚴重後果，馬上有王祜等人彈劾他「指斥大臣，謗讟聖代，下流訕上，宜加竄斥」[4]，胡旦被貶為商州團練副使。胡旦是太平興國三年（九七八）狀元，這時年近而立，入仕僅五年，他的正義感「爆棚」背後應有趙元佐的支持，畢竟他是皇位爭奪戰中支持趙元佐的重要成員。

趙普罷相並不能幫助趙元佐申救趙廷美，反而讓趙光義更加警惕趙元佐。趙普罷相後一個月，太平興國九年（九八四）正月，趙廷美在房州去世，年僅三十八歲，史書上稱他驚悸而死。趙廷美去世的消息傳來，趙元佐完全不能接受這個事實，史書上記載他「遂發狂」，說他拿小刀去砍服侍他的人，甚至用弓箭射擊從庭院裡經過的僕吏。[5]本來趙光義除掉趙廷美是為了讓趙元佐可以繼承皇位，結果趙元佐因此與趙普結成死仇。趙元佐若當了皇帝，日後肯定會瘋狂報復趙普，所以趙普無論如何要在生前將趙元左拉下馬，這時趙元佐「發瘋」就給人適逢其時的感覺。無論是真瘋或假瘋，趙元佐就這樣失去了繼承皇位的資格。

1 李燾：《續資治通鑑長編》卷二十四，第五五五頁。

2 李燾：《續資治通鑑長編》卷二十四，第五五七頁。

3 以上並見李燾：《續資治通鑑長編》卷二十四，第五五八頁。

4 以上並見李燾：《續資治通鑑長編》卷二十四，第五六一頁。

5 脫脫：《宋史》卷二四五〈漢王元佐傳〉，第八六九四頁。

2 被拋棄的皇長子

皇長子趙元佐發狂，皇次子趙元僖無疑會認為應由他繼承皇位，宰相們也提醒趙光義趕緊立儲。但趙光義決定繼續觀望，他說給五個兒子都精心挑選了最好的老師教他們讀書做人，再等三、五年看看哪個兒子最有出息再立儲不遲。[6]趙光義可能還沒想好讓誰繼位，趙元佐的地位表面上沒有改變，趙元僖為了取代趙元佐不得不採取進一步的行動。

接下來趙元僖地位的發展非常順利。雍熙二年（九八五），趙元佐被廢為庶人，雍熙三年，趙光義發動雍熙北伐，同年趙元僖為開封府尹，獲得了親王兼開封府尹的準皇儲地位，這年他才二十一歲。趙元僖能夠取代趙元佐，與趙元佐縱火案密切相關。雍熙二年夏、秋之際，趙元佐病得厲害，九月病情有所好轉，趙光義很高興，還為此「降德音」，就是為感謝上天保佑趙元佐而恩赦天下。當年九月九日重陽節，趙光義約皇子們聚餐，但沒有邀請生病的趙元佐，「重陽，召諸王宴射苑中，而元佐以疾新起，不預」。聚會結束之後，兄弟們經過趙元佐的府第，進去看望兄長，還說了與父皇聚會的情形。趙元佐覺得自己被嫌棄了，「汝等與至尊宴射，而我不預焉，是為君父所棄也」。趙元佐精神上再度受刺激，當晚又犯病，半夜裡把婢妾關在屋中「縱火焚宮」，第二天凌晨「煙焰未止」。趙光義得知趙元佐縱火，立即讓宰相府派御史去調查。趙元佐承認縱火，趙光義派太監王仁睿向趙元佐宣告斷絕父子關係：

汝為親王，富貴極矣，何凶悖如是！國家典憲，我不敢私，父子之情，於此絕矣。

趙元佐無言以對，趙元僖卻領著宰相、近臣一起「號泣營救」，趙光義說皇子應該是修身、齊家的表率，為了江山社稷，他絕不能隨便寬恕自己的兒子，「朕為宗社計，斷不舍之」。[7]於是趙元佐被廢為庶人，趙光義本來還要將他送到均州（今湖北丹江口）安置。這時宰相宋琪等說，趙元佐是因犯病才鑄成大錯，不必過度懲罰，請皇帝寬恕開釋。趙光義沒有答應，趙元佐被押出京城送往均州。宋琪擔心趙元佐送到外地再鬧出人命，率領百官伏閤拜表「乞留元佐京師」，連續三次上表，趙光義才同意把趙元佐留在京城。趙元佐返京後沒有回到自己的府第，被安排在南宮（宗室居住的睦親宅）監視居住，並不得與外界交往。

趙元僖是趙元佐被廢的最大受益者，因此成為重陽節故意刺激趙元佐的嫌疑人。然而趙元僖的地位沒有隨著趙元佐被廢而明顯上升，還有三位皇弟與他並駕齊驅。趙元僖真正成為開封府尹兼侍中而獲得準皇儲地位是在雍熙三年十月，而這年三月趙光義再次征遼，史稱「雍熙北伐」。收復燕雲十六州是趙光義從未放棄的目標，即便是遭遇高梁河大敗、身負重傷之後，趙光義仍多次與臣僚討論征遼計畫。七、八年來趙德昭、趙德芳、趙廷美相繼去世，連站在趙廷美一邊的趙元佐也被廢為庶人，擁立趙德昭之類的政治隱患至此已被徹底排除，趙光義終於解除政治上的後顧之憂，便於雍熙三年三月發兵數十萬北伐，決意收復燕雲失地。

征遼大軍分三路行進，曹彬、崔彥進率東路軍十萬人馬出高陽關，聲勢盛大而行軍緩慢，目的是牽制遼軍主力，等待中、西路宋軍挺進後，共同攻克燕京；以田重進統率中路軍出飛狐口（今河北淶源北），攻占山後（太行山西北）；以潘美、楊業為西路軍統帥，北出雁門（今山西代縣北），攻取關外諸州，與中路軍會合，然後揮師東進，從北面與東路軍夾擊燕京。三路宋軍一開始進展相當順利。西路軍很快攻下寰州（今山西朔州東）、朔州（今屬山西）、雲州（今山西大同）、應州（今山西應縣）等地，中路軍也攻占靈丘（今屬山西）、蔚州（今河北蔚縣）等山後要地，東路軍則攻占新城、固安（今屬河北）、涿州等地。但東路軍曹彬部在三月進占涿州後，與耶律休哥的軍隊相持涿水之北，十餘天後糧草不濟，退守雄州。聽到中、西路軍節節勝利的消息後，東路軍又重新進占涿州。五月初，東路軍因缺糧再次退兵。這時遼援軍耶律抹只部趕到燕京，與耶律休哥部會合，隨即在岐溝關（今涿州西南）北進攻正從涿州南退的宋東路軍。兩軍激戰於岐溝關，宋軍以糧車環繞自衛，被遼軍包圍。曹彬、米信趁夜色率部突圍，渡拒馬河時遭遼軍追擊，溺死者不可勝計，東路宋軍主力由此崩潰。

岐溝關之戰已經註定雍熙北伐的敗局，接下來的問題是趙光義認輸撤軍還是繼續冒進。這時出鎮鄧州（今屬河南）的趙普再次出場，他了解戰局後上了一道奏疏，請求趙光義立即班師：

臣今獨與沮眾之言，深負彌天之過，願頒明詔，速議抽軍，聊為一縱之謀，敢獻萬全之策。

並把戰爭責任推給提議北伐之人：

昨來議取幽薊，未審孰為主謀？虛說誑言，總應彰露，願推首惡，早正刑章。[8]

趙光義看到立即下詔誇獎趙普「卿社稷元臣，忠言苦口，三復來奏，嘉愧實深」，又推說戰敗是因前線領將沒有聽他的統籌指揮（「奈何將帥等不遵成算，各騁所見，領十萬甲士出塞遠鬥，速取其郡縣，更還師以援輜重，往復勞弊，為戎人所襲，此責在主將也。」）。[9]趙光義隨即下令班師（「召彬及崔彥進、米信入朝，田重進率全軍駐定州，潘美還代州。」），只有西路軍的副帥楊業仍奉命「徙雲、朔、寰、應四州民」而遭遼軍追擊，並於八月在陳家谷全軍覆滅。[10]

雍熙北伐失敗後當年十月，趙元僖被任命為開封府尹兼侍中。趙元佐政治上的兩個敵人——趙普與趙元僖由此走到了一起。

6 李燾：《續資治通鑑長編》卷三十二，第七二〇頁。

7 以上並見李燾：《續資治通鑑長編》卷二十六，第五九八頁。

8 以上並見李燾：《續資治通鑑長編》卷二十七，第六一五頁。

9 李燾：《續資治通鑑長編》卷二十七，第六一七頁。

10 李燾：《續資治通鑑長編》卷二十七，第六二一～六二二頁。

3 皇次子的機會

趙元佐被廢而趙元僖成為開封府尹兼侍中後，趙普也千方百計想重新回到朝中。雍熙四年（九八七）九月，趙光義宣稱明年舉行籍田禮，趙普上表請求參加這次典禮。趙普「辭甚懇切」，獲允於十二月赴京朝見趙光義，君臣相見至於動容感咽。[11]而趙元僖趁機請求趙光義重新啟用趙普，他稱讚趙普「開國舊老，得參帷幄，厚重有謀，忠誠言事，不苟求恩顧以全祿位，不私徇人情以邀名望，此真聖朝之良臣也」，還攻擊「憸巧之輩，朋黨比周，眾口嗷嗷，惡直醜正，恨不斥逐遐徼以快其心」[12]，說出了他想拉攏趙普打擊政敵的真正用意。

端拱元年正月趙普參加完籍田禮，二月宰相李昉罷政，趙普以太保兼侍中第三次拜相，同時拜相的還有趙元僖積極爭取的呂蒙正。同時趙元僖由陳王改封許王，皇三子趙元侃由韓王改封襄王，皇四子趙元份由冀王改封越王。

這時被廢為庶人的趙元佐仍有勢力，趙普與趙元僖便聯手打擊趙元佐陣營的趙昌言、胡旦等人。胡旦之前在〈河平頌〉攻擊「奸普屏外」，雍熙北伐前因上〈平燕議〉被趙光義召還，這時已升任知制誥。胡旦、陳象輿、董儼、梁顥四人當時都依附樞密副使趙昌言，而胡旦又結交了一位原名叫「翟穎」的狂人，「有傭書人翟穎者，奸險誕妄，素與旦親狎」。胡旦覺得翟穎有利用價值，用一些不著邊際的話誇獎翟穎，還讓他改名「馬周」（唐代名相），「旦知穎可使，乃為作大言狂怪之辭，使穎上之，仍為穎改名馬周，以為唐馬周復出也」。於是翟穎大肆散布「排毀時政」的言論，還整天向皇帝推薦包括他自己在內的「天子大臣」、「公輔之器」，顯然是趙昌言、胡旦為了掌權而背後搗鬼。[13]趙普拜相後，趙元僖派親信儀贊調查翟穎，報告趙光義後逮捕並審理翟穎，翟穎毫無招架之力，「開封府判官張去華親窮治之，馬周具伏」。結果趙光義將翟穎「決杖流海島」，而趙昌言、胡旦等受牽連被貶官。[14]這是趙元佐與趙元僖陣營的再次交鋒，但不久趙元僖也被御史中丞彈劾，趙元僖向父親申訴「臣天子兒，以犯中丞故被鞫，願賜寬宥」[15]，被趙光義訓斥了一頓，可見趙元僖的地位並不穩固。

這時趙普的身體開始惡化，趙元僖的政治地位也沒有實質性發展。端拱二年（九八九）趙普開始在家休養，淳化元年（九九〇）正月因病重四次上表請求致仕，趙光義同意他充西京留守。三月，趙普赴洛陽就任，呂蒙正成為朝中首相，奇怪的是史書記載呂蒙正不喜歡管事，宰相府基本由參知政事王沔作主，「呂蒙正以寬簡自任，王沔怙恩招權，政事多決於沔」。[16]這種局面下，淳化二年（九九一）九月的請立太子事件就顯得非同尋常：

> 於是左正言、度支判官宋沆等五人伏閤上書，請立許王元僖為皇太子，詞意狂率，上怒甚，將加竄殛，以懲躁妄。[17]

度支是宋朝的財政部門，這個部門的官員宋沆等五人請立趙元僖為皇太子，引起趙光義的暴怒，極其嚴厲地懲罰了這些人。敘述中導致「上怒甚」的原因似乎是上書「詞意狂率」，但宋沆職位很低，為什麼由他們提出請立太子，又怎麼敢對皇帝「詞意狂率」呢？

《續資治通鑑長編》這段敘述的前後還有不少內容提供了豐富的訊息。這段話之前有對前因的追述：

> 上嘗謂近臣曰：「屢有人言儲貳事，朕頗讀書，見前代治亂，豈不在心！且近世澆薄，若建立太子，則宮僚皆須稱臣。宮僚職次與上臺等，人情之間，深所不安。蓋諸子沖幼，未有成人之性，所命僚屬，悉擇良善之士，至於臺隸

輩，朕亦自揀選，不令奸險巧佞在其左右。讀書聽書，咸有課程，待其長成，自有裁制。何言事者未諒此心耶？」[18]

趙光義之前已三番五次地重申暫時不立太子，所有請立儲君的上書一概駁回，並把他的理由闡釋得一清二楚。宋沆等人請立太子直接違背聖意，而他們需要反駁趙光義不立太子的理由才能為自己的行動提供合理解釋，這樣的上書無論如何都可以理解為「詞意狂率」。

《長編》在請立太子事件之後又講：

而沆又宰相呂蒙正之妻族，蒙正所擢用，己亥，制詞責蒙正以援引親暱，竊祿偷安，罷為吏部尚書。[19]

原來度支判官宋沆還有另一個身分，他是宰相呂蒙正提拔的妻族之人，呂蒙正表面上「竊祿偷安」或「寬簡自任」，其實是請立太子事件的幕後策劃者。不但如此，整個請立太子事件之前，也就是「上嘗謂近臣曰……」之前，《長編》還有一句話：

九月丁丑，戶部侍郎、參知政事王沔，給事中、參知政事陳恕，並罷守本官。[20]

就是說請立太子是緊隨著「怙恩招權」的王沔被罷免而發生，很可能是王沔被罷免而引發宰相府的緊急處置。整個事件的經過可能是：趙普罷相之後，參知政事王沔也被罷免，宰相呂蒙正意識到情況緊急，但不敢貿然行事，便指使妻族宋沆等五人上書請立趙元僖為太子。趙普、呂蒙正、王沔應該都屬於趙元僖陣營，而趙光義有意識地瓦解這個政治集團。

這是個對趙元僖非常不利的局面，更糟的是隔年的淳化三年（九九二）七月趙普病逝。《長編》對此事的記載深有意味：

先是，普遣親吏甄潛詣上清太平宮致禱，神為降語曰：「趙普開國忠臣，久被病，亦冤累爾。」冤累，蓋指涪陵悼庶人也。潛還，普力疾冠帶，出中庭受神語，涕泗感咽，且言：「涪陵自作不靖，故抵罪，豈當咎余！但願速死，血面論於幽冥以直之。」是夕，卒。[21]

上清太平宮是張守真在盩厔縣住持的道觀，趙普「祈禱」其實是詢問壽命，張守真以黑殺將軍的名義又發出了一個死亡預言，趙普因害死趙廷美而有「冤累」。面對趙廷美在天界向趙普索命，趙普不服，自辯稱趙廷美罪有應得，不應該歸罪於他，但他願意「速死」往陰界討回公道。趙普這時已難逃一死，這段記載點明了趙普在趙元佐與趙元僖之間的立場，而趙普病逝後四個月，即同年十一月，趙元僖猝亡。趙元僖之死是至今未解的謎案，但他顯然是與趙普以及呂蒙正、王沔的宰執班子一同失勢。

11 脫脫：《宋史》卷二五六〈趙普傳〉，第八九三六～八九三七頁。
12 李燾：《續資治通鑑長編》卷二十八，第六四一頁。
13 李燾：《續資治通鑑長編》卷二十九，第六五〇～六五一頁。
14 李燾：《續資治通鑑長編》卷二十九，第六五一頁。
15 李燾：《續資治通鑑長編》卷二十九，第六五五頁。
16 李燾：《續資治通鑑長編》卷三十二，第七一五頁。
17 李燾：《續資治通鑑長編》卷三十二，第七二〇頁。
18 李燾：《續資治通鑑長編》卷三十二，第七二〇頁。
19 李燾：《續資治通鑑長編》卷三十二，第七二〇頁。
20 李燾：《續資治通鑑長編》卷三十二，第七一九頁。
21 李燾：《續資治通鑑長編》卷三十三，第七三七頁。

4 趙元僖離奇死亡

趙元僖死亡的情形，《宋史》記載如下：

（淳化）三年十一月己亥，元僖早入朝，方坐殿廬中，覺體中不佳，徑歸府。車駕遽臨視，疾已亟，上呼之猶能應，少頃遂薨。上哭之慟，廢朝五日，贈皇太子，謚恭孝。[22]

清晨趙元僖正常早朝，時間尚早在殿廬中休息等待，突然感覺身體不適，緊急回府。趙光義聽說趙元僖得病立即駕車探視，趙元僖已病危無法醫治，起初趙光義喊他還有反應，再過一會兒便去世了。趙光義哭得特別傷心，為此廢朝五日，還追贈趙元僖為皇太子，謚號恭孝。這情形無論如何也不像是正常死亡，但趙光義無意調查，還追贈趙元僖生前求之不得的太子稱號。之後《宋史》還補充對趙元僖的正面評價以及趙光義的亡子之痛：

元僖姿貌雄毅，沉靜寡言，尹京五年，政事無失。及薨，上追念不已，悲泣達旦不寐，作思亡子詩示近臣。[23]

但接下來《宋史》敘述出現了大反轉，有人舉報趙元僖生前寵妾張氏胡作非為，趙光義派人調查後，取消了追贈趙元僖為皇太子的禮儀：

未幾，人有言元僖為嬖妾張氏所惑，張頗專恣，捶婢僕有至死者，而元僖不知。張又於都城西佛寺招魂葬其父母，僭差踰制。上怒，遣昭宣使王繼恩驗問，張縊死。左右親吏悉決杖停免，毀張氏父母塚墓，親屬皆配流……詔停冊禮，以一品鹵簿葬。[24]

為什麼寵妾張氏犯的這些「元僖不知」的錯誤會產生這麼嚴重的後果，為什麼調查此案的是王繼恩，《宋史》沒有進一步交代。

《續資治通鑑長編》對趙元僖之死還有一些補充資料。首先趙元僖猝亡次日，支持立趙元僖為太子的原參知政事王沔也突然死亡：

> 庚子，沔視事省中，暴得風眩疾，舁歸第，卒。上嗟惜之，優詔贈工部尚書。

其次，趙元僖的具體死因，《長編》模模糊糊地提供了一些資訊：

> 又言元僖因誤食他物得病，及其宮中私事。25

「誤食他物得病」暗示趙元僖是中毒身亡，與他的死亡情形較符合，「宮中私事」似乎是指「元僖為嬖妾張氏所惑，張頗專恣」所涉及王府內部的鬥爭。王銍《默記》確實記載著趙元僖被張氏誤毒身亡的故事，只是情節讓人難以理解：

> 太宗長子楚王元佐既病廢，次即昭成太子元僖封許王，最所鍾愛。尹開封府，擇呂端、張去華、陳載一時名臣為之佐。禮數優隆，諸王莫比。將有青宮之立。王豐肥，舌短寡言，娶功臣李謙溥侄女，而王不喜之。嬖惑侍妾張氏號張梳頭，陰有廢嫡立為夫人之約。會冬至日，當家會上壽，張預以萬金令人作關捩金注子，同身兩用，一著酒，一著毒酒。來日，早入朝賀，夫婦先上壽。張先斟王酒，次夫人。無何，夫婦獻酬，王互換酒飲，而毒酒乃在王盞中。張立於屏風後，見之，撫耳頓足。王飲罷趨朝，至殿廬中即覺體中昏憒不知人。不俟賀，扶上馬，至東華門外，失馬仆於地，扶策以歸而卒。太宗極哀慟，命王繼恩及御史武元穎鞫治。頃刻獄就，擒張及造酒注子人凡數輩，即以冬至日臠釘於東華門外。

贈王為太子，府僚呂端、陳載俱貶官。而張去華已去官，旋以它事貶云。去華之孫景山言，親見其詳。今國史載此事多微辭，惟言上聞之，停冊禮，命毀張之墳墓而已。[26]

這個故事出自張去華孫子張景山的口述，張去華當時是開封府判官、開封府尹趙元僖最重要的幕僚之一，資訊來源似乎相當可靠。問題是寵妾張梳頭為了爭寵意圖毒殺李王妃，卻讓趙元僖誤喝毒酒身亡的情節不但離奇，而且《宋會要》明載這位李王妃早在七年前趙元佐廢為庶人時即已去世：

陳王元祐（佑）妻李氏，雍熙二年七月，並輟一日。[27]

陳王元佑是趙元僖之前的爵位與名諱，這句話出自《宋會要》有關喪葬禮儀的記載。如果真有張梳頭毒殺了趙元僖，原因絕對不是與李王妃爭寵。《默記》又提到趙元僖不喜歡趙光義為他娶的這位「功臣李謙溥侄女」李王妃，但《宋史》記載李王妃是李謙溥的女兒：

上為娶隰州團練使李謙溥女為夫人，因謂宰相曰：「朕嘗語諸子，今姻偶皆將相大臣之家，六禮具備，得不自重乎？」[28]

整部《宋史》沒有記載趙元僖的生母是誰，偏偏隆重地介紹這位李王妃，重點還強調趙光義對這位兒媳的重視程度，偏偏《默記》又說趙元僖不喜歡她。如果這些資訊是真實的，或許七年前李王妃的去世已經讓趙光義對趙元僖十分不滿。

排除了毒殺李王妃的可能，《默記》的張梳頭故事只製造了王府內部極其混亂的印象，《宋史》記述趙光義事後調查的重點也不是趙元僖的死因，而是王府內的非法行為。關於對王府的調查，史書上還有兩條記載，一是《宋史・魏羽傳》：

> 淳化中，許王暴薨，或有以宮府舊事上聞者。太宗怒，追捕僚吏，將窮究之。羽乘間上言曰：「漢戾太子竊弄父兵，當時言者以其罪當笞耳。今許王之過，未甚於是。」太宗嘉納之，繇是被劾者皆獲輕典。[29]

調查指向的「宮府舊事」不知是否與李王妃有關，調查之後，趙光義本來「將窮究之」，但魏羽提醒即便趙元僖犯下漢戾太子劉據那樣的罪過，也不值得皇上過度追究。「竊弄父兵」是指巫蠱之禍中，劉據出於恐懼擅自起兵誅殺江充，但沒有造反的意圖，暗示當時有人指控趙元僖意圖謀反。

《續資治通鑑長編》另一條資料又稱寇準參與了對趙元僖的調查：

> 張唐英〈寇準傳〉云：寇準通判鄆州，得召見，太宗謂曰：「知卿有深謀遠慮，試與朕決一事，令中外不驚動。此事已與大臣議之矣。」準請示其事，太宗曰：「東宮所為不法，他日必有桀、紂之行，欲廢之，則宮中亦自有兵甲，恐因而召亂。」準曰：「請某月日令東宮於某處攝行禮，其左右侍衛皆令從之，陛下搜其宮中，果有不法之器，俟還而示之，隔下左右勿令入而廢之，一黃門力爾。」太宗以為然，及東宮出，因搜其宮中，得淫刑之器，有剜目、挑筋、摘舌等物，還而示之，東宮伏罪，遂廢之，選立章聖為太子。[30]

這裡的情節是趙光義先懷疑趙元僖「所為不法，他日必有桀、紂之行」而「欲廢之」，所以召寇準商議如何調查及廢黜趙元僖。這條記載很難與趙元僖早朝猝亡及事後調查寵妾張氏的調查聯繫起來，被李燾直接判定為「誣謗特甚，今不取」，但從趙光義瓦解趙元僖籠絡的宰執集團、拒絕立趙元僖為皇太子等跡象來看，趙元僖繼位的最大阻礙恐怕就是趙光義。

當然趙元僖被廢也離不開其他政敵的推波助瀾，這些政敵就是事前被趙光義問計的寇準，以及事後派去調查的王繼恩。王繼恩與寇準並非只是趙光義的爪牙，他們在立儲問題上分別支持長子趙元佐與三子趙元侃（即宋真宗）。

22 脫脫：《宋史》卷二四五〈昭成太子元僖傳〉，第八六九七頁。
23 脫脫：《宋史》卷二四五〈昭成太子元僖傳〉，第八六九七~八六九八頁。
24 脫脫：《宋史》卷二四五〈昭成太子元僖傳〉，第八六九八頁。
25 以上並見李燾：《續資治通鑑長編》卷三十三，第七四一頁。
26 王銍：《默記》卷上，第六~七頁。
27 徐松輯：《宋會要輯稿》禮四一，劉琳等校點，上海：上海古籍出版社，二〇一四年，第一六五一頁。錢若水修、范學輝校注《宋太宗皇帝實錄校注》卷三十三：「（雍熙二年七月）甲子，詔輟視朝一日，以陳王元佑夫人李氏卒故也。夫人，故隰州防禦使謙溥之女，既歸於王，未封而卒。」（北京：中華書局，二〇一二年，第三五二頁）
28 脫脫：《宋史》卷二四五〈昭成太子元僖傳〉，第八六九七頁。
29 脫脫：《宋史》卷二六七〈魏羽傳〉，第九二〇五頁。
30 李燾：《續資治通鑑長編》卷卷三十三，第七四一頁。

第六章——三子奪嫡

1 明德李皇后

趙光義有九子，但《宋史》所載太宗后妃僅四人，分別是尹皇后、符皇后、李皇后與李賢妃。尹皇后在宋朝建立前就已去世，符皇后是符彥卿的女兒，開寶八年趙光義繼位前去世，這兩位皇后都沒有生育。明德李皇后是開國功臣李處耘的女兒，趙光義繼位後太平興國三年入宮，到雍熙元年才立為皇后。如果史書沒有嚴重失載，從開寶八年至雍熙元年，趙光義正妻虛位長達十年之久。

《宋史》記載李皇后「嘗生皇子，不育」[1]，又記載趙光義有五子同時封王，後面皇六子元偓、皇七子元偁、皇八子元儼都有子嗣，只有皇九子元億「早亡，追賜名，封代國公」[2]，李皇后所生皇子或許就是這位趙元億。

李賢妃於太平興國二年（九七七）去世時，明德李皇后還沒進宮。李賢妃生前地位不高，只有夫人的封號，但她為趙光義生育了皇長子趙元佐與皇三子趙元侃（宋真宗）。真宗繼位後，李氏追封為賢妃，後又追尊為皇太后，諡號元德，因此也稱元德李皇后，但很早去世，完全沒機會參與儲子奪嫡的鬥爭中。

趙光義其他六子的生母，只知道皇四子元份的生母任氏，具體情況不明，真宗朝追封過「太儀」。皇七子元偁的生母臧貴妃原是南唐國主李煜的宮女，在太宗朝只有美人的封號，仁宗朝去世時也不過是貴儀，追封為貴妃是很久以後的事情。皇八子元儼的生母王淑妃也活到仁宗朝，在太宗朝只封過金城郡君，連美人都是真宗朝才獲得，可見地位之低。如此看來，所有皇子生母的地位都很低，皇次子元僖、皇五子元傑、皇六子元偓的生母連姓氏也沒留下。

趙光義的嬪妃還有方貴妃、高賢妃、邵賢妃、李淑儀、吳淑儀、朱才人，不知其中是否有趙元僖的生母。總而言之，明德李皇后是太宗後宮的唯一主角，她在立儲過程中扮演著重要角色，而且支持皇長子趙元佐。就此而言，趙元僖的猝亡、被調查及其生母在史書中失蹤，與明德李皇后未必毫無關係。趙元僖去世後，太宗立三子趙元侃為皇太子，但趙元侃始終沒有獲得明德李皇后的支持，他的繼位之路並非一帆風順。

1 脫脫：《宋史》卷二四二〈明德李皇后傳〉，第八六一〇頁。
2 脫脫：《宋史》卷二四五〈崇王元億傳〉，第八七〇七頁。

2 太宗立太子

因寇準剛正直諫，太宗特別信任寇準，把他視為魏徵而自視為唐太宗。但史書上記載寇準最重要的一次直諫是扳倒參知政事王沔，而王沔是趙元僖陣營的重要成員，這次直諫本質上是寇準參與奪嫡鬥爭。張唐英〈寇準傳〉還記載，宋太宗曾向寇準問計應如何廢黜趙元僖，可見寇準特別受信任似乎與他參與立儲事宜有很大關係。

淳化三年十一月趙元僖去世，淳化四年（九九三）十月似乎是對趙元僖王府調查結束後，寇準罷知青州。此後大約一年時間沒有人再討論立儲問題，直到淳化五年（九九四）九月，靠方技得進、頗受榮遇的崇儀副使王得一對趙光義提出了立儲的具體人選，「潛述人望，請立襄王為皇太子」，襄王就是皇三子趙元侃。《續資治通鑑長編》沒有記載趙光義對王得一提議的反應，只是說王得一「求解官，優詔許之」，趙光義立即同意了他的辭職請求。[3]王得一在立儲過程中發揮了什麼作用還值得進一步追究，但他解官後，趙光義立即把寇準從青州召回商議立儲之事：

初，參知政事寇準自青州召還，入見，上足創甚，自發衣以示準曰：「卿來何緩！」準曰：「臣非召不得至京師。」[4]

趙光義問寇準你怎麼才來呀？寇準回答得等皇帝召見才能進京，兩人表現得很親密。趙光義撩起衣服給寇準看自己的傷口，就是高梁河之敗時股上中了兩箭的箭傷，有學者認為這個奇怪的舉動說明趙光義箭傷不癒，自知時日無多，立儲已勢在必行。[5]

接著趙光義就問寇準立儲人選。趙元佐被廢、趙元僖猝亡，自然應輪到皇三子趙元侃。《續資治通鑑長編》記述當時的情形：

上曰：「朕諸子孰可以付神器者？」

準曰：「陛下誠為天下擇君，謀及婦人、宦官，不可也；謀及近臣，不可也。惟陛下擇所以副天下之望者。」

上俛首久之，屏左右曰：「元侃可乎？」

對曰：「非臣所知也。」

上遂以元侃為開封尹，改封壽王。[6]

非常經典的兩問兩答，看來寇準極力避免捲入皇儲人選的討論中。趙光義問我哪個兒子當皇帝比較好，寇準說這種事情必須皇帝自己做決定，臣僚參與很不妥當。趙光義問老三趙元侃行不行，本來寇準應該可以附和了，但他非常謹慎，繼續避免參與定策之嫌，說這不是臣僚應該知道、參與的事情。對話表現出寇準特別恪守儒家君臣大義，有特別清晰的界限感、分寸感。

當時太宗與寇準對話的內容，除了《長編》至少還有兩種不同的版本。一種以《宋史》為代表，在趙光義提出三子趙元侃「襄王可乎」之後，寇準的回答並非「非臣所知」，而是：

準曰：「知子莫若父，聖慮既以為可，願即決定。」[7]

這裡寇準就是謹慎地附和，並非完全不參與定策大計。而更早形成、不知撰者的《寇萊公遺事》（「萊公」指寇準的爵號「萊國公」）記述就有明顯區別：

太宗久不豫，驛召還，問後事。
公謝曰：「知子莫若父，臣愚不敢與也。」
上曰：「以卿明智，不阿順，故問卿，不應讓。」
公再拜曰：「臣觀諸子皇孫，無不令美，至如壽王，得人心深矣。」
上大悅，遂定策，以壽王為太子。[8]

《宋史》中「知子莫若父」在《寇萊公遺事》中成了寇準最初的推讓，在趙光義的追問下，寇準直接說出趙元侃這個人選，「壽王得人心深矣」，壽王、襄王都是宋真宗繼位前的爵號，壽王是這次對話之後才進封。趙光義因寇準的提議立即封趙元侃為皇太子，所以《寇萊公遺事》是想強調、突出寇準的定策之功而不是為他避嫌。

那麼當皇帝詢問皇儲人選時，寇準的表現究竟是過於直率還是刻意避嫌呢？從性格來講，寇準應屬於特別剛直、毫無城府之類，《寇萊公遺事》中，趙光義說找寇準問意見就是因他「不阿順」，強行要求寇準說出人選。就此而言，寇準始終拒絕說出具體人選不符合歷史的情境，但也不能因此說《續資治通鑑長編》、《宋史》完全不符合歷史真相，關鍵在於如何解讀那句非常經典的「陛下誠為天下擇君，謀及婦人、宦官，不可也；謀及近臣，不可也。惟陛下擇所以副天下之望者」。表面上看，寇準強調立儲之事必須乾綱獨斷，皇帝以外任何人不得參與，但這樣理解的前提是寇準所說婦人（后妃）、宦官、近臣（宰執大臣與近習寵臣）均是泛指。事實上寇準所言的婦人、宦官、近臣均是特指，婦人是指明德李皇后，宦官是指王繼恩，近臣是指李昌齡與胡旦，這些人不是各有圖謀，而是一致地支持皇長子趙元佐。

已被廢為庶人的趙元佐不但還活著，甚至在宋真宗去世後還繼續活了五年。做為皇長子，趙元佐始終具有繼承皇位的優先權力，而且很早就形成了自己的政治陣營，特別是在後宮獲得李皇后與宦官王繼恩強有力的支持，意味著他從未在奪嫡之戰中真正出局。所以皇次子趙元僖去世後，趙光義詢問寇準立儲人選，選擇範圍並非所有存活的兒子，而是特指老大與老三之間選誰。寇準的「三不可」其實是對趙元佐陣營的否定，等於含蓄地選擇了趙元侃，《長編》的記述翻譯成白話或許是：

太宗：「選哪個兒子當皇帝呢？」

寇準：「長子趙元佐已廢，背後仍有一大股勢力結黨支持，絕不能選。」

太宗：「那就選老三唄？」

寇準：「不然呢？」

既然趙元佐背後仍有一股強大的政治勢力，趙元侃繼位之路就不會一帆風順，甚至在冊立皇太子時就已遇到麻煩。

3 李燾：《續資治通鑑長編》卷三十六，第七九七頁。
4 李燾：《續資治通鑑長編》卷三十八，第八一八頁。
5 參見張其凡：《宋太宗》，長春：吉林文史出版社，一九九七年，第二九九頁。
6 李燾：《續資治通鑑長編》卷三十八，第八一八頁。
7 脫脫：《宋史》卷二八一〈寇準傳〉，第九五二八頁。
8 佚名：《寇萊公遺事》，趙維國整理，上海師範大學古籍整理研究所編：《全宋筆記》第十三冊，鄭州：大象出版社，二〇一九年，第二六三頁。

3 呂端不糊塗

太宗與寇準密議立儲之事，《續資治通鑑長編》、《宋史》都做為冊立皇太子的前因來追述。史書記述冊立皇太子的過程又極其誇張。《續資治通鑑長編》記載：

上遂以元侃為開封尹，改封壽王，於是立為太子。京師之人見太子，喜躍曰：「真社稷之主也。」上聞之，召準謂曰：「四海心屬太子，欲置我何地。」準曰：「陛下擇所以付神器者，顧得社稷之主，乃萬世之福也。」上趨宮中，語后嬪以下，六宮皆前賀。上復出，延準飲，醉而罷。9

與寇準議定之後，趙光義命皇三子趙元侃出任開封府尹，改封壽王。至道元年八月趙光義「以開封尹壽王元侃為皇太子，改名恆」，這一年趙元侃二十八歲。京城百姓見到皇太子的儀仗隊非常興奮，因為唐末以來近百年間第一次出現皇太子，市民們紛紛圍觀誇獎皇太子「真社稷之主也」。不可思議的是趙光義竟然對此產生了妒意，他質問寇準，現在大家都擁護皇太子，是不是不把我放在眼裡了？或許是老年人害怕失去權力的常見心態，寇準趕忙勸慰說，百姓擁護太子說明皇帝選對了接班人，皇帝為天下百姓造福應該開心。趙光義才打開心結，回到宮中對后妃們炫耀了一番，六宮嬪妃都來祝賀，趙光義才出宮請寇準喝酒，大醉而歸。

這段敘述誇張得不太真實。趙光義會對新太子產生忌妒嗎？雖然這種心態可以理解，但趙光義做為老奸巨猾的權謀高手不會輕易表露情緒，即便真的一時失態，寇準勸慰之後，也沒必要專程向後宮說明此事，這多少讓他顯得有此滑稽。《寇萊公遺事》對此事的記載完全不同：

躬行告廟，還六宮皆登御樓以觀。時李后聞萬姓皆歌呼曰：「吾帝之子，少年可愛。」李后不悅，歸以告上，上即召公責曰：「百姓但知有太子，而不知有朕，卿誤朕也。」公曰：「太子，萬世嗣社稷之主也，若傳之失其人，實為可憂。今天下歌得賢主，陛下大幸，臣敢以為賀。」上始解，太子卒以定。[10]

事情的起因不是趙光義忌妒兒子，而是明德李皇后挑撥離間。李皇后看到百姓為太子歡呼，就向太宗告狀，告狀內容應是趙光義抱怨的「百姓但知有太子而不知有朕」。明德李皇后的言下之意是趙光義不應該著急立儲，而她從未放棄扶立趙元佐繼位。

真實的政治情境中，老奸巨猾的趙光義應該不需要人寬慰，反而寇準始終是趙光義利用的一顆棋子。參與定策的寇準拜相輔佐皇太子比較合乎情理，但趙光義把他從青州緊急召回商議立儲並冊立皇太子之後，又將他趕出京城「罷知鄧州」[11]，然後任命呂端做宰相。有人不看好呂端，說他「為人糊塗」，太宗反駁說呂端「小事糊塗，大事不糊塗」。[12]「小事糊塗」是不太愛管事，細枝末節的事情能糊弄的就糊弄過去了，史書上說「端為相持重，識大體，以清簡為務」，好像他當宰相啥事也沒有發生過似的。[13]

那什麼叫「大事不糊塗」呢？就是涉及權力鬥爭的事情，呂端的立場就會非常堅定明確，絲毫沒有含糊，換言之，他對皇上絕對忠誠，在政治上絕對可靠，絕不做首鼠兩端的事。呂端「大事不糊塗」在真宗繼位時充分表現出來。冊立皇太子後兩年，據說是因箭傷復發不治，趙光義於至道三年（九九七）三月病逝，終年五十九歲，廟號太宗。趙光義去世後，王繼恩想故伎重演，聯手李皇后發動政變，扶立趙元佐繼位，但被呂端識破。《續資治通鑑長編》記載：

> 初，太宗不豫，宣政使王繼恩忌上英明，與參知政事李昌齡、知制誥胡旦謀立楚王元佐，頗間上。

謀立趙元佐的有王繼恩、李昌齡、胡旦，當然這個名單並不完整。太宗臨終前，有天呂端進宮看望，了解病情，發現皇太子不在場，意識到可能有陰謀，於是在笏板上寫了「大漸」兩個字，相當於病危通知書，讓親信趕緊帶給皇太子，請他趕緊進宮隨侍。

> 宰相呂端問疾禁中，見上不在旁，疑有變，乃以笏書「大漸」字，令親密吏趣上入侍。[14]

但呂端不可能一直待在宮中，趙光義去世時，他不在場。王繼恩來見呂端，說是李皇后召他入宮。呂端意識到李皇后與王繼恩有陰謀，於是請王繼恩幫忙到書房裡把太宗賜予的墨寶找出來，趁機會把王繼恩反鎖在書房內，然後立即獨自進宮去見李皇后。

> 及太宗崩，繼恩白后至中書召端議所立。端前知其謀，即紿繼恩，使入書閣檢太宗先賜墨詔，遂鎖之，亟入宮。

這時李皇后對呂端說：「皇上去世了，按順理應該立長子趙元佐當皇帝，你說怎麼辦呢？」呂端回答：「太宗早就冊立了皇太子，哪有此時再改變主意的。」呂端的堅持讓李皇后無話可說。

> 后謂曰：「宮車宴駕，立嗣以長，順也，今將奈何？」端曰：「先帝立太子政為今日，豈容更有異議！」后默然。

當時呂端已想辦法召皇太子進宮，在他的堅持下，李皇后只好為皇太子舉行登基儀式。呂端仍不放心，特別要求把皇帝座前的垂簾捲起來，仔細看坐在龍椅上的是不是皇太子，確認之後才率群臣行跪拜禮、山呼萬歲。

> 上既即位，端平立殿下不拜，請捲簾，升殿審視，然後降階，率群臣拜呼萬歲。[15]

李燾特別說明他看到的任何官方史書都沒有這樣記載，是從呂端的孫子呂誨的文集收錄呂端的傳記資料中發現這段史料。

王繼恩等謀廢立，《實錄》、《國史》絕不見其事蹟，蓋若有所隱諱。今據《呂誨集·正惠公補傳》及司馬光《記聞》增修，《補傳》所載比之《記聞》尤詳也。[16]

李燾又提到司馬光的《涑水記聞》，他說《呂誨集》的記載比《涑水記聞》詳細，但《涑水記聞》記述謀立趙元佐的政治集團比《續資治通鑑長編》的記載多了一人。

9 李燾：《續資治通鑑長編》卷三十八，第八一八頁。
10 佚名：《寇萊公遺事》，上海師範大學古籍整理研究所編：《全宋筆記》第十三冊，第二六三頁。
11 脫脫：《宋史》卷二八一〈寇準傳〉，第九五二九頁。
12 脫脫：《宋史》卷二八一〈呂端傳〉，第九五一四～九五一五頁。
13 脫脫：《宋史》卷二八一〈呂端傳〉，第九五一五頁。
14 以上並見李燾：《續資治通鑑長編》卷四十一，第八六二頁。
15 以上並見李燾：《續資治通鑑長編》卷四十一，第八六二頁。
16 李燾：《續資治通鑑長編》卷四十一，第八六二～八六三頁。

4 兄弟不復見

《續資治通鑑長編》記載的趙元佐集團成員是王繼恩、李昌齡、胡旦三人。

宣政使王繼恩忌上英明，與參知政事李昌齡、知制誥胡旦謀立楚王元佐。[17]

《涑水記聞》記載多了一位禁軍將領李繼勳。

太宗疾大漸，李太后與宣政使王繼恩忌太子英明，陰與參知政事李昌齡、殿前都指揮使李繼勳、知制誥胡旦謀立潞王元佐。

但李繼勳絕對不可能謀立趙元佐，因他是宋太祖「義社十兄弟」之一，早在太平興國二年去世，現在標點本《宋史》認為「殿前都指揮使李繼勳」是多餘的衍文。其實《涑水記聞》中，司馬光有時故意把人名寫錯，比如程德玄寫成「賈德玄」，王繼恩寫成「王繼隆」。「王繼隆」其實是個提示，因為把「李繼勳」改寫成「李繼隆」就變得非常合理。原來真宗繼位之後，趙元佐集團成員都受到懲罰。

尋以繼勳為使相、赴陳州本鎮，昌齡為忠武行軍司馬，繼恩為右監門衛將軍、均州安置，胡旦除名、流潯州。[18]

李繼勳早已去世，而《宋史・李繼隆傳》記載「真宗即位，改領鎮安軍節度、檢校太傅」，鎮安軍在陳州（今河南周口）。進一步追查會發現李繼隆加入趙元佐集團是理所當然，因他的父親李處耘是參與陳橋兵變的開國將領，而李處耘的次女就是趙光義的明德李皇后，「為太宗納其次女為妃，即明德皇后也」。[19]掌握兵權的李繼隆是明德李皇后的兄長，也是李皇后試圖發動政變的底氣所在。

南宋王明清《揮麈錄》記載試圖阻止宋真宗繼位的陰謀集團又多了兩人，而且謀立的對象也有所不同。

> 太宗大漸，繼恩乃與參知政事李昌齡、樞密趙鎔、知制誥胡旦、布衣潘閬謀立太祖之孫惟吉。適泄其機，呂正惠時為上宰，鎖繼恩而迎真宗於南衙，即帝位。繼恩等尋悉誅竄。[20]

這裡的謀立對象「太祖之孫惟吉」應是指趙德昭的次子趙惟吉，而趙元佐的字也是惟吉，不太清楚哪裡出了問題才造成這種奇怪的現象。新出現的兩人是趙鎔與潘閬，史料中不見趙鎔與趙元佐關係的相關記載，但真宗繼位後，趙鎔「改南院使、檢校太傅，以心疾求解」。[21]「檢校太傅」是與李繼隆一樣的待遇，「以心疾求解」也有體面退閒的意思。而潘閬與王繼恩關係密切，「潘閬得官，亦繼恩所薦也」。據說潘閬是邪僻險惡之人，陰謀廢立的主意就是他提供給王繼恩的，原因是立「不當立者」方便陰謀集團竊取權力。

> 嘗說繼恩乘間勸太宗立儲貳，為它日計，且言：「南衙自謂當立。立之，將不德我，即議所立，宜立諸王之不當立者。」[22]

真宗繼位後，王繼恩被貶，咸平二年（九九九）卒於貶所均州（今湖北丹江口）。據稱潘閬見勢不妙早已溜之大吉，「繼恩下獄，捕閬甚急，久之弗得」。令人費解的是一年後潘閬返回京師被捕，但真宗「釋其罪」並重新授予官職，「以為滁州參軍」，潘閬為此寫了首詩，有「微軀不殺謝天恩，容養疏慵世未聞。昔日已為閒助教，今朝又作散參軍」之語。[23]或許是真宗有意化解政治恩怨，或許是真宗無法動搖明德李皇后的地位，後來李昌齡與胡旦也重獲起用，李昌齡直到大中祥符元年（一〇〇八）才去世，胡旦晚年失明，卒年不詳。李皇后則於景德元年（一〇〇四）

去世，終年四十五歲，第二年五十六歲的兄長李繼隆也去世。

至於趙元佐本人，真宗繼位後立即恢復同母所生親皇兄的政治地位，「以皇兄元佐為左金吾衛上將軍，復封楚王，聽養疾不朝」。真宗還想去看望趙元佐，但被斷然拒絕，「雖來，不敢見也」，兩人因此「終身不復見」。[24]事實上，趙元佐平時也不見其他人，後來極為平淡地過完了一生。不過趙元佐的壽命超過了宋真宗，天聖五年（一〇二七）去世時享年六十三歲，真宗則於乾興元年（一〇二二）五十五歲時去世。

其他幾位兄弟，猝亡的趙元僖在真宗繼位後恢復了太子稱號。四弟雍王趙元份是宋英宗的祖父，怪異的是史書上用很長篇幅來描述他的王妃李氏的悍妒殘酷。據說李王妃是武將李漢斌的女兒，對宮女非常殘酷，「宮中女婢小不如意，必加鞭杖，或致死」；又很貪婪，「每有恩賜，詔令均給，李盡取之」；對丈夫也非常冷漠無情，「及元份臥病，上親臨問，見左右無侍者，因輟宮人為主湯劑」；甚至不參加太宗的喪葬禮，「太宗崩，戚裡皆赴禁中，朝晡臨，李多稱疾不至」；服飾多有逾越，「元份生日，李以衣服器用為壽，皆飾以龍鳳」。如此負面地描述一位王妃極其罕見，背後顯然有政治原因，關鍵當然是她對宋真宗極其不滿，「居元份喪，無戚容，而有謗上之語」。趙元份去世時，李氏沒有表現得很傷心，反而對真宗多有指控。讓宋真宗忍無可忍，剝奪了李王妃的封號，並將她軟禁起來，「上盡知其所為，以元份故優容之。及是，復不欲顯究其罪狀，止削國封，置之別所」。[25]李王妃對宋真宗怨恨必然事出有因，極有可能是把趙元份去世歸咎於宋真宗，宋真宗澶淵親征時，趙元份被強迫留守東京而暴卒。

景德元年，宋真宗決定親征澶淵，並以趙元份為東京留守。這個決定一方面引起激烈的爭議：

已詔隨駕諸軍赴澶州，用雍王元份為留守，而朝論洶洶不定。[26]

另一方面趙元份堅決推辭卻未被允許：

以雍王元份為東京留守。元份懇讓，不許，仍為盛選賓佐，月增給錢三百萬，他物稱是。[27]

真宗離京時對開封的情況並不放心，下了一道如有騷亂可以先斬後奏的詔書：

乙丑，詔留守官司，如車駕離京後，有無賴不逞，騷動人民，情理難恕者，並斬訖以聞。[28]

不知是否真宗料事如神，親征期間京城果真發生嚴重的劫獄、越獄事件，趙元份在驚嚇中「暴得疾」，真宗只好從前線派宰相王旦趕緊來代理東京留守：

東京有劫盜，系右軍巡獄，疑狀未具，繼獲餘黨，既至，見其徒械繫，因共擊獄卒以謀奔竄，獄吏不能禁，馳白留守雍王元份，遽遣搜捕送府，主吏恐其覆亡，亟折其足。元份始聞獄辭，怖甚，又不忍其酷法，遂驚悸，暴得疾。詔參知政事王旦權東京留守事，即日乘傳先還。[29]

趙元份留守東京還有個非常重要的背景，真宗之子趙祐去世後，已把趙元份之子趙允讓迎入宮中撫養。也就是說，真宗親征時開封留守是趙元份，而後宮唯一的男性又是趙允讓。《宋史・王旦傳》甚至記載王旦返京代理東京留守時，還問了個很嚴重的問題：如果真宗在前線出了意外應該怎麼處理？真宗「默然良久」後回答「立皇太子」，但真宗根本沒有子嗣，更遑論皇太子，而撫養在宮的趙允讓似乎是這時唯一可能的皇儲。[30]

在如此複雜的背景下，雖然史書上強調宋真宗對趙元份非常好，生病之後非常重視，從澶淵前線回來後還專程看望皇弟：

上於元份友愛尤篤，元份寢疾，上時在澶淵，聞之甚憂，就遣太醫，中使旁午於路。及還京，屢自臨省，醫禱備至。[31]

但趙元份還是在景德二年（一〇〇五）八月真宗回京後不久病亡。從整個過程來看，李王妃將趙元份之死歸咎於宋真宗也是情有可原。

真宗五弟、六弟、七弟的情況比較簡單。五弟越王元傑「穎悟好學」，似乎是善文史、書畫、收藏與享樂之人，「善屬詞，工草、隸、飛白，建樓貯書二萬卷，及為亭榭遊息之所。嘗作假山，既成，置酒召僚屬觀之」。咸平六年（一〇〇三）突然「暴薨」，年僅三十二歲，死因似有掩飾。[32]六弟鎮王元偓參加了真宗西祀后土的活動，天禧二年（一〇一八）因宮邸發生火災「驚悸暴中風眩」而亡，年四十二歲。[33]老七元偁體弱多病，大中祥符七年（一〇一四）真宗往亳州奉祀老子時，他請求扈從，結果途中病重，先行返京，不久去世，年三十四歲。

真宗的八弟趙元儼就是戲曲小說中大名鼎鼎的八賢王（趙德芳應是八賢王的另一原型），他也是善文藝、藏書。真宗皇后劉氏臨朝聽政時，他因害怕劉氏忌恨而裝瘋閉門不出，「深自沉晦。因闔門卻絕人事，故謬語陽狂，不復預朝謁」。[34]他一直活到慶曆四年（一〇四四），終年六十歲，在兄弟中得壽排名第二。

17 李燾：《續資治通鑑長編》卷四十一，第八六二頁。

18 以上並見司馬光：《涑水記聞》卷六，第一二二頁。

19 脫脫：《宋史》卷二五七〈李處耘傳〉，第八九六三頁。

20 王明清：《揮麈錄．揮麈後錄餘話》卷一〈帝王自有真〉，田松青校點，上海：上海古籍出版社，二〇一二年，第一七六頁。

21 脫脫：《宋史》卷二六八〈趙鎔傳〉，第九二二五頁。

22 李燾：《續資治通鑑長編》卷四十一，第八六六頁。

23 潘閬：《逍遙集》，景印文淵閣《四庫全書》第一〇八五冊，臺北：商務印書館，一九八三年，第五七〇頁；晁公武撰，孫猛校證：《郡齋讀書志校證》卷十九〈潘逍遙詩三卷〉，上海：上海古籍出版社，一九九〇年，第一〇三六頁；傅璇琮、祝尚書主編：《宋才子傳箋證 北宋前期卷．潘閬傳》，瀋陽：遼海出版社，二〇一一年，第一四二頁。

24 李燾：《續資治通鑑長編》卷四十一，第八六七頁。

25 脫脫：《宋史》卷二四五〈商王元份傳〉，第八六九九頁。

26 畢仲游：《西臺集》卷十六〈丞相文簡公行狀〉，傅惠成點校，山右歷史文化研究院編：《西臺集（外三種）》，上海：上海古籍出版社，二〇一六年，第二四六頁。

27 李燾：《續資治通鑑長編》卷五十八，第一二七九頁。

28 李燾：《續資治通鑑長編》卷五十八，第一二八二頁。

29 李燾：《續資治通鑑長編》卷五十八，第一二九五頁。

30 脫脫：《宋史》卷二八二〈王旦傳〉，第九五四四頁。這段記載最早出自私修的《王旦遺事》，早就有人指出荒唐不經，應該是好事者的附會。

31 李燾：《續資治通鑑長編》卷六十一，第一三五六頁。

32 脫脫：《宋史》卷二四五〈越王元傑傳〉，第八七〇一頁。

33 脫脫：《宋史》卷卷二四五〈鎮王元偓傳〉，第八七〇二～八七〇三頁。

34 脫脫：《宋史》卷卷二四五〈周王元儼傳〉，第八七〇六頁。

第七章——章獻皇后

1 神祕的劉皇后

繼宋真宗之後掌握宋朝政權的人，並不是他唯一的兒子宋仁宗，而是他的皇后劉氏。劉氏諡號「章獻明肅」，戲曲小說中給她取了個名字叫「劉娥」，史書中的正式稱呼應該是「章獻明肅劉皇后」，以下根據不同時期徑稱劉氏、劉皇后、劉太后，如果與其他劉氏后妃並提則稱「章獻劉」。

劉皇后留下太多謎團。先依據已有的研究交代對劉皇后的一般理解，再在此基礎上嘗試揭示劉皇后早已掩沒在殘酷政治鬥爭中的早期歷史。《宋史・后妃傳》記載：

> 章獻明肅劉皇后，其先家太原，後徙益州，為華陽人。祖延慶，在晉、漢間為右驍衛大將軍；父通，虎捷都指揮使、嘉州刺史，從征太原，道卒。后，通第二女也。初，母龐夢月入懷，已而有娠，遂生后。后在襁褓而孤，鞠於外氏。善播鞀。蜀人龔美者，以鍛銀為業，攜之入京師。后年十五入襄邸，王乳母秦國夫人性嚴整，因為太宗言之，令王斥去。王不得已，置之王宮指使張耆家。太宗崩，真宗即位，入為美人。以其無宗族，乃更以美為兄弟，改姓劉。[1]

這裡幾乎每句話都有問題。張邦煒先生已指出，劉氏的父祖劉延慶、父親劉通都「不足憑信」。除了史書上找不到劉延慶、劉通的任何記載之外，提出懷疑的「主要依據有兩點」。[2]

一是劉皇后「無宗族」，曾竭力拉攏高官為同宗。劉皇后想和權知開封府劉綜攀親，弄得劉綜莫名其妙，「臣本是河中府人，出於孤寒，不曾有親戚在宮內」。[3] 權發遣開封府事劉燁出自衣冠舊族洛陽劉氏，劉皇后對他說「知卿名族，欲一見卿家譜，恐與吾同宗也」，劉燁嚇得忙說「不敢」。[4]

二是真宗冊立劉氏為皇后時，遭到趙安仁、李迪、楊億及寇準等臣僚的堅決反對，理由就是劉氏家世寒微。參知政事趙安仁說：「劉德妃家世寒微，不如沈才人出於相門。」沈才人是沈義倫的孫女，但這時沈家早已破落。[5]翰林學士李迪說：「章獻起於寒微，不可母天下。」[6]翰林學士楊億拒不為劉氏撰寫立后制書，真宗親自和他商量也不行，丁謂以富貴誘惑還吃了閉門羹。楊億說起草制書的前提條件是「請三代」，也就是要把劉氏的祖宗三代說清楚，如果劉氏的確有當大將軍、指揮使的祖、父，楊億就不可能以「請三代」為理由拒絕草制。[7]

「母龐夢月入懷」這種帝后祥瑞是傳統史書的一般套路，不必討論。「繈褓而孤，鞠於外氏」說她在龐姓舅舅家養大，「善播鼗」是說她擅長才藝表演，但鼗通常指撥浪鼓，並非高雅的樂器。《宋史》稱「蜀人龔美者，以鍛銀為業，攜之入京師」，但《涑水記聞》有龔美與劉氏是離異夫妻的說法：

> 宮美以鍛銀為業，納鄰倡婦劉氏為妻，善播鼗。既而家貧，復售之。[8]

龔美貧而賣妻的說法出自「樂道父」即王陶的父親王應，他是真宗的潛邸之臣，「樂道父與張耆俱為襄王宮指使，故得詳耳」[9]，被李燾寫進《續資治通鑑長編》，因而被很多學者採信。但《宋史》的說法出自《涑水記聞》，來源是著名史學家劉攽。[10]哪種說法更加可靠呢？這得從劉氏如何出入王府去考察。王應的夫妻說是龔美賣妻，又透過真宗潛邸張耆介紹賣入王府：

> 張耆時為襄王宮指使，言於王，得召入宮，大有寵。[11]

劉攽的版本則是銀匠龔美承接開封府的鍛銀業務，這時已立為太子、任開封府尹的趙元侃發現龔美是蜀人，請他介紹一位蜀地的女子：

美以鍛銀為業，時真宗為皇太子，尹開封，美因鍛得見，太子語之曰：「蜀婦人多材慧，汝為我求一蜀姬。」美因納后於太子，見之，大悅，寵幸專房。[12]

問題是劉后進入王府的時間，《宋史》只說「后年十五入襄邸」而未記年分，《宋會要輯稿》、《皇宋十朝綱要》卻明確記載劉氏於「太平興國八年入韓邸」。[13]太平興國八年離真宗冊立為太子的至道元年尚距十二年，劉攽的講法根本站不住腳。

劉氏早期歷史的奇異之處除了無宗族、被前夫出賣之外，更匪夷所思的是因「寵幸專房」而被逐出王府。這個問題上，劉攽的說法造成了長久以來的誤導。劉攽說劉氏進入王府是因真宗好色，他對龔美說「蜀婦人多材慧，汝為我求一蜀姬」。真宗對劉氏「寵幸專房」引起真宗乳母的厭惡，而劉氏被逐出王府更因真宗縱欲傷身引起太宗的擔憂：

太子乳母惡之。太宗嘗問乳母：「太子近日容貌臞瘠，左右有何人？」乳母以后對，上命去之。[14]

這樣一來，整個故事就形成「戒色」的主題。但如前所述，劉攽的講法無論從時間還是邏輯上都不成立，而仔細解讀王應的版本，就會發現「戒色」的主題是子虛烏有。

首先，劉氏入王府是因買賣關係，從一開始就不存在真宗獵豔的起因。與情欲有關的應是容貌而非材慧，史料中沒有任何劉氏貌美的記載，只說她「智聰過人」、「性警悟」，真宗刻意尋訪智聰警悟的女子做為釋放情欲「寵幸專房」的對象似乎不太合理。其次，進入王府後，劉氏雖然「大有寵」，卻不講「專房」，就不能排除色寵以外受寵的可能原因。第三，劉氏出府只因乳母厭惡，沒有太宗擔憂真宗身體這一環節，同樣排除了真宗沉湎女色的必然性。有人認為乳母逐王姬不合理，劉氏出府需要太宗指令。但假設乳母「惡之」不是因女色而是其他原因，就不能排除真宗接納乳母提議，而主動安排劉氏出府的可能。劉氏出府後被安排在潛邸張耆家中，劉攽的「戒色」故事中，張耆為了避嫌都不敢下班回家。但王應版本中，劉氏在張耆家只是暫住，真宗不久將劉氏安排住在獨立的館室中：

> 王不得已，置於張耆家，以銀五挺與之，使築館居於外。[15]

這個情節進一步排除了「戒色」主題，因「築館於外」根本不能防止真宗與劉氏相聚，甚至為兩人密會提供了更方便的條件，而真宗在王府寵幸王姬本身也沒有任何不合理。劉氏出府應該不是為了防止劉氏「專房」，可能是掩蓋其他更加祕密、不方便在王府開展的行動。

「築館居於外」的狀態何時結束也是關鍵問題。王應的版本說「徐使人請於秦國夫人，乃許復召入宮」，也就是真宗很有耐心地說服乳母，不久就把劉氏召回宮了。從龔美因此「得為開封府通引官，給事王宮」來看，這個時間點應是淳化五年真宗確立為皇儲並出任開封府尹之後。[16]至真宗繼位，劉氏隨之入宮而被封為美人，又因出身過於寒微，「以其無宗族」就認龔美為兄，讓龔美改姓劉。而劉攽的版本中，因劉氏入宮時，真宗已立為太子，而且是由太宗逐出王府，所以真宗繼位前，劉氏一直無法回到他身邊。

如果以上推論合理，判定《涑水記聞》中王應版本更符合歷史事實，那麼「無宗族」的劉氏早年幾乎是流浪孤兒，她被銀匠龔美帶至京城，在太平興國八年被真宗的潛邸之臣張耆買入韓王府，不久韓王趙元侃將劉氏安排在王府外居住，還特地為她別築館室。待淳化五年趙元侃被確立為皇儲，又把劉氏召回王府。真宗繼位時劉氏入宮，景德元年封為美人，大中祥符五年（一〇一二）立為皇后。這樣看來，劉氏大概有十年時間被安排在獨立的館舍，並與真宗保持密切聯繫，大概是劉氏十五歲至二十六歲的經歷。

1 脫脫：《宋史》卷二四二〈章獻明肅劉皇后傳〉，第八六一二頁。

2 參見張邦煒：〈宋真宗劉皇后其人其事〉，鄧廣銘、王雲海主編：《宋史研究論文集》（一九九二年年會編刊），開封：河南大學出版社，一九九三年，第五七八～五七九頁。

3 丁傳靖輯：《宋人軼事彙編》卷一，北京：中華書局，二〇〇三年，第二十頁。

4 李燾：《續資治通鑑長編》卷一〇三，第二三八〇頁。

5 李燾：《續資治通鑑長編》卷七十八，第一七八六頁。

6 脫脫：《宋史》卷三一〇〈李迪傳〉，第一〇一七三頁。

7 李燾：《續資治通鑑長編》卷八十，第一八二八～一八二九頁。

8 司馬光：《涑水記聞》卷五，第一〇〇頁。原書校記：「宮」，《宋史》卷二四二〈章獻明肅劉皇后傳〉作「龔」。

9 司馬光：《涑水記聞》卷六，第一〇九頁。

10 司馬光：《涑水記聞》卷五，第一〇〇頁。

11 司馬光：《涑水記聞》卷六，第一〇九頁。

12 司馬光：《涑水記聞》卷五，第一〇〇頁。

13 徐松輯：《宋會要輯稿》后妃一，第二四九頁；李埴撰，燕永成校正：《皇宋十朝綱要校正》卷三〈真宗・皇后五〉，北京：中華書局，二〇一三年，第九五頁。

14 司馬光：《涑水記聞》卷五，第一〇〇～一〇一頁。

15 司馬光：《涑水記聞》卷六，第一〇九頁。

16 司馬光：《涑水記聞》卷六，第一〇九頁。

2 神祕的李宸妃

韓王趙元侃對劉氏這番安排究竟意欲何為？史料中沒有留下任何線索，這個問題將永遠成謎。只是回顧這段歷史就會發現劉氏「築館居於外」的十年，真宗的記載也幾乎一片空白。

而太平興國八年至淳化五年是決定真宗命運最關鍵的時期。這十來年間，先是趙元佐申救叔父趙廷美、趙普第二次罷相，再是趙廷美去世、趙元佐廢為庶人，然後趙普第三次拜相、趙元僖獲得準皇儲地位，最後趙普去世、趙元僖謀立皇太子失敗後猝亡。趙元佐與趙元僖展開異常激烈的奪嫡鬥爭，結果卻是皇三子趙元侃一步步走向皇位。從現存史料來看，這期間趙元侃完全沒有參與奪嫡之爭，他似乎是超然於政治鬥爭卻註定坐上皇位的真命天子，也或許是坐收漁翁之利的僥倖之徒。然而這十年間他唯一的事蹟竟是把一位智聰過人的流浪少女安排在別館，他們真的沒有密謀任何事情嗎？更可疑的是，繼位後的真宗在政治上似乎始終受到劉氏的支配，孤兒出身而未生育的劉氏究竟如何形成凌駕於皇帝之上的政治權勢？這一切只以真宗貪戀美色或帝后情愛來解釋未免太過輕巧。

劉氏初入王府時，趙元侃剛娶武將潘美的女兒潘氏。端拱二年潘氏去世，這時劉氏應該還沒有重新回到王府。淳化四年，趙元侃續娶郭守文的女兒，繼位後立郭氏為皇后，即使劉氏重回王府進而入宮，她在郭氏面前始終是邊緣人物。景德四年（一〇〇七）郭皇后去世，真宗想立劉氏為皇后，由於她出身過於微賤，遭到臣僚們的極力反對。除前述趙安仁、李迪、楊億之外，宰相寇準、向敏中、王旦無不作梗，真宗不得不將立后計畫拖延了五年。最難以理解的事情發生在這五年間，宮女李氏誕下皇子趙禎，劉氏將其冒認為己子。民間流傳甚廣的「狸貓換太子」故事與史書情節完全不同，小說中劉、李二氏同時懷孕，劉氏試圖謀害李氏子，但李氏子為八王認養，而劉氏子早夭，真宗不得不從八王府中過繼實為親子的仁宗繼位。表面上看小說家言荒誕不經，但仔細琢磨會發現史書上記載的情節更加不合邏輯。「狸貓換太子」的故事情節能夠推進，前提是真宗被蒙在鼓裡。歷史上劉氏冒認李氏子，真宗必然從一開始就知道所有真相，他為什麼要接受或親自安排這樣的局面，實在讓人感到匪夷所思。

《宋史・李宸妃傳》記載：

初入宮，為章獻太后侍兒，莊重寡言，真宗以為司寢。既有娠，從帝臨砌臺，玉釵墜，妃惡之。帝心卜：釵完，當為男子。左右取以進，釵果不毀，帝甚喜。已而生仁宗，封崇陽縣君；復生一女，不育。進才人，後為婉儀。[17]

這裡沒有記載李氏「初入宮」是哪一年，但《續資治通鑑長編》記載：

初，李宸妃入宮，其弟用和才七歲。[18]

李氏姐弟的生年都有明確記載，李氏生於雍熙四年，李用和端拱元年出生。[19]李用和七歲就是趙元侃立為太子的至道元年，當時他還沒有繼位，李宸妃是太宗朝留下來的宮女。至道三年真宗繼位時，出生於開寶二年（九六九）的劉氏已虛齡二十九歲，李氏只有十一歲，《宋史・李宸妃傳》說「為章獻太后侍兒」的時間不早於此。

宋仁宗趙禎出生於大中祥符三年（一〇一〇），這時李氏二十四歲，雖是適育年齡，但李氏具備生育能力已近十年，離景德四年郭皇后去世也已三年，由李氏為劉氏代孕看來並非蓄謀已久。那麼，真宗讓「莊重寡言」的李氏「以為司寢」，究竟為意外事件，還是與劉氏密謀的代孕計畫關鍵步驟呢？如果是後者，自然應理解為強行立劉氏為皇后計畫的一部分：年過四十的劉氏難以生育，在臣僚普遍反對的情況下，誕下皇子好歹算是真宗強立皇后的理由，這意味著李宸妃代孕計畫由真宗與劉氏共同策劃，而非劉氏對李宸妃意外懷孕的借機利用。

大中祥符五年仁宗虛齡三歲時，虛齡四十四歲的劉氏終於立為皇后，說明劉氏是以誕下皇子而立為皇后，但同時留下了更多疑問：如果真宗能與四十餘歲的劉氏誕下皇子，為什麼未見與其他更適合生育的嬪妃有更多子嗣呢？李宸妃代孕計畫仍讓人困惑不解，真宗若非根本不能生育，否則不會只能與李宸妃生育，如果在具備生育能力的情況下，真宗為了讓劉氏成為皇后而只願與李宸妃生育，就需要對他這樣做的動機提供充分的解釋。

從邏輯上講，出現這種情況有兩種可能：一、只是對劉氏意味著超級政治利益的計畫，超級利益包括以生育皇子的名義立為皇后，以及幼子繼位的長期垂簾聽政，但對真宗無利可圖，他為實現劉氏的超級利益而放棄其他生育，出現這種情況的必要條件是劉氏完全支配著真宗。二、李宸妃代孕計畫對真宗與劉氏具有同等超級政治利益，而且只能由兩人共同操盤才能完成，除了劉氏的利益之外，對於真宗而言，除非他已喪失生育能力，若沒有劉氏配合冒認皇子，就只能將皇位傳給旁支趙允讓，但這種情況意味著仁宗並非真宗的親生兒子。以上任何一種假設都十分離奇，但以史料、史實驗證這兩種假設，得到的是更加離奇的結果。

17 脫脫：《宋史》卷二四二〈李宸妃傳〉，第八六一六頁。
18 李燾：《續資治通鑑長編》卷一一一，第二五七九頁。
19 脫脫：《宋史》卷二四二〈李宸妃傳〉，第八六一六頁；宋祁：〈李郡王行狀〉，曾棗莊、劉琳主編：《全宋文》第二十五冊，第五八～六〇頁。

3 神祕的七公主

《宋史》記載真宗生過六男二女。六子包括：

真宗六子：長溫王禔，次悼獻太子祐，次昌王祇，次信王祉，次欽王祈，次仁宗。禔、祇、祈皆蚤亡，徽宗賜名追封。悼獻太子祐，母曰章穆皇后。咸平初，封信國公。生九年而薨，追封周王，賜謚悼獻。仁宗即位，贈太尉、中書令。明道二年，追冊皇太子。[20]

除仁宗之外，真宗子嗣只有趙祐「生九年而薨」，其餘四子都出生不久即夭亡。趙祐是章穆郭皇后所生嫡子，《宋會要輯稿》記載「周王祐」去世於咸平六年[21]，至道元年趙祐出生時，真宗剛立為太子，趙祐幾乎一出生就是毋庸置疑的皇儲人選。趙祐僅活了九歲，但他去世時，郭皇后只有二十八歲，理論上還能生育，不知真宗其他子女之中是否還有郭皇后所生。奇怪的是，據說趙祐去世後，真宗就把侄子趙允讓迎到宮中撫養，似乎他很早就對生育失去信心了。

除了趙祐，真宗子女有記載略多的還有昇國大長公主，她的經歷尤為驚人。

初入道。明道二年，封衛國長公主，號清虛靈照大師。慶曆七年，追封魯國，謚昭懷。徽宗改封昇國大長公主。政和改昭懷大長帝姬。[22]

明道是宋仁宗親政後的第一個年號，昇國公主在真宗朝入道，仁宗親政後追封已故的道士妹妹為衛國長公主及清虛靈照大師。這位公主的生母是誰？哪年出生？又為何入道呢？這些問題史書上竟然留下了清晰的線索。《皇宋十朝綱要》記載，公主的母親是杜貴妃，而杜氏也於真宗朝在洞真宮入道，直到仁宗親政的明道二年（一〇三三）才把這位入道的庶母迎回宮中，追封衛國長公主自然是迎回庶母的配套禮儀。

> 貴妃杜氏初侍藩邸，後於洞真宮入道，為法正都監，號悟真大師，名瓊真。明道二年十一月，為婕妤。寶元元年十一月，進充媛。慶曆元年十二月，進充容。四年九月，進婉儀。尋為賢妃。六年八月卒，贈貴妃。生衛國大長公主。[23]

杜氏入道的時間很清楚，《續資治通鑑長編》大中祥符二年（一〇〇九）八月癸巳條記載：

> 上之後宮杜氏入道在洞真宮，欲與諸公主同例。杜氏，昭憲皇后侄女也。上禁銷金嚴甚，還自東封，杜氏乃服以迎車駕，上見之，怒，遂令出家為道士。由是天下無敢犯禁者。

杜氏是昭憲太后的侄女，應與太祖、太宗同輩，這裡輩分關係有點混亂。真宗東祀封禪返回京城時，杜氏來迎接，因穿戴服飾違背真宗的「銷金」禁令，竟被勒令出家為道士。這個理由太過牽強，李燾也指明官方史書不載此事，他的資料出自江休復的筆記《江鄰幾雜誌》，所以「銷金」云云不過是朝廷藉口或民間傳聞，毫不可信。[24]

杜氏最大的謎團是誕下昇國公主的時間，理論上出宮入道就不可能再生育，而杜氏入道後直至仁宗親政才重新回到宮中，因此公主只可能在杜氏入道前出生。但仁宗明道二年追封衛國長公主的制書〈皇妹故道士七公主仍賜號清虛靈昭大師賜紫法名志沖制〉明確稱公主為「皇妹」，仁宗出生於大中祥符三年四月十四日，皇妹的最早出生時間至少比仁宗出生晚一日，距杜氏入道有九個月時間，若說當時杜氏懷上公主最多不過一個月，就意味著那段時間侍寢真宗的不只有宮人李氏，杜氏與李氏其實是同時懷孕。仁宗還稱這位皇妹為「七公主」，似乎真宗的女兒不止

《宋史》記載的兩位，其他皇兄、皇姊沒有在仁宗朝獲得追封，恐怕是因過早夭亡，而這位在道觀出生的七公主相對多活了幾年。因此杜氏入道的原因應是懷孕後不見容於劉氏，而不是所謂的「禁銷金嚴甚」。這種情境下，真宗強行命令杜氏入道似乎有保全她及腹中胎兒之意，畢竟杜氏是杜太后的侄女，而且真宗無法預知杜氏胎兒的性別，杜氏如果在道觀生下男嬰至少可以藏匿存活，一旦李宸妃代孕計畫失敗，甚至有機會成為真宗立儲「B計畫」。

既然真宗有生育能力，李宸妃代孕應是劉氏支配的結果。但杜氏同時懷孕增加了問題的複雜性，在新生兒性別無法確定而杜氏與李氏展開生育競爭的情況下，劉氏代孕計畫成功的前提是確保李氏誕下男嬰，因此無法排除劉氏人工干預仁宗出生的可能性，造成了真宗生育與立儲的離奇現象：真宗始終有生育能力，但劉氏不能生育又排除其他嬪妃生子繼位，因此真宗嫡子趙祐夭折後，立即認養宗室趙允讓，直到仁宗出生才將他送回王府：

濮安懿王允讓字益之，商王元份子也。天資渾厚，外莊內寬，喜慍不見於色。始為右千牛衛將軍。周王祐薨，真宗以綠車旄節迎養於禁中。仁宗生，用簫韶部樂送還邸。[25]

佐證這種離奇現象的還有真宗私生子的故事。傳說真宗與朱妃生有一子，卻交由宦官張景宗撫養，取名張茂實，真宗與仁宗和他都保持聯繫。王銍《默記》記載：

張茂實太尉，章聖之子，尚宮朱氏所生。章聖畏懼劉后，凡後宮生皇子、公主俱不留。以與內侍張景宗，令養視，遂冒姓張。既長，景宗奏授三班奉職。入謝日，章聖曰：「孩兒早許大也。」昭陵出閣，以為春坊謁者。[26]

後來仁宗無子，仁宗與張茂實關係密切，張茂實之子其實也是皇儲人選，但結果是堂侄宋英宗繼位。宋英宗原名趙宗實，他對張茂實當然非常冷淡，張茂實還改名「孜」以避「宗實」之諱，「孜」可通「孳」，其本義就是生殖。[27]此外，皇祐二年（一〇五〇）又發生假皇子冷青案，此案雖然十分荒唐，卻說明真宗、仁宗兩朝後宮生育狀況極度混亂的傳聞流布甚廣。[28]

20 脫脫：《宋史》卷二四五〈宗室二〉，第八七〇七頁。

21 徐松輯：《宋會要輯稿》禮四一，第一六三三頁。

22 脫脫：《宋史》卷二四八〈公主‧真宗二女〉，第八七七六頁。

23 李埴撰，燕永成校正：《皇宋十朝綱要校正》卷三〈真宗‧嬪妃七〉，第九七頁。

24 以上並見李燾：《續資治通鑑長編》卷七十二，第一六二九頁。

25 脫脫：《宋史》卷二四五〈濮王允讓傳〉，第八七〇八頁。

26 王銍：《默記》卷上，第十五頁。

27 王銍：《默記》卷上，第十五頁；鄭獬：《鄖溪集》卷二十〈贈太尉勤惠張公墓誌銘〉，四川大學古籍整理研究所編：《宋集珍本叢刊》第十五冊，北京：線裝書局，二〇〇四年，影印清翰林院鈔本，第一八四頁。

28 李燾《續資治通鑑長編》卷一六八：「醫家子冷青自稱皇子，言其母常得幸掖廷，有娠而出，生青……即詔槩與天章閣待制、知諫院包拯追青窮治。蓋其母王氏嘗執役宮禁，禁中火，出之。嫁民冷緒者，始生女，後生青。青不調；漂泊廬山，數為人言己實帝子。故浮屠號全大道者，挾之入京師，欲自言闕下。獄具，皆論不道，誅死。」第四〇三八頁。

4 神祕的周懷政

無論真宗的生育能力有無問題，無論真宗與劉氏是否合謀設計，也無論究竟如何確保李氏誕下男嬰，反正李氏代孕計畫最終成功實施。大中祥符三年四月仁宗出生，原名趙受益。大中祥符五年五月劉氏先升為德妃，十二月「立德妃劉氏為皇后」[29]，天禧二年八月「立升王受益為皇太子，改名禎」。[30]這樣，真宗終於又有了完整的家庭，後宮既有了皇后，也有了皇太子。而真宗的身體狀況由於兩年前特大蝗災的打擊而每況愈下，立皇太子時年及半百的真宗已經需要考慮政權交接的問題了。

仁宗立為皇太子時虛齡九歲，乾興元年繼位時虛齡十三歲，由於尚未成年，按慣例應由皇太后臨朝聽政。皇太后臨朝聽政既可以掌握實權，也可以做為權力過渡的形式而存在，後者需要輔政大臣與皇太后的合作，皇太后的功能只是代行皇帝的簽押程序。但劉皇后在真宗朝早已深度干政，天禧四年（一〇二〇）真宗病重時已經「事多決於后」。

后性警悟，曉書史，聞朝廷事，能記其本末。真宗退朝，閱天下封奏，多至中夜，后皆預聞。宮闈事有問，輒傅引故實以對。天禧四年，帝久疾居宮中，事多決於后。[31]

但真宗去世後由劉太后接掌政權的計畫遭到以宰相寇準、太監周懷政為首的政治集團堅決抵制，為此他們不惜發動了一場政變。他們的計畫是真宗病重時由皇太子監國，寇準為首的宰執大臣輔政，將劉皇后排除在權力核心之後。真宗並沒有採納這個方案，反而要將寇準排除出權力層，任用丁謂取代寇準，於是周懷政密謀發動政變。政變計畫的具體內容，《宋史・周懷政傳》記載：

期以二十五日竊發，殺丁謂等，復相寇準，奉真宗為太上皇，傳位太子。[32]

《宋史・寇準傳》記載：

時懷政反側不自安，且憂得罪，乃謀殺大臣，請罷皇后預政，奉帝為太上皇，而傳位太子，復相準。[33]

《宋史・章獻明肅劉皇后傳》記載：

既而，入內都知周懷政謀廢后殺謂，復用準以輔太子。[34]

綜合三者可知，政變計畫讓真宗退位稱太上皇，政權移交給皇太子，並由寇準輔政，同時誅殺丁謂。對於劉皇后的處理，一種說法是「罷皇后預政」即將其排除出權力層，另一種則稱「廢后」即廢黜劉氏的皇后地位。

周懷政聯繫的政變成員包括武將楊崇勳及內侍楊懷吉、楊懷玉等人，但這幾位可能早被劉皇后控制，發動政變前，他們向丁謂祕密告發。丁謂是政變計畫中的誅殺目標，他連夜與另一位宰相曹利用商議對策。第二天曹利用向真宗報告周懷政的政變陰謀，周懷政立即被收押調查，並在真宗親自審問後被立即處死，或許有劉皇后的直接干預，周懷政苦苦哀求也無濟於事。

帝坐承明殿臨問，懷政但祈哀而已，命斬於城西普安寺。[35]

寇準與周懷政敢於聯手發動針對劉皇后的政變當然是有原因的。首先兩人地位非常特殊，其次他們都是劉皇后的政敵。寇準是真宗繼位的定策顧命功勳，同時是反對立劉氏為皇后的中堅力量。周懷政更加特殊，他是真宗大中祥符年間降天書運動的「夾侍」，就是說神聖的「天書」從降臨、迎奉到收藏、保管都由周懷政親手處理。

> 及奉泰山天書馳驛赴闕，轉殿頭。天書每出宮，（周懷政）與皇甫繼明並為夾侍。[36]

周懷政還是幼年仁宗在宮內的實際監護人，仁宗立為皇太子後更是東宮官的重要成員。

> 仁宗為皇太子，命（周懷政）為入內副都知、管勾左右春坊，轉左騏驥使。[37]

周懷政與仁宗關係非常密切，劉皇后卻只是將仁宗當作自己掌權的工具，而且周懷政肯定掌握仁宗並非劉皇后親生的內幕。政變本質上當然是與劉皇后展開的政治鬥爭，名義上卻有保護皇太子以及揭穿假太后的理由。正因如此，周懷政在仁宗親政後官復原職、恢復名譽、歸還籍沒財產，還被贈為安國節度使。

周懷政案進一步說明，為了確保劉皇后的政治利益，真宗不惜放棄定策功臣寇準、天書夾侍周懷政、皇太子，甚至所有的子女。劉氏究竟如何形成如此強大的政治支配能力，美色或者個人情感的理由顯然過於輕巧，毫不可信。

29 李燾：《續資治通鑑長編》卷七十九，第一八一〇頁。
30 李燾：《續資治通鑑長編》卷九十二，第二一二二頁。
31 脫脫：《宋史》卷二四二〈章獻明肅劉皇后傳〉，第八六一三頁。
32 脫脫：《宋史》卷四六六〈周懷政傳〉，第一三六一六頁。
33 脫脫：《宋史》卷二八一〈寇準傳〉，第九五三三頁。
34 脫脫：《宋史》卷二四二〈章獻明肅劉皇后傳〉，第八六一三頁。
35 脫脫：《宋史》卷四六六〈周懷政傳〉，第一三六一六頁。
36 脫脫：《宋史》卷四六六〈周懷政傳〉，第一三六一四頁。
37 脫脫：《宋史》卷四六六〈周懷政傳〉，第一三六一五頁。

第八章——仁宗後宮

1 宋仁宗親政

宋朝前三個皇帝的繼統之爭主要發生在兄弟之間。第四個皇帝宋仁宗沒有兄弟，但並不意味著消除了宮廷鬥爭，只是鬥爭從兄弟轉移到后妃之間，自真宗劉皇后開始，后妃在相當長時間內成為宋朝宮廷政治的核心。

宋仁宗的出生本身就是複雜宮廷鬥爭的產物，他不但遲早會知道生母是誰，而且不太可能直到劉太后去世才知道自己的身世。《宋史・李宸妃傳》記載：

> 已而生仁宗，封崇陽縣君；復生一女，不育。進才人，後為婉儀。仁宗即位，為順容，從守永定陵。章獻太后使劉美、張懷德為訪其親屬，得其弟用和，補三班奉職。初，仁宗在襁褓，章獻以為己子，使楊淑妃保視之。仁宗即位，妃默處先朝嬪御中，未嘗自異。人畏太后，亦無敢言者。終太后世，仁宗不自知為妃所出也。[1]

這段話值得細細品味的地方很多。李氏生下真宗唯一的子嗣仁宗只獲封縣君，之後又生一女卻不知所終，更未見獲封公主。仁宗出生後，李宸妃之弟李用和才被發現並授予官職[2]，這些做法當然可以理解為隱瞞代孕祕密，但另作解釋也符合情理。李氏「從守」真宗永定陵應不是長久之計，不然很難解釋後面那句「仁宗即位，妃默處先朝嬪御中，未嘗自異」。面對已登基成為皇帝的親生兒子，李氏不但不能相認，還不能表現出任何異常舉動，這當然是殘酷的精神折磨。接著說「人畏太后，亦無敢言者」，這是昭示舉世皆知仁宗非劉太后親生，唯仁宗不自知。

明道元年（一〇三二）二月，四十六歲的李氏去世，去世之前獲封宸妃。李氏去世的時間也可疑，如果第二年劉太后去世時，李宸妃仍健在，簡直無法想像宋朝廷將是何等熱鬧的情形。對於如何處理李宸妃的喪葬事宜，宰相呂夷簡提出了極其重要的意見。《續資治通鑑長編》記載，劉太后本來想隱瞞李宸妃去世的消息，呂夷簡了解情況後直接進行干預。他向劉太后說：「聞有宮嬪亡者。」劉太后驚問：「宰相亦預宮中事邪？」宰相怎麼還管宮裡的事呢？邊說邊把仁宗拉回宮中，「引帝偕起」，這時宋仁宗已經二十多歲，早就不是小孩子了。把仁宗支開之後，劉太后與呂夷簡單獨會談，指責呂夷簡想破壞她與仁宗的母子關係：「卿何間我母子也？」呂夷簡卻提醒劉太后如果不厚葬李宸妃，日後劉氏必遭政治報復：「太后他日不欲全劉氏乎？」劉太后明白過來不再生氣，但仍不想禮葬李宸妃，藉口不是黃道吉日一拖再拖。呂夷簡駁斥了這種藉口，「請發哀成服，備宮仗葬之。」要求為李氏舉行正式葬禮。[3]

劉太后雖然無法拒絕，但還是想掩人耳目，下令送葬隊伍不要從大門（西華門）出行，而是鑿開宮牆偷偷送出去。呂夷簡得知這個情況立即提出反對。劉太后不願見呂夷簡，派宦官羅崇勳去打發他。羅崇勳來回跑了三趟也沒能讓太后與宰相達成一致意見，最後呂夷簡嚴厲警告羅崇勳：「宸妃誕育聖躬，而喪不成禮，異日必有受其罪者，莫謂夷簡今日不言也。」李宸妃是當今皇帝的親生母親，如果喪不成禮，以後你們這些人被砍腦袋，就別怪我沒有提醒過你們。羅崇勳及劉太后才意識到問題嚴重，於是「三宮發哀，成服苑中」，先在宮中舉行喪禮，然後將李氏棺槨送到嘉慶院，待洪福院西北隅的陵墓修成之後正式下葬。[4]

明道二年三月，六十五歲的劉太后去世，諡號「莊獻明肅」，她是宋朝第一個四字諡號的皇后，慶曆年間又改諡「章獻明肅」，李宸妃則改諡「章懿」。這時有人告知皇帝的生母不是劉太后而是李宸妃，仁宗為此「號慟累日不絕」，追封李宸妃為皇太后，將李氏從洪福院改葬到真宗永定陵。從時間上講，李氏之死確實令人起疑，「或言太后死非正命，喪不成禮，上亦疑焉」，這時要為李氏改葬，仁宗就派舅舅李用和去檢查李氏的遺體，卻發現「容貌如生，服飾嚴具」，沒有發現死於非命的跡象，之前下葬的禮儀規格也很高。於是仁宗感歎：「人言其可信哉。」又到劉太后的神御前焚香泣告「自今大孃孃平生分明矣」，意思是我檢查生母的遺體正是還劉太后一個清白。[5]

仁宗感歎「人言其可信哉」，言下之意「或言太后死非正命」是有人挑撥他與劉太后的關係，這裡的「或」有具體所指。

後章獻太后崩，燕王為仁宗言：「陛下乃李宸妃所生，妃死以非命。」[6]

燕王是宋仁宗的八叔趙元儼去世後追封的爵號。趙元儼身分尊貴，史書如此記載有說他抹黑劉太后以及仁宗不信任這位八叔的意味，事實上趙元儼與劉太后及宋仁宗之間存在著一些恩怨情仇。

仁宗沖年即位，章獻皇后臨朝，自以屬尊望重，恐為太后所忌，深自沉晦。因闔門卻絕人事，故謬語陽狂，不復預朝謁。[7]

劉太后垂簾聽政期間，趙元儼為了避免劉太后的猜忌，躲起來不參加任何社交活動，還假裝精神病拒絕參與政治，說明兩人存在政治衝突。《宋史》說仁宗親政後對八叔是「益加尊寵」，表面上很客氣，其實關係非常微妙。

蘇轍的筆記《龍川別志》記載，宋仁宗曾親口對史官說，劉太后說仁宗死去的哥哥趙祐托夢給她，聲稱自己將投胎轉世到荊王宮中。荊王是趙元儼早前的爵號，趙元儼生了個兒子叫允初，當時劉皇后考慮把允初接到宮中來撫養，但被呂夷簡制止了。[8]而《宋史・呂夷簡傳》記載，趙允初領養在宮中實有其事，只是後來在呂夷簡的要求下被送出宮去。[9]無論哪種說法，此事應該發生在劉太后垂簾聽政的天聖年間，多少有把趙允初當成仁宗備胎的意味。這讓仁宗的身世顯得更加可疑，而仁宗對八叔不甚信任也在情理之中。

其實呂夷簡、趙元儼早就知道仁宗並非劉太后親生，此事在宮中更不是祕密，因此仁宗未必直到劉太后去世才知道自己的身世，很可能早就從周懷政那裡了解到所有的宮廷陰謀。由於劉太后強大的權勢，仁宗長期隱忍比一直被蒙在鼓裡更容易讓人理解。

1 脫脫：《宋史》卷二四二〈李宸妃傳〉，第八六一六頁。
2 李燾：《續資治通鑑長編》卷一一一：「妃既生子，太后使劉美及張懷德訪妃親屬，得用和於民間，補三班奉職，累遷右侍禁、閤門祗候。」第二五七九頁。《宋史．李宸妃傳》卻記載訪得李用和在仁宗即位後，按劉美卒於天禧五年（一〇二一），訪得李用和的時間不應晚於此。
3 李燾：《續資治通鑑長編》卷一一一，第二五七七頁。
4 李燾：《續資治通鑑長編》卷一一一，第二五七七頁。
5 李燾：《續資治通鑑長編》卷一一二，第二六一〇頁。
6 脫脫：《宋史》卷二四二〈李宸妃傳〉，第八六一七頁。
7 脫脫：《宋史》卷二四五〈周王元儼傳〉，第八七〇六頁。
8 蘇轍：《龍川別志》卷上，俞宗憲點校，北京：中華書局，一九八二年，第七八～七九頁。
9 脫脫：《宋史》卷三一一〈呂夷簡傳〉，第一〇二〇八頁。

2 郭皇后與呂夷簡

至少表面上周懷政發動政變是以保護仁宗的名義，仁宗親政後不但為當年參與政變的寇準、周懷政等人恢復名銜，而且重新起用當年反對劉皇后的寇準集團成員。劉太后剛去世，明道二年四月，仁宗就全盤調整了宰執班子，把劉太后時代呂夷簡、張耆、夏竦、陳堯佐、范雍、趙稹、晏殊等舊臣全部罷免，新任命與寇準關係密切的張士遜、李迪、王隨、李諮、王德用等人。

但仁宗很快發現這次調整很有問題，到下半年再次調整，罷免張士遜而再次起用呂夷簡，「士遜居首相，不能有所發明，上頗復思呂夷簡」。[10]重新任命呂夷簡為門下侍郎兼吏部尚書、平章事的同時，仁宗又任命王曙為檢校太傅、充樞密使，七月王曙「自樞密使加平章事」，但八月就去世了。到景祐元年（一〇三四），仁宗的宰相仍是李迪與呂夷簡兩人，王曙去世後又任命王曾為樞密使。

王曙、李迪、呂夷簡、王曾都是真宗朝舊臣。王曙、李迪都是仁宗的東宮官，「仁宗為皇太子，（王曙）與李迪同選兼賓客」，而且與寇準關係密切。王曙是寇準的女婿及周懷政政變的重要參與者，失敗後與寇準一起被貶官，「其妻，寇準女也。準罷相且貶，曙亦降知汝州。準再貶，曙亦貶郢州團練副使」。[11]明道二年，王曙被任命為樞密使之後，又向仁宗報告當年寇準、楊億等圖謀「太子親政」的事蹟，寇準、楊億因此被贈官，王曙也獲「加平章事」。李迪也是仁宗的東宮官，曾堅決反對立劉氏為皇后：

初，上將立章獻后，迪屢上疏諫，以章獻起於寒微，不可母天下。章獻深銜之。

也積極擁護寇準的「太子親政」計畫：

初，真宗不豫，寇準議皇太子總軍國事，迪贊其策。

並在周懷政伏誅後積極保護皇太子：

周懷政之誅，帝怒甚，欲責及太子，群臣莫敢言。迪從容奏曰：「陛下有幾子，乃欲為此計。」上大寤，由是獨誅懷政等。[12]

王曙與李迪是寇準集團的重要成員，屬於要求「罷皇后預政」而由太子親政的激進主義者。

王曾與呂夷簡的情況不太一樣。王曾也是仁宗的東宮官，曾受到寇準的賞識，但沒有參與寇準的激進計畫，他努力調和太子與劉皇后的關係，曾經透過錢惟演提醒劉皇后保護好皇太子，是維護仁宗利益的現實主義者：

（王曾）遷吏部侍郎兼太子賓客。真宗不豫，皇后居中預政，太子雖聽事資善堂，然事皆決於后，中外以為憂。錢惟演，后戚也，曾密語惟演曰：「太子幼，非宮中不能立。加恩太子，則太子安；太子安，所以安劉氏也。」惟演以為然，因以白后。[13]

呂夷簡並非仁宗的東宮官，也沒有依附劉氏，他在周懷政案敗露後被真宗任命為「刑部郎中、龍圖閣直學士、權知開封府」，《續資治通鑑長編》說呂夷簡治理開封府「嚴辦有聲，上識其姓名於屏風，意將大用之也」。[14]乾興元年，呂夷簡在真宗去世後升任參知政事，始終致力於調和劉皇后與仁宗的關係，更像是真宗直接安排的協調人，並於天聖七年（一〇二九）升任宰相。呂夷簡在李宸妃喪葬問題上堅持立場，確保仁宗親政後政權的平穩過渡，可謂是老成謀國。

明道二年，呂夷簡在罷相數月之後重新拜相，過程比較曲折，而且揭開了仁宗親政後宮廷鬥爭的序幕。仁宗本來對呂夷簡十分信任，人事調整都找他商量，「帝與夷簡謀，以耆、竦等皆太后所任用，悉罷之。」一開始只是考慮罷免張耆、夏竦等明顯依附於劉太后的舊臣，但仁宗回宮後將人事安排告訴了郭皇后，郭皇后卻說，呂夷簡難道沒有依附太后嗎？他只不過善於應變而已：

> 夷簡獨不附太后耶？但多機巧，善應變耳。

郭皇后等於罵呂夷簡見風使舵，而仁宗明顯有耳根子軟的毛病，聽郭皇后這麼一說，就把呂夷簡與其他人一同罷免，「及宣制，夷簡方押班，聞唱其名，大駭，不知其故。」宣布人事調整時直接把呂夷簡弄懵了。呂夷簡是朝廷重臣，各方面都有人脈，事後他請內侍閻文應了解此事，很久才弄明白是郭皇后搗鬼：

> 夷簡素厚內侍副都知閻文應，因使為中詗，久之，乃知事由皇后云。[15]

接下來呂夷簡想方設法要廢黜郭皇后。

10 李燾：《續資治通鑑長編》卷一一三，第二六四〇頁。
11 脫脫：《宋史》卷二八六〈王曙傳〉，第九六三二頁。
12 以上並見脫脫：《宋史》卷三一〇〈李迪傳〉，第一〇一七三頁。
13 脫脫：《宋史》卷三一〇〈王曾傳〉，第一〇一八三頁。
14 李燾：《續資治通鑑長編》卷九十六，第二二二五頁。
15 以上並見李燾：《續資治通鑑長編》卷一一二，第二六一三頁。

3 仁宗的家庭糾紛

仁宗的郭皇后是武將郭崇的曾孫女，天聖二年（一〇二四）仁宗虛齡十五歲時立為皇后。當時仁宗喜歡張美人，劉太后偏偏立郭氏。仁宗不開心，對郭皇后很冷淡，但郭皇后倚仗著劉太后也沒把仁宗放在眼裡。劉太后活著的時候對仁宗後宮管制得很嚴格，仁宗喜歡的嬪妃很少。等劉太后去世，仁宗開始放縱自己，先追冊張美人為皇后，又與尚氏、楊氏兩位宮人混得親密。郭皇后受不了仁宗寵愛宮女，經常和尚氏、楊氏吵架。尚氏不是省油的燈，仗著皇帝的寵愛對郭皇后出言不遜。有次兩人在皇帝面前吵架，郭皇后怒不可遏，揚手就要給尚氏一巴掌。仁宗護著尚氏，一看郭皇后要動粗便上前阻攔，結果郭皇后一巴掌就打在仁宗脖子上。仁宗忍無可忍，產生了廢后的想法。內侍閻文應是呂夷簡的好朋友，找準機會向仁宗說，廢后這種事情要和朝臣商量，明天早朝時，皇帝就把脖子上的傷痕展示給朝臣們看，然後問他們是不是應該廢后。

這是明道二年十二月的事情，之前郭皇后把呂夷簡得罪了，呂夷簡巴不得廢皇后。第二天早朝時，正在巴結呂夷簡的范諷一聽皇后「家暴」皇帝，立即說：「后立九年無子，當廢。」郭氏當皇后都九年了，沒見她生一兒半女，早該廢、必須廢。[16]呂夷簡立即表示贊同范諷的意見，弄得仁宗反倒猶豫起來。

皇帝欲廢后的消息迅速傳遍朝野，各種議論都有。右司諫范仲淹認為廢后有損朝廷形象，激烈反對，並請宣布廢后是謠言以平息對朝廷的議論。但呂夷簡與仁宗已經祕密議定廢后，並通知相關機構一概拒收范仲淹為代表的臺諫官們提出的任何反對廢后的上書。

對臺諫嚴防死守之後，仁宗直接下詔說郭皇后一直沒有生兒子，自願要去當道士，特封郭皇后為淨妃、玉京沖妙仙師，賜道號「清悟」，讓郭氏搬到長寧宮去居住，長寧宮是後宮供奉道家神像的一處殿宇。因被禁止上書，右司諫范仲淹與御史中丞孔道輔率領孫祖德、蔣堂、郭勸、楊偕、馬絳、段少連、宋郊、劉渙等臺諫官跑到宮城垂拱殿門外抗議示威，要求面見皇帝申斥反對廢后的理由。守門的官員拒絕通報，孔道輔猛敲城門上的銅環大呼：「皇后被廢，奈何不聽臺諫入言！」廢皇后的事情怎麼可以拒絕臺諫官發表意見呢！仁宗不想見臺諫官，又不能置之不理，就派呂夷簡去應付這些人。於是孔道輔等人跑到宰相府對呂夷簡說：「人臣之於帝后，猶子事父母也。父母不和，固宜諫止，奈何順父出母乎？」皇帝廢后相當於父母要離婚，當兒子的只能勸和，哪有勸離的。臺諫官們都覺得自己有道理，在宰相府鬧起來，呂夷簡說：「廢后自有故事。」廢后這種事情歷史上又不是沒有出現過。孔道輔與范仲淹反駁，哪怕是偉大的漢光武帝，他廢后也是失德行為，其他廢后的皇帝更是昏君，宰相怎麼可以勸皇帝學習昏君的失德行為呢？呂夷簡懶得理他們，「諸君更自見上力陳之。」這種話你們自己對皇帝說。孔道輔、范仲淹等人退下來商議對策，「將以明日留百官揖宰相廷爭。」考慮第二天早朝時團結所有官員與宰相抗爭，但呂夷簡早有預料，向仁宗說明天早朝時臺諫官要鬧事，不如讓這些人提前消失算了。[17]

范仲淹等人馬上嘗到了權力任性的滋味。本來罷免官員需要起草、發布文件，被罷官員還要向皇帝當面告別，但呂夷簡第二天早朝前在待漏院（相當於休息室）就把罷免文件塞到臺諫官們手上，讓他們立刻失去了上朝的資格。臺諫官們不甘罷休，一邊回家收拾行李，一邊準備向皇帝告別時繼續抗爭，結果剛回到家裡就接到命令說皇帝派人把他們直接送出城，告別儀式已被取消。仁宗同時下了另一道命令，以後臺諫官有意見先書面報告，不可以集體要求面見皇帝。[18]

倚仗仁宗的寵幸，趕走郭皇后的尚美人開始得意忘形。景祐元年四月，尚美人竟私自派內侍給開封府下了一道「教旨」，要求開封府免除「工人市租」。[19]開封府判官龐籍來報告仁宗，說宋朝開國以來，沒聽說過嬪妃可以直接給政府機構下達指令的事情。皇帝回頭杖責了內侍，又嚴詞教訓尚美人，然後宣布各級機構不得接受任何宮中下達的命令，不久閻文應就把尚美人也送到洞真宮當女道士去了。

《涑水記聞》記載，郭皇后被廢，尚、楊二美人專寵，「每夕並侍上寢，上體為之弊，或累日不進食，中外憂懼，皆歸罪二美人。」把仁宗的身體弄壞了。劉太后去世時，遺詔尊真宗的淑妃楊氏為皇太后。楊太后這時對尚、楊兩美人很有意見，要求仁宗把她們趕走，但仁宗不肯。最後閻文應出場，仁宗從早到晚都要閻文應伺候著，他就整天對仁宗說這兩個人留不得，仁宗實在不勝其煩，為了圖個清靜隨口就說行吧！行吧！剛一開口，閻文應立即派車要把兩位美人送出宮，兩位美人又哭又鬧死活不肯走。閻文應根本不把他們放在眼裡，直接「搏其頰」巴掌打臉，邊打邊罵，「宮婢尚何言。」妳們倆就宮裡的奴婢，哪來那麼多話啊，摁到車上直接送走了。[20]

閻文應先把兩位美人送走，才請下詔說明如何安排處理。第二天的詔書內容相當豐富：

淨妃郭氏出居於外。

美人尚氏為道士，居洞真宮。楊氏別宅安置。

曩者母后臨朝，臣僚戚屬多進女口入內，今悉遣還其家。

長秋之位，不可久虛，當求德門，以正內治。[21]

以上四條內容是史書的總結，詔書全文保留在《宋大詔令集》之〈淨妃等外宅詔〉。第二條是對兩位美人的處理，犯錯的是尚氏，她被送到洞真宮當女道士。宋朝有個把皇帝舊宅改建為道觀的慣例，洞真宮由太祖、太宗父親趙弘殷的舊宅改建而成。尚美人當了道士後「永不得入內」，楊美人只是出宮「別宅安置」。[22]而尚、楊兩位美人離開後，仍在宮中當道士的郭皇后與仁宗大有機會回到仁宗身邊，閻文應可能擔心這一點，索性把郭皇后（淨妃郭氏）也送到宮外。六禮所聘的郭皇后與仁宗喜歡的尚、楊美人都離開了，仁宗大概也看不上劉太后時代留下來的其他嬪妃，這次索性將她們全趕走，整個後宮頓時變得空虛，因此宣布要重新擇立皇后，請大臣們各自推薦合適的人選。

這道詔令是對仁宗後宮的大換血，圍繞新皇后人選的政治鬥爭隨即展開，郭皇后最後的命運也與此密切相關。郭氏被從宮內的長寧宮送到宮外，最初安排在金水門外的安和院，安和院因郭氏到來改名瑤華宮。再過一年，又被送到嘉慶院居住。嘉慶院是不祥之地，曾為李宸妃停棺的地方，郭氏就在那裡去世了，《宋史・郭皇后傳》記載可能是被閻文應毒殺：

后帝頗念之，遣使存問，賜以樂府，后和答之，辭甚愴惋。帝嘗密令召入，后曰：「若再見召者，須百官立班受冊方可。」屬小疾，遣文應挾醫診視，數日，乃言后暴薨。中外疑閻文應進毒，而不得其實。上深悼之，追復皇后，而停諡冊祔廟之禮。[23]

後宮大清洗之後，仁宗又開始懷念郭皇后，派人去看望慰問郭氏，還給她送去樂府新作的詞曲，郭氏也填詞和答，表達悲痛哀怨及思念之情。仁宗想祕密把郭氏請回宮中，郭氏卻說和皇帝再見面需要舉行正式禮儀重新冊立她為皇后才行。這事還沒有下文，郭氏便生病了。仁宗派閻文應帶著御醫去為郭氏看病，結果沒幾天郭氏就「暴薨」。這是景祐二年（一〇三五）十一月的事情，大家都懷疑閻文應毒殺郭氏，但又找不到證據。《涑水記聞》的描述更可怕，說呂夷簡也害怕復立郭氏為皇后，而郭氏甚至是被閻文應活埋，郭氏「疾甚，未絕，文應以不救聞，遽以棺斂之」。[24]郭氏去世後，閻文應被貶逐，而郭氏於次年正月被追復為皇后。

其實很難想像仁宗會復立郭氏為皇后，因景祐元年八月淨妃郭氏從宮內移居宮外，九月就冊立新皇后曹氏。這兩個月間，仁宗得過重病甚至一度病危。仁宗病癒後又與郭氏聯繫，甚至想把郭氏祕密召進宮來，但郭氏說「若再見召者，須百官立班受冊方可」[25]，聽起來是要重新把她立為皇后。除非仁宗對新皇后曹氏極其不滿，否則這些舉動都很難理解。然而仁宗的確嫌厭曹皇后，所以害死郭皇后的幕後黑手確實很難追查。

16 李燾：《續資治通鑑長編》卷一一三，第二六四八頁。
17 李燾：《續資治通鑑長編》卷一一三，第二六四八頁。
18 李燾：《續資治通鑑長編》卷一一三，第二六四八～二六四九頁。
19 李燾：《續資治通鑑長編》卷一一四，第二六七三頁。
20 司馬光：《涑水記聞》卷三，第五九頁。
21 李燾：《續資治通鑑長編》卷一一五，第二六九六頁。
22 司義祖整理：《宋大詔令集》卷二十，第九五頁。
23 脫脫：《宋史》卷二四二〈仁宗郭皇后傳〉，第八六一九～八六二〇頁。
24 司馬光：《涑水記聞》卷五，第八六頁。
25 脫脫：《宋史》卷二四二〈仁宗郭皇后傳〉，第八六二〇頁。

4 曹皇后的背後

仁宗立曹氏為皇后是非常奇怪的事情。先是明道二年十二月廢郭皇后，同時詔聘曹氏入宮。景祐元年八月淨妃郭氏從宮內移居宮外，朝廷下詔重新選立皇后，九月就把曹氏立為皇后。就時間線而言，郭皇后被廢以及尚、楊二美人被逐都完美地配合著立曹皇后的需要。然而立曹皇后從來不是仁宗自己的意願，從整個事件的進程來看，郭、曹二氏的廢立更像是不受仁宗控制的政治勢力強勢運作的結果。

仁宗如果聽聽孔道輔、范仲淹等人的勸諫，應不會那麼衝動地廢黜郭皇后，曹皇后也就無從談起。這樣看來，呂夷簡以非常手段阻止臺諫官上書可能有更深的謀劃。仁宗完全沒有意識到這一點，滿心以為可以挑選心愛之人立為皇后，結果每一步都受人牽制，完全暴露了仁宗在政治上的弱勢與幼稚。朝廷宣布重新擇立皇后時，仁宗已經相中了陳氏，但遭到強烈反對。仁宗得到了楊太后的支持，一開始根本不在乎反對意見，卻意外地被內侍閻士良頂了回去。《續資治通鑑長編》收錄了王巖叟《元祐繫年錄》的一段記載，當時的宰相呂公著與太皇太后高氏追述當年仁宗欲立陳氏而不得的過程，說仁宗曾興奮地問閻士良為什麼不來祝賀我要立新皇后，把閻士良弄得莫名其妙：

一日，仁皇曰：「你何不賀我？」

士良曰：「賀甚事？」

曰：「賀我尋得皇后。」

士良曰：「誰家？」

曰：「陳子城家。」

士良曰：「子城官職乃奴隸也，富民用錢買到。」

仁皇遽曰：「幾乎錯了。」26

閻士良反對的理由是陳氏出身卑微，陳氏父親本是壽州茶商，他的官職是納錢捐來的。但陳氏的出身至少比真宗的劉皇后正常得多，而且立陳氏為皇后已獲得楊太后的同意，所以真正值得注意的是哪些人反對立陳氏，《宋史・閻文應傳》有明確的記載：

始楊、尚二美人之出宮也，左右引陳氏女入宮，父號陳子城，楊太后嘗許以為后，宋綬不可。王曾、呂夷簡、蔡齊相繼論諫。陳氏女將進御，士良聞之，遽見仁宗。仁宗披百葉擇日，士良曰：「陛下閱此，豈非欲納陳氏女為后邪？」仁宗曰：「然。」士良曰：「子城使，大臣家奴僕官名也，陛下納其女為后，無乃不可乎！」仁宗遽命出之。27

原來閻士良是閻文應的義子，呂夷簡也在反對立陳氏之列，似乎進一步說明呂、閻聯合廢黜甚至謀害郭皇后別有圖謀。此外的反對者還有宋綬、王曾、蔡齊，這些人與真宗晚年反對劉皇后的寇準集團都有關係。宋綬在起草貶謫制書時明顯親寇準而貶丁謂：

始謂命宋綬草寇準責詞，綬請其故。謂曰：「春秋無將，漢法不道，皆證事也。」綬雖從謂指，然卒改易謂本語，不純用。及謂貶，綬猶當制，即草詞曰：「無將之戒，舊典甚明。不道之辜，常刑罔赦。」朝論快焉。28

王曾深受寇準賞識，「宰相寇準奇之。」29蔡齊應該也是寇準推薦給真宗，「儀狀俊偉，舉止端重，真宗見之，顧宰相寇準曰：『得人矣。』」[30]

如果廢除郭皇后、反對立陳氏的終極目的都是立曹氏為皇后，這個團體還應加上冊立新皇后禮儀大臣中的李迪與王隨，「命宰相李迪為冊禮使，參知政事王隨副之，宋綬撰冊文，並書冊寶。」[31]李迪是寇準集團的核心成員，王隨則有結交周懷政的嫌疑，「周懷政誅，隨自陳嘗假懷政白金五十兩，奪知制誥，改給事中、知杭州。」[32]至於他們推立的皇后人選曹氏是曹彬的孫女，曹氏的父親曹玘早逝，曹氏冊立為皇后時，曹家的禮儀與開銷都由最小的叔父曹琮負責，而曹氏的伯父、已去世的曹瑋也屬於當年的寇準陣營，「宰相丁謂逐寇準，惡瑋不附己，指為準黨。」[33]立曹氏為皇后，可以理解為寇準陣營東山再起之後，推選後宮中的政治代理人，正是讓仁宗非常厭惡卻難以抗拒的原因。

對於寇準陣營而言，立曹皇后是非常緊急的政治鬥爭，甚至沒有顧及基本的儒家倫理與禮儀。王巖叟《元祐繫年錄》記載，多年以後英宗高皇后對仁宗立曹皇后提出了強烈的質疑：

當時因甚在明肅服內納后，大臣怎肯？神宗曾問及，不知何故如此，便臣庶家也不肯。

當時章獻明肅劉太后去世不久，仁宗做為兒子還在三年服喪期內，按照儒家的倫理，這期間無論如何也不可以結婚，仁宗怎麼會在這時冊立皇后呢？就算仁宗一意孤行，大臣們也會死活攔著，普通臣僚或百姓家裡也做不出這種事情。這個問題一直有人追問，王巖叟說韓琦對他講述過此事，當時范仲淹也拿這個問題質問呂夷簡，他回答：

固知非禮，司諫卻不知裡面事。上春秋盛，妃嬪已雜進，不早立后，無以制，非所以愛上。

「妃嬪已雜進」就是為了防止仁宗冊立自己喜歡的嬪妃當皇后，但仁宗原來的郭皇后也是呂夷簡主張廢黜的，所以呂夷簡的理由極其牽強。雖然《續資治通鑑長編》指出，范仲淹這時不在朝中，不可能去質問呂夷簡，但劉太后去世不久，仁宗就先廢郭皇后再立曹皇后也是極荒唐之事。高太后了解情況後說了一句：

那門識甚君臣，識甚事體。[34]

「那門」是指太宗的皇三子真宗、仁宗這支，高氏是太宗皇四子的孫子英宗的皇后，這句是高氏代表老四房嘲笑老三房完全不明事理。

無論是早有預謀的政治操作，還是不顧倫理的一時衝動，寇準陣營推舉的曹皇后如能獲得仁宗的歡心，當然也能鞏固其政治地位，甚至開創良好的政治局面。然而曹氏個人情況非常特殊，似乎沒有讓仁宗中意的任何可能。曹氏的出身當然沒問題，她是開國將領曹彬的孫女。但曹氏入宮前有過一次未完成的婚姻——出嫁時未婚夫逃婚。王銍《默記》記載，曹氏原本許配李士衡的孫子李植，但李植「少年好道，不樂婚宦」。婚禮那天，李家已把曹氏「迎入門」，李植突然「見鬼神千萬在其前」，嚇得「驚走，踰牆避之」。李植逃婚讓曹家大失顏面，曹氏立即返回曹家。這段經歷勢必給曹氏另擇婚配造成負面影響，李植「見鬼神千萬在其前」更暗示曹氏是「不祥之物」，而仁宗不可能無從了解這些情況。[35]寇準陣營費盡心機強行要求仁宗立曹氏為皇后，很容易造成雙輸的局面：既讓仁宗的後宮不得安寧，也讓寇準陣營在政治上難以立足。景祐二年二月宰相李迪被罷知亳州，這時距立曹皇后僅半年；景祐四年（一〇三七），呂夷簡與王曾兩位宰相又因關係緊張（不協）而分別罷知許州、鄆州，分別依附兩人的參政事宋綬與樞密副使蔡齊同時罷免，支持曹皇后的宰執集團就此瓦解。

呂夷簡這次罷相時，八歲進宮的張氏已是豆蔻年華。

26 李燾：《續資治通鑑長編》卷一一五，第二七〇一頁。
27 脫脫：《宋史》卷四六八〈閻文應傳〉，第一三六五六頁。
28 李燾：《續資治通鑑長編》卷九十九，第二二九四頁。
29 脫脫：《宋史》卷三一〇〈王曾傳〉，第一〇一八二頁。
30 脫脫：《宋史》卷二八六〈蔡齊傳〉，第九六三六頁。
31 李燾：《續資治通鑑長編》卷一一五，第二七〇〇頁。
32 脫脫：《宋史》卷三一一〈王隨傳〉，第一〇二〇三頁。
33 脫脫：《宋史》卷二五八〈曹瑋傳〉，第八九八七頁。
34 以上並見李燾：《續資治通鑑長編》卷一一五，第二七〇一頁。
35 王銍：《默記》卷中，第二一頁。

第九章——宮變驚奇

1 寵幸張貴妃

正常情況下，曹氏在景祐元年冊立為皇后，第二年就該有生育跡象，但曹氏終生沒有生育，而且在景祐二年把四歲的皇侄趙宗實領養在宮中。趙宗實的父親就是仁宗出生後被送還的趙允讓，趙允讓的生育能力很強，趙宗實是他的第十三子。如果領養趙宗實出自仁宗本意，或者曹皇后是經過仁宗同意才有此舉，說明二十五歲的仁宗對自己的生育能力已喪失信心。但很奇怪，自景祐四年，仁宗突然開始連續的生育。就時間點而言，前一年楊太后去世，而這一年仁宗罷免了呂夷簡、王曾、宋綬、蔡齊等宰執大臣。或許這時仁宗初嘗權力滋味，並立即對生育活動產生了神祕的自信，不久美人俞氏就生下皇長子，可惜生下來就夭折了，追賜名昉。接下來數年，仁宗每年都有子女出生，其中女兒包括：寶元元年（一〇三八）苗美人生皇長女；寶元二年（一〇三九）俞美人生皇二女；康定元年（一〇四〇）張才人生皇三女；慶曆元年（一〇四一）張才人生皇四女；慶曆二年（一〇四二）御侍馮氏生皇五女，御侍楊氏生皇六女；慶曆三年（一〇四三）御侍馮氏生皇七女，張美人生皇八女。除了苗美人所生皇長女，其餘全部早夭。苗美人地位非常特殊，她生育皇長女的第二年（即寶元二年）生育了皇二子趙昕，趙昕出生前一個月，領養在宮中已經八歲的趙宗實就被送出宮去。仁宗顯然對趙昕寄予厚望，不幸趙昕夭折於慶曆元年。仁宗沒有因趙昕的去世而陷入絕望，因同年朱才人又生育了皇三子，可惜也在虛齡三歲時夭亡。

如果仁宗不能生育，曹皇后領養趙宗實，立儲的主動權就在曹皇后手中。而仁宗開始連續生育，趙宗實也被送還王府，而曹皇后不能生育或根本沒機會生育，對曹皇后的地位無疑構成根本性挑戰。仁宗不但可以拒絕與曹皇后有生育活動，還能縱容有生育的嬪妃僭越禮制，甚至挑釁曹皇后的權威。這種情況下，曹皇后似乎是想模擬真宗劉皇后實施代孕計畫，但實施代孕需要皇帝絕對配合才有成功的機會，單方推進只會引發激烈的宮廷鬥爭，王鞏《聞見近錄》中出現了一條記載：

慈聖光獻皇后養女范觀音，得幸仁宗，溫成患之。[1]

慈聖光獻皇后就是曹氏。除了曹皇后與仁宗，還出現了養女范觀音與溫成兩位人物。「溫成」是為仁宗連生三位皇女的張才人謚號，她生前被封貴妃，死後追冊為皇后，稱「溫成皇后」，而這位張貴妃最初在宮中的身分與范觀音類似，都算是養女。

宋朝宮廷中，養女的身分相當特殊，理論上是各級后妃認養的女兒，類似於宦官的養子。宮廷養女可能到宋真宗朝才出現，比如李宸妃曾認養過一個女兒，後來被封為樂安郡主。仁宗朝后妃經常認養宮女為養女，而宮女本就可以奉侍皇帝，於是養女演變為宮女依附后妃的一種途徑。[2]溫成皇后張氏的來歷比較複雜，她的曾祖張文漸原在吳越國為官，後隨錢氏歸入宋朝。《聞見近錄》稱，張氏的祖父張隸娶「吳越王子太師雅之女」，沒講清楚究竟是誰，但吳越錢氏可稱「太師」的似乎是錢惟治[3]，總之張氏的祖母出自吳越錢氏。張氏的父親張堯封進士及第，母親是應天府助教曹簡的女兒。[4]張堯封去世較早，補石州軍事推官，未行而卒於京師。這時張氏僅八歲，她的族父張堯佐當官，但不肯收恤張氏，祖母錢氏就把張氏姐妹三人送入宮中。《續資治通鑑長編》記載：

張是時八歲，與姊妹三人由錢氏入宮，寖長，得幸於上。性聰敏，便巧挾智數，能探測人主意。先後將迎，上以其良家子，待遇異諸嬪使，累封清河郡君，於是並為才人。[5]

張氏得寵既因出身好，也因足夠聰明伶俐。但司馬光《涑水記聞》竟稱：

> 后母賣后於齊國大長公主家為歌舞者，而適蹇氏，生男守和。大長公主納后於禁中仙韶部，宮人賈氏母養之。上嘗宮中宴飲，后為俳優，上見而悅，遂有寵。後巧慧，善迎人主意。[6]

這裡刻意把張氏說成「俳優」之流，根本是無中生有的誣陷誹謗之詞。後來反變法派士大夫的筆記小說中塑造驕奢無度的張貴妃形象，多半是參照趙飛燕、楊玉環等所謂「紅顏禍水」虛構出來的，如《邵氏聞見錄》竟稱仁宗以柱斧砸碎了王拱辰獻給張氏的定州紅瓷器[7]，又如南宋張世南《遊宦紀聞》稱「金橘產於江西，以遠難致，都人多不識。溫成皇后特好食之，由是遂重京師」。[8]同樣的道理，這些筆記小說描寫曹皇后如何節儉克制、寬容大度，也是大可質疑的。

張氏入宮之後應是被真宗的某位后妃收養，但養母究竟是誰出現了不同的記載。《聞見近錄》一處說「入宮中，為婕妤沈氏養女，是為溫成皇后」[9]，沈氏就是太宗朝宰相沈倫的孫女，她一直活到了神宗朝。另一處是「溫成養母賈氏，宮中謂之賈婆婆，威動六宮」。[10]但《宋史・張貴妃傳》另有明確記載：

> 妃幼無依，錢氏遂納於章惠皇后宮寢。[11]

章惠皇后就是真宗的楊淑妃，與劉皇后關係十分緊密，是幼年仁宗的實際撫養人，劉皇后去世時「遺誥尊為皇太后」。[12]而劉皇后與錢惟演是姻親，錢氏將張氏送入宮中，理應託付於「章獻遺誥尊為皇太后」的楊氏，既為仁宗對張氏另眼相待找到了合理的解釋，也為破解慶曆八年（一〇四八）宮廷變亂之謎提供了重要的線索。

楊太后於景祐三年（一〇三六）去世，張氏應是這時才被託付給賈婆婆，再由賈氏送到皇帝身邊成為御侍，並連續生下三位皇女。康定元年，張氏生下皇三女後被封為才人，第二年連升三級封為修媛。她因受寵而勢力大張，「長得幸，有盛寵。妃巧慧多智數，善承迎，勢動中外」。[13] 慶曆三年皇四女去世，同年生下皇八女時，張氏「忽被疾」突然生病了。或許這時她意識到不應太出風頭，聲稱「妾姿薄，不勝寵名」，自請降為美人。[14] 雖然連生三女都相繼早夭，但「有盛寵」的張氏一旦生下皇子完全有可能取曹皇后而代之，足以讓曹皇后憂懼萬分。

1 王鞏：《聞見近錄》，戴建國整理，上海師範大學古籍整理研究所編：《全宋筆記》第二十冊，鄭州：大象出版社，二〇一九年，第六五頁。
2 詳見彭康：《編外的後宮：北宋宮廷養女》，廈門大學碩士學位論文，二〇一八年。
3 因為錢惟治似乎可以稱為「太師」，「雅之」或是「惟治」之訛，而輩分年齡都合。
4 李燾：《續資治通鑑長編》卷一三七，第三三〇〇頁。
5 李燾：《續資治通鑑長編》卷一二九，第三〇五〇頁。
6 司馬光：《涑水記聞》卷八，第一四九頁。
7 邵伯溫：《邵氏聞見錄》卷二，第十三頁。
8 丁傳靖輯：《宋人軼事彙編》卷一，第四〇頁。
9 王鞏：《聞見近錄》，上海師範大學古籍整理研究所編：《全宋筆記》第二十冊，第六二頁。
10 王鞏：《聞見近錄》，上海師範大學古籍整理研究所編：《全宋筆記》第二十冊，第六五頁。
11 脫脫：《宋史》卷二四二〈張貴妃傳〉，第八六二二頁。
12 脫脫：《宋史》卷二四二〈楊淑妃傳〉，第八六一八頁。
13 脫脫：《宋史》卷二四二〈張貴妃傳〉，第八六二二頁。
14 脫脫：《宋史》卷二四二〈張貴妃傳〉，第八六二三頁。

2 驅逐范觀音

張氏生下皇三女的康定元年，呂夷簡第三次拜相。張氏生下皇八女的慶曆三年，宋朝政局大變，呂夷簡離開政治舞臺，章得象、晏殊取而代之，更重要的是仁宗任用范仲淹等出任參知政事推行慶曆新政。這時，宋朝政治出現了幾個相互關聯的現象：一、慶曆新政引起廣泛抵制，范仲淹等被指結黨，歐陽修以〈朋黨論〉回擊，不同陣營的朝臣之間激烈政爭由此而起，一般被視為北宋黨爭的開端。而慶曆黨爭中有一組特殊的對手即夏竦與富弼，他們的鬥爭與宮廷政治密切相關。二、曹皇后與張美人的宮廷鬥爭在這時公開化，「慈聖光獻皇后養女范觀音，得幸仁宗，溫成患之」發生在這個階段。[15]三、仁宗生育記錄突然中斷。由此可見，這時朝政、宮鬥與皇嗣已緊密相關。

《續資治通鑑長編》記載，因石介曾攻擊夏竦為大奸之人，夏竦為攻擊慶曆新政，令女奴模仿石介字跡，篡改石介給富弼的書信，暗指富弼欲廢立天子，並造偽廢立詔草。在廢立天子的滔天罪名之下，范仲淹與富弼因懼罪而請求外任。做為慶曆新政的主要推行者，范仲淹遠離京城意味著新政難以繼續施展，這也是後世論及慶曆新政失敗的根本原因之一。考究於史實，夏竦攻擊石介、富弼均實有其事，但夏竦「偽作介為弼撰廢立詔草」事在慶曆四年，前一年夏竦已罷樞密使而徙知亳州，至「偽作廢立詔草」發生時尚未歸朝，夏竦如何在亳州操縱並影響朝局呢？[16]夏竦「讒言石介實不死」事在慶曆五年（一〇四五）十一月，此前夏竦於八月由亳州改判並州，十一月應已在並州，這時富弼在鄆州，這種情況下，夏竦又如何讒謗富弼「往登、萊結金坑惡少」並影響朝局呢？[17]

夏竦在外地操縱，就需要京城甚至宮中有人配合。富弼自敘劄子稱夏竦偽撰廢立詔草是「別使人繳進」，《續資治通鑑長編》又稱夏竦造謠石介詐死是「執政入其言」。[18]顯然攻擊石介、富弼並非夏竦個人行為，而是朝中政治鬥爭的外在表現，配合夏竦「入其言」的執政也由此成為追究此事的重要線索。夏竦「讒言石介實不死」時，朝中宰相有賈昌朝與陳執中，兩人分別於慶曆五年正月、四月拜相。但宋、夏戰爭中，夏竦「與陳執中論兵事不合」[19]，陳執中算夏竦政敵，不可能配合夏竦攻擊石介、富弼。而賈昌朝正是富弼的政敵，《涑水記聞》記載兩人在開挖河渠一事上產生爭執，而且賈昌朝「素惡弼」，兩人交惡由來已久。[20]夏竦與石介、陳執中結怨，賈昌朝與富弼交惡，夏竦與賈昌朝既有條件也有動機裡應外合讒謗石介、富弼。

而賈昌朝在後宮又有張美人的支援。宋人盛傳賈昌朝因攀附賈婆婆而獲得宋仁宗重用：

溫成皇后乳母賈氏，宮內謂之賈婆婆，賈昌朝連結之，謂之姑姑。臺諫論其奸，吳春卿欲得其實而不可。近侍有進對者曰：「近日臺諫言事，虛實相半。如賈姑姑事，豈有是哉！」上默然久之，曰：「賈氏實曾薦昌朝。」[21]

張氏應是楊太后的養女，楊太后去世時可能將她託付於賈婆婆，這時張氏「有盛寵」，賈婆婆的權勢不可能超越張氏，更不可能左右拜相人選。賈婆婆更可能是張氏干政的代理人，賈昌朝連結賈婆婆應是迂迴攀附張氏。而夏竦這次與賈昌朝聯手，日後又力主封張氏為貴妃，顯然已投靠張氏。

雖然仁宗連續生育的兒女不斷夭折，但隨著趙宗實送出宮，曹皇后如果不能在生育上主動爭取，在後宮遲早被邊緣化。所以養女范觀音「得幸仁宗」很可能是曹皇后操縱，甚至是模仿真宗劉皇后的代孕計畫。不同的是，劉皇后在後宮根本沒有對手，而曹皇后必須面對「溫成患之」。如果范觀音生子並在曹皇后的保護下健康成長，張氏取代曹皇后的計畫就將全盤落空，所以張氏必須趕走范觀音。

慶曆七年（一〇四七）三月大旱，仁宗下詔：

自冬訖春，旱暵未已，五種弗入，農失作業。朕惟災變之來，應不虛發，殆不敏不明以干上帝之怒，咎自朕致，民實何愆，與其降疾於人，不若移災於朕。自今避正殿，減常膳，中外臣僚指當世切務，實封條上，三事大夫，其協心交儆，稱予震懼之意焉。

古人認為自然災害是上天對統治者的懲罰，所以仁宗向上天作自我檢討，希望只懲罰他一個人，然後採取了「避正殿，減常膳」的自我懲罰措施，並要求臣僚都來批評他。可能上天覺得仁宗的檢討太過形式主義，並沒有降雨緩解旱情。沒過多久，賈昌朝因旱災辭相，《續資治通鑑長編》：

時方閔雨，昌朝引漢災異冊免三公故事，上表乞罷，而御史中丞高若訥在經筵，帝問以旱故，若訥因言陰陽不和，責在宰相，《洪範》「大臣不肅，則雨不時若」。帝用其言，即罷昌朝等，尋覆命育知許州。[22]

這段記載看似賈昌朝主動承擔旱災之責而辭相，但《長編》沒有記載的是之前賈昌朝已經以旱災為由將某些人趕走了。《聞見近錄》記載，旱災之下，宮廷內外無論皇帝、后妃還是臣僚都求雨，仁宗這時已採取非常極端的自殘方式祈雨，「一歲大旱，仁宗祈雨甚切，至燃臂香以禱」。在皇帝的影響下，宮內很多人也向皇帝學習，「宮人、內璫，左右皆燃之」。[23]張美人積極參與，仁宗非常感動，後來追諡她為溫成皇后還誇獎「時丁旱暵，刺臂以祈來貺。愛君之烈，何謝古人」。[24]然後張氏透過賈婆婆聯繫賈昌朝，讓賈昌朝上朝時提請仁宗減少宮女以向上天表達祈雨的誠意，「溫成養母賈氏……乃陰謂丞相，請出宮人以弭災變。」等仁宗同意放宮女出宮之後，張氏又對仁宗說，要放出皇帝最親密的宮女才能表達誠意，而且后妃的養女應成為表率，范觀音就首當其衝被趕出宮去：

溫成乃白上，非出所親厚者，莫能感天意，首出其養女以率六宮，范氏遂被出。

但上天並沒有因此降雨，就輪到曹皇后反手將賈昌朝趕出了朝廷，因為《聞見近錄》記載：

上問臺官，李柬之曰：「惟冊免議未行耳。」是夕鎖院，賈氏營救不獲，時相從工部侍郎拜武鎮軍節度使、同中書門下平章事判北京，雨遂霔。[25]

時相是賈昌朝，范觀音被趕走後，李柬之就反手請仁宗罷免賈昌朝，賈婆婆來不及出手營救。這位李柬之的父親就是參與立曹皇后的李迪，范觀音被逐事件本質上是曹皇后與張美人分別聯合朝臣而展開的皇嗣生育控制權鬥爭。

15 王鞏：《聞見近錄》，上海師範大學古籍整理研究所編：《全宋筆記》第二十冊，第六五頁。
16 李燾：《續資治通鑑長編》卷一五〇，第三六三七頁。
17 李燾：《續資治通鑑長編》卷一五七，第三八〇五～三八〇六頁。
18 富弼：〈上神宗敘述前後辭免恩命以辯讒謗〉，趙汝愚編、北京大學中國中古史研究中心校點整理：《宋朝諸臣奏議》卷七十五，上海：上海古籍出版社，一九九九年，第八一七頁；李燾：《續資治通鑑長編》卷一五七，第三八〇五頁。
19 脫脫：《宋史》卷二八三〈夏竦傳〉，第九五七二頁。
20 司馬光：《涑水記聞》卷五，第九七頁。
21 丁傳靖輯：《宋人軼事彙編》卷七，第二七三～二七四頁。
22 以上並見李燾：《續資治通鑑長編》卷一六〇，第三八六五頁。
23 王鞏：《聞見近錄》，上海師範大學古籍整理研究所編：《全宋筆記》第二十冊，第六五頁。
24 《宋大詔令集》卷二十〈夏皇后下・謚冊・溫成皇后謚冊〉，司義祖整理，北京：中華書局，一九六二年，第九九頁。
25 以上並見王鞏：《聞見近錄》，上海師範大學古籍整理研究所編：《全宋筆記》第二十冊，第六五頁。

3 高洮洮出嫁

范觀音不是曹皇后唯一的祕密武器，曹皇后有另一位養女高氏。這位高氏身分特殊，她的曾祖父高瓊是開國武將、太宗潛邸舊臣，真宗親征澶淵時，高瓊與寇準關係密切。祖父高繼勳也是北宋名將，父親高遵甫娶曹皇后的親姊，亦即高氏是曹皇后的外甥女。筆記中記錄了高氏的小字，《邵氏聞見錄》稱「滔滔」，司馬光《溫公日記》則稱「洮洮」。高洮洮四、五歲時被接到宮中撫養，成了曹皇后的養女，同時養在宮中的還有宗室趙宗實。高洮洮後來嫁給趙宗實而成為英宗皇后，他們幼年同時被曹皇后接到宮中撫養那段經歷總給人青梅竹馬的印象，甚至認為當時仁宗就有意把高氏許配給趙宗實，比如《邵氏聞見錄》記載：

英宗於仁宗為侄，宣仁后於光獻為甥，自幼同養禁中。溫成張妃有寵，英宗還本宮，宣仁還本宅。溫成薨而竟無子。一日，帝謂光獻曰：「吾夫婦老無子，舊養十三（英宗行第）、滔滔（宣仁小字），各已長立。朕為十三、后為滔滔主婚，使相娶嫁。」時宮中謂天子娶婦，皇后嫁女云。[26]

曹皇后與高皇后都獲四字謚號，分別稱「慈聖光獻皇后」與「宣仁聖烈皇后」。《聞見近錄》也有類似記載：

仁宗方盛年而嗣未立，以故事請楊太后選濮安懿王諸子以入禁中。英宗皇帝甚幼，初不在進名，楊后見之，抱之以歸。時宣仁聖烈皇后亦以慈聖光獻皇后甥養之宮閤，宮中號英宗為官家兒，宣仁為皇后女，仁宗每戲英宗曰：「皇后女可以為婦乎？」英宗謝之。由是宮中每以為戲。豫王生，英宗還邸。仁宗尋故約以宣仁為夫人，則宣仁所以簡上心者舊矣。[27]

《溫公日記》甚至說仁宗早就有意立英宗為皇儲，以高氏為皇后：

> 某幼時，上養之如子，其妃高氏，曹后之甥也，字洮洮，幼亦在宮為養女。上嘗戲謂后曰：「他日當以洮洮嫁某，吾二人相與為姻家。」又曰：「洮洮異日有皇后分。」既長，出宮，遂成昏。若勸上建以為嗣，勢易助也。[28]

以上三種講法都存在問題。趙宗實與高氏完婚是慶曆七年三月[29]，張貴妃去世於皇祐六年（一〇五四），絕不可能如《邵氏聞見錄》所說「溫成薨」然後仁宗將高氏許配給趙宗實的情況。《聞見近錄》稱「英宗還邸，仁宗尋故約，以宣仁為夫人」，好像趙宗實被送出宮不久就與高洮洮結婚似的，當時兩人才七、八歲，還要等八年才會結婚。《溫公日記》「既長，出宮，遂成昏」的說法相對比較準確，也就是高洮洮做為曹皇后的女兒一直在宮中成長到十五、六歲的適婚年齡才出宮與趙宗實結婚。三種記載都講是仁宗提出高氏許配英宗，《邵氏聞見錄》、《溫公日記》說是仁宗向曹皇后提出來，但都沒有記載曹皇后有意促成兩人的婚姻。按宋朝慣例，宮中養女是宮女一類，都有機會像張氏那樣成為皇帝的御侍。蘇轍《龍川別志》明確記載，高洮洮與范觀音一樣是曹皇后準備進御仁宗的養女，仁宗以高洮洮賜婚趙宗實其實是拒絕進御的辦法：

> 時宣仁皇后以慈聖外甥，亦為慈聖所養。稍長，將以進御。仁宗曰：「此后之近親，待之宜異，十三長成，可以為婦。」慈聖從之，后卒成婚。[30]

進一步比對時間點，高洮洮與范觀音都在慶曆七年出宮，只是高氏地位尊貴得以婚配英宗，范觀音則不知所終。仁宗「此后之近親，待之宜異」，意思並非不便接受進御，而是看曹皇后的面子才沒將高洮洮像范觀音一樣直接趕出宮。與大費周章杜絕范觀音進御仁宗一樣，高洮洮賜婚趙宗實也是張氏破壞曹皇后主導皇帝生育計畫的重大勝利。

得到仁宗的專寵，張氏在宮廷鬥爭的這一回合似乎占盡上風，只是付出了賈昌朝罷相的代價。但挫敗曹皇后養女進御計畫的同時，包括張氏在內的仁宗嬪妃都中斷了生育記錄，彷彿范觀音、高洮洮出宮之後再無人敢為仁宗侍寢似的。曹皇后是否就此罷休，仁宗還有無機會在曹皇后勢力範圍之外生育皇嗣呢？在僵持局面中，仁宗後宮發生了一樁千古奇案——慶曆八年的宮廷變亂。

26 邵伯溫：《邵氏聞見錄》卷三，第二〇頁。
27 王鞏：《聞見近錄》，上海師範大學古籍整理研究所編：《全宋筆記》第二十冊，第五九～六〇頁。
28 司馬光：《涑水記聞》附錄二〈溫公日記〉，第三五〇頁。
29 李埴撰，燕永成校正：《皇宋十朝綱要校正》卷七〈英宗・皇后一〉，第二三四頁。
30 蘇轍：《龍川別志》卷下，第九〇頁。

4 決戰福寧殿

慶曆八年的宮廷變亂從一開始就是被刻意掩蓋的重大政治事件，各種史書的記載都極為含糊。但宮變引起朝臣的激烈爭議，從中仍可梳理出事件背後政治鬥爭的脈絡。《續資治通鑑長編》記載，慶曆八年閏正月辛酉日夜：

崇政殿親從官顏秀、郭逵、王勝、孫利等四人謀為變，殺軍校，劫兵仗，登延和殿屋，入至禁中，焚宮簾，斫傷內人臂。其三人為宿衛兵所誅，王勝走匿宮城北樓，經日乃得，而捕者即支分之，卒不知其始所謀。[31]

崇政殿是皇帝處理日常政務的地方。那天晚上崇政殿親從官顏秀、郭逵、王勝、孫利四人從延和殿屋頂翻越進入內宮，有「焚宮簾，砍傷宮女手臂」的行為，其中三人立即被殺，王勝逃脫後被捕，也立即處死。這裡有明顯疑點，皇帝處理政務之處的宮殿衛士作亂，難道是針對皇帝本人嗎？公開追緝的活口被捕卻立即處死，以致「卒不知其始所謀」，顯然是殺人滅口，而且不能排除指使者就是皇帝。接下來如何處置此事的爭論，仁宗的表現更顯可疑。《續資治通鑑長編》記載首先由夏竦提出祕密調查此事，遭到丁度的激烈反對，但仁宗支持夏竦的意見：

樞密使夏竦言於上，請御史同宦官即禁中鞫其事，且言不可滋蔓，使反側者不安。參知政事丁度曰：「宿衛有變，事關社稷，此而可忍，孰不可忍！」固請付外臺窮治黨與，自旦爭至食時，上卒從竦議。[32]

經過三天調查，宋廷處分了對宮變負有責任的楊景宗、鄧保吉、楊懷敏、劉永年、趙從約等人，而在夏竦的包庇下，宦官楊懷敏「領職如故」，引起臺諫官的強烈不滿。再接下來，張美人在宮變中的表現成為爭論焦點：

上語輔臣以宮庭之變，美人張氏有扈蹕功，樞密使夏竦即倡言宜講求所以尊異之禮。宰相陳執中不知所為，翰林學士張方平見執中言：「漢馮婕妤身當猛獸，不聞有所尊異。且皇后在而尊美人，古無是禮，若果行之，天下謗議，必大萃於公，終身不可雪也。」執中聳然從方平言而罷。[33]

仁宗宣稱張氏在宮廷中「有扈蹕功」，夏竦立即表示贊同擁護。此舉把宰相陳執中、翰林學士張方平弄得莫名其妙，張方平還發表了一番議論說宮變之時曹皇后也在現場，要表彰扈蹕功應該表彰皇后，哪有為張美人請功的道理。局面至此已經非常清晰，至少仁宗、夏竦、張美人、楊景宗、楊懷敏屬於同一個陣營，當晚負責宮廷安全的勾當皇城司楊景宗是楊太后的弟弟，而張氏入宮時是楊太后的養女。

然而仁宗不願意深入調查此事絕非包庇楊景宗這麼簡單，這年十月，仁宗以張氏在宮變中「有扈蹕功」為由「進張氏為貴妃」，當時有諫官王贄誣衊這些宮變的幕後指使是曹皇后，「因言賊根本起皇后閤前，請究其事」。王贄的話雖然毫無依據，卻揭示了宮變背後其實是曹皇后與張美人的激烈衝突，王贄因「冀動搖中宮，陰為美人地」而被指控為「此奸人之謀」。[34]但《續資治通鑑長編》敘述「進張氏為貴妃」時追述了宮變當晚的具體情形：

初，帝以閏月之望，欲於禁中再張燈，后力諫止。其後三日，衛士數人踰屋至寢殿，時后侍帝，夜半聞變，帝遽欲出，后閉閤抱持，遣宮人馳召都知王守忠等以兵入衛。賊至福寧殿下，斫宮人傷臂，聲徹帝所。宦者何承用慮帝驚，紿奏宮人毆小女子。后叱之曰：「賊在殿下殺人，帝且欲出，敢妄言邪！」后知賊必縱火，乃遣宦者持水踵賊，賊果以燭焚簾，水隨滅之。是夕所遣宦者，后親剪其髮以為識，諭之曰：「賊平加賞，當以汝髮為證。」故宦者爭盡死力，賊即禽，倉猝處置，一出於后。

后閤侍女有與黃衣卒亂者，事覺當誅，求哀於帝左右，帝欲赦之，后具衣冠見帝，固請誅之。帝曰：「痛杖之足以懲矣。」后不可，曰：「如此無以肅清禁庭。」帝命后坐，后立請幾移兩辰，帝乃許之，遂誅於東園。[35]

類似記述也出現在《宋史・曹皇后傳》：

慶曆八年閏正月，帝將以望夕再張燈，后諫止。後三日，衛卒數人作亂，夜越屋叩寢殿。后方侍帝，聞變遽起。帝欲出，后閉閤擁持，趣呼都知王守忠使引兵入。賊傷宮嬪殿下，聲徹帝所，宦者以乳嫗歐小女子紿奏，后叱之曰：「賊在近殺人，敢妄言耶！」后度賊必縱火，陰遣人挈水踵其後，果舉炬焚簾，水隨滅之。是夕，所遣宦侍，后皆親剪其髮，諭之曰：「明日行賞，用是為驗。」故爭盡死力，賊即禽滅。閤內妾與卒亂當誅，祈哀幸姬，姬言之帝，貸其死。后具衣冠見，請論如法，曰：「不如是，無以肅清禁掖。」帝命坐，后不可，立請，移數刻，卒誅之。

張妃怙寵上僭，欲假后蓋出遊。帝使自來請，后與之，無靳色。妃喜，還以告，帝曰：「國家文物儀章，上下有秩，汝張之而出，外廷不汝置。」妃不懌而輟。[36]

這裡的資訊十分豐富，但長期以來沒有仔細充分地解讀或解讀出現明顯偏差。首先無從得知三天前曹皇后諫止禁中再張燈與宮變是否有關，但各處都將此事置於宮變敘事之前，似乎暗示張燈可能對曹皇后造成妨礙。其次宮變事發的時機、地點很特別，「賊至福寧殿下」，福寧殿是皇帝的寢宮，仁宗十分嫌惡曹皇后，出現「時后侍帝」的情形應該非常難得，而行動似乎刻意針對「時后侍帝」而開展。宮變發生後，「夜半聞變，帝遽欲出，后閉閤抱持」，這個情形一般理解為皇帝衝動而曹皇后冷靜保護仁宗，但未必只能做此解釋。第三，宮內宦官的行動並不一致，都知王守忠似乎是受皇后的命令「以兵入衛」，但王守忠一開始並不在現場，需要「遣宦人馳召」，而現場的宦者何承用試圖掩蓋此事而引起曹皇后的憤怒，顯示帝、后掌握的宦官行動不一致。第四，曹皇后「閉閤抱持」後，作亂衛士「以燭焚簾」，曹皇后又有預料，成功地「水隨滅之」。而「以燭焚簾」的目的既可以是傷害屋內人員，也可以是逼迫屋內的人破門而出。

接下來「后閤侍女有與黃衣卒亂者，事覺當誅」，「亂」長期以來被解釋為曹皇后的侍女與衛士私通淫亂，如清人俞正燮《癸巳類稿》稱「顏秀事蓋姦淫，故終祕之」。[37]但「亂」字未必是指私通，且淫亂是隱祕之事，絕無可能砍人縱火而行淫亂，也不可能私通恰好在宮變時被發現，因此「與黃衣卒亂」更可能指侍女配合當晚作亂的衛士。最關鍵是「后閣侍女」這時竟然求情免她一死，但她既不是向皇后也不是向皇帝求情，而是「求哀於帝左右」或「祈哀幸姬」，而且仁宗竟打算赦免這名侍女。曹皇后堅決不同意，「具衣冠見帝」，以「如此無以肅清禁庭」為由堅決要求誅殺侍女。形成了曹皇后與「幸姬」之間的對決，在曹皇后「立請幾移兩辰」的堅持下，仁宗不得不同意誅殺侍女。至於這位「幸姬」不但邏輯上只可能是受到仁宗「盛寵」的張美人，而且《宋史．曹皇后傳》敘述至此直接插入「張妃怙寵上僭，欲假后蓋出遊」，等於諱而不隱地明指幸姬即張妃。至此參與宮變的衛士、侍女與張貴妃，進而與仁宗本人發生了關聯，而事後仁宗表彰張氏「扈蹕功」，封張氏為貴妃，把張貴妃的族父張堯佐升任為三司使、宣徽使。張氏與變亂侍女有關，而與曹皇后敵對，但仁宗確認張氏有「扈蹕功」，意味著他認為這次宮變中，曹皇后是施惡者，而張氏乃至作亂衛士是施救者。由此重新理解這次宮變行動，就會發現仁宗與曹皇后之間形成了「帝遽欲出」、「以燭焚簾」與「閉閤抱持」、「水隨滅之」的對峙局面，不能排除宮變行動的目的是讓仁宗從寢殿中走出來。

所以無論是從前朝對宮變事件的處理，還是從宮變當時各自的表現來看，宮變的幕後指使都應該是仁宗與張美人。至於動機，就涉及如何解釋「時后侍帝，夜半聞變，帝遽欲出，后閉閤抱持」，字面意思是曹皇后保護仁宗，也可理解為仁宗拒絕曹皇后侍寢，從一開始就急於離開皇后的殿閣，但被皇后關門抱持無法脫身。最後作亂的衛士焚燒宮簾，皇后與皇帝才不得不從殿閣出來，而這時張美人已出現在皇帝身邊。因此充分理解的理由是宮變前後整個過程，仁宗都與曹皇后對立，而與張美人站在一起，兩人幕後指使這場宮變的動機就是仁宗拒絕曹皇后侍寢，卻出現了曹皇后以非常手段侍寢，而張美人又以非常手段破壞曹皇后侍寢的宮鬥荒誕劇——只有這樣才能解釋為何仁宗認定張美人「有扈蹕功」。只是顏秀等四位親從官以及那位侍女都成了這場宮鬥的無辜犧牲品、可憐的刀下鬼。

31 李燾：《續資治通鑑長編》卷一六二，第三九〇八～三九〇九頁。
32 李燾：《續資治通鑑長編》卷一六二，第三九〇九頁。
33 李燾：《續資治通鑑長編》卷一六二，第三九一一～三九一二頁。
34 李燾：《續資治通鑑長編》卷一六五，第三九六九頁。
35 李燾：《續資治通鑑長編》卷一六五，第三九七〇頁。
36 脫脫：《宋史》卷二四二〈慈聖光獻曹皇后傳〉，第八六二〇頁。
37 俞正燮：《癸巳類稿》卷十二〈宋顏秀獄論〉，於石等點校，合肥：黃山書社，二〇〇五年，第五八二頁。

第十章——皇后謀逆

1 欲廢曹皇后

宮廷變亂的結果，張氏以「扈蹕功」進為貴妃，但曹氏的皇后地位也無以撼動，然而兩人都無力為仁宗生育，仁宗的後宮因此進入冷戰階段。這時期後宮形勢較為安定，只是從皇祐元年（一〇四九）至皇祐二年，仁宗不顧臣僚的反對把張貴妃的族父張堯佐先後升任為三司使、宣徽使。皇祐三年（一〇五一）至皇祐五年（一〇五三）龐籍拜相，此時宋朝最重大的事件是狄青平定儂智高之亂並出任樞密使。

宮廷鬥爭的重啟在至和元年（一〇五四），楊景宗與張貴妃都在這年正月去世。形勢雖然朝著有利於曹皇后的方向發展，但仁宗立場堅定，決定以皇后的禮儀厚葬張貴妃，面對各方異議又索性「追冊貴妃張氏為皇后，賜謚溫成」[1]，並逾制追贈溫成皇后三代官僚。有臣僚提出追冊溫成皇后「於禮不可」，仁宗不管不顧，明顯表現出對曹皇后的強烈不滿。

仁宗曾詢問宰相梁適是否可以廢黜曹皇后，梁適拜相是皇祐五年至至和元年間，商議廢后當在張貴妃去世前後。《邵氏聞見錄》記載此事發生在曹氏「初冊後」時肯定不對[2]，王鞏《聞見近錄》說是慶曆八年宮廷變亂之後也太模糊。[3]兩宋之際朱弁《曲洧舊聞》講當時仁宗寵愛張貴妃而疏遠曹皇后，有次曹皇后「以事忤旨」得罪了仁宗，仁宗考慮要廢黜曹皇后。仁宗詢問宰相梁適：「廢后之事如何？」梁適回答：先前已經廢了郭皇后，現在還要廢曹皇后，「閭巷小人尚不忍為，陛下萬乘之主豈可再乎！」出妻這種事情普通老百姓都做不出來，難道皇帝做了一回還不夠嗎？[4]仁宗聽了只好繼續忍受曹皇后，但他絲毫不掩飾對曹皇后的嫌惡，甚至直接對曹皇后說：

我嘗欲廢汝，賴梁適諫我，汝乃得免。汝之不廢，適之力也。[5]

因此曹皇后非常感激梁適，熙寧年間梁適去世，曹皇后拿出五百萬私房錢為他在大相國寺辦了一場盛大法事。

仁宗既不能廢曹皇后，只能以超乎尋常的規格厚葬溫成皇后。但張氏去世，臣僚們以為不再有嬪妃為仁宗生下皇子，於是請求仁宗繼立皇嗣。太常博士張述這期間「前後七上疏」，先說皇帝四十四歲還沒有兒子簡直不孝：

陛下承三聖之業，傳之於千萬年，斯為孝矣。而春秋四十四，宗廟社稷之繼，未有托焉。此臣所以夙夜徬徨而憂也。陛下知此矣，而以嫌疑不決，非孝也。[6]

接著又警告不立儲很容易引發宮廷政變，若有個萬一，後宮隨便弄個小孩當皇帝更會引發政治危機：

夫嗣不蚤定，則有一旦之憂，而貽萬世之患。歷觀前世，事出倉卒，則或宮闈出令，或宦官主謀，或奸臣首議，貪孩孺以久其政，冀闇昧以竊其權，安危之機，發於頃刻，而朝議恬不為計，豈不危哉！[7]

太常博士吳及從仁宗的角度考慮問題，他希望仁宗能生出皇子，並分析不育的原因可能是宦官太多，多行閹割肉刑可能遭上天報應，所以出了個禁止進獻宦官以促進生育的主意：

臣愚以為胎卵傷而鳳凰不至，宦官多而繼嗣未育也。伏望順陽春生育之令，浚發德音，詳為條禁。進獻宦官，一切權罷，擅宮童幼，寘以重法。若然，則天心感應，聖嗣必廣，召福祥、安宗廟之策，無先於此。[8]

吳及的想法讓仁宗挺受感動，想提拔他為諫官，可惜因其父去世，吳及必須去守孝。

無論是否有政治陰謀，張貴妃與楊景宗去世的最大獲益者無疑是曹皇后。但仁宗不因此與曹皇后和解，甚至試圖廢黜曹皇后。梁適反對廢后，不久被罷相。另一位宰相陳執中順從仁宗厚葬溫成皇后並試圖廢黜曹皇后的意願，結果連遭彈劾。仁宗保不住陳執中，取代梁適與陳執中的則有劉沆、文彥博與富弼。其中文彥博與去世的張貴妃關係非同一般，張貴妃的父親張堯封曾是文彥博父親的門客，後來張貴妃似乎有意拉攏文彥博，他也積極借助張貴妃升官。宮變那年貝州王則叛亂，張貴妃推薦文彥博平叛，之後文彥博憑平叛之功拜相。種種跡象表明，張貴妃去世後，仁宗仍在為張貴妃而鬥爭，曹皇后想贏得最終的勝利需要採取更非常的手段，與張貴妃關係密切的文彥博也註定捲入宮廷鬥爭。

1 李燾：《續資治通鑑長編》卷一七六，第四二五〇頁。
2 邵伯溫：《邵氏聞見錄》卷十三，第一四七頁。
3 王鞏：《聞見近錄》，上海師範大學古籍整理研究所編：《全宋筆記》第二十冊，第五九頁。
4 朱弁：《曲洧舊聞》卷二〈梁適諫止仁宗廢慈聖光獻后〉，孔凡禮點校，北京：中華書局，二〇〇二年，第一〇七頁。
5 朱弁：《曲洧舊聞》卷二〈梁適諫止仁宗廢慈聖光獻后〉，第一〇七頁。
6 李燾：《續資治通鑑長編》卷一七七，第四二九八頁。
7 李燾：《續資治通鑑長編》卷一七七，第四二九九頁。
8 李燾：《續資治通鑑長編》卷一七七，第四三〇〇頁。

2 仁宗自殺未遂

嘉祐元年（一〇五六）正月，仁宗在大慶殿受朝。前一天大雪壓折了宮殿的屋架，仁宗在宮禁中赤腳向天祈禱。第二天天空放晴，百官列班準備朝拜，這時皇座前的垂簾捲起，仁宗「暴感風眩，冠冕攲側」，突然一陣頭暈，冠冕差點掉了下來。左右一看不對勁，重新放下垂簾，有人用手指擦去仁宗嘴邊流下的口水，等仁宗神情恢復才重新捲簾行禮而罷。過了幾天，仁宗在紫宸殿宴請契丹使者，文彥博剛要敬酒，仁宗突然問文彥博「不樂邪？」，你是不是不開心啊？文彥博知道仁宗已經生病了，當時「錯愕無以對」被問懵了，好不容易才捱過了這次宴會。第二天契丹使者前來告別，仁宗仍在紫宸殿送行，使者入至庭中行禮時，仁宗又開始語無倫次，「趣召使者升殿，朕幾不相見。」對使者說趕緊上來給我看看，我差點見不到你了。左右侍者知道仁宗病得不輕，趕緊把皇帝扶到後宮，文彥博向契丹使者解釋說，皇帝昨晚喝多了。[9]

應付完契丹使者，文彥博趕緊與宰執大臣一起召見宦官史志聰、鄧保吉等詢問皇帝的病情。史志聰竟然說宮禁內的事情都是機密，不能隨便洩漏。這話惹怒了文彥博，他大罵宦官說：

主上暴得疾，繫宗社安危，惟君輩得出入禁闥，豈可不令宰相知天子起居，欲何為耶？自今疾勢小有增損，必一一見白。

文彥博質問，你們不想讓宰相知道皇帝的病情，難道是有什麼陰謀詭計嗎？然後要求必須報告皇帝病情的所有細節，還讓他們立下軍令狀，史志聰才派人把禁內情況一一如實報告宰相。但第二天，文彥博等往內東門小殿問候皇帝起居，沒想到遇上仁宗從宮中大聲呼喊著跑了出來，嘴裡喊的竟是：

皇后與張茂則謀大逆。[10]

仁宗這個舉動發生在文彥博等宰執大臣進宮請安時，「皇后與張茂則謀大逆」一語由此滿朝皆知，並載入史冊，讓人懷疑是不是仁宗的緊急呼救。從皇帝口中說出指控皇后死罪的話，當時直接被當成神志不清、胡言亂語，史書上緊接著記載「語極紛錯」，意味著仁宗當時還說了更多不能形諸文字、不堪入耳的話。服侍仁宗的宮人跟著跑出來，他們看到文彥博等人就說，宰相大人還是想想大赦天下為皇帝消災祈福吧！文彥博等只好退出宮禁，討論大赦天下的問題。

除了那次宮變，整個仁宗朝的史書上極少對曹皇后的直接敘述，包括這次皇帝喊皇后「謀大逆」，曹氏仍未在歷史敘述中正面出現。但張茂則是做足了姿態，這位仁宗「素不之喜」的內侍聽到皇帝呼喊趕緊跑去上吊自殺，不過旁人順利把他解救下來，文彥博把他召來教訓了一頓，「天子有疾，譫語爾，汝何遽如是！汝若死，使中宮何所自容耶？」[11]皇帝只是說胡話，你要是死了，皇后是不是也該去死啊？

這時文彥博已擔心宮中會有人下手讓皇帝暴崩，當他下令身邊人必須好好照顧皇帝，一刻也不能離開時，卻發現根本沒有合適的人可以照顧皇帝。史書上說「皇后以是亦不敢輒至上前。諸女皆幼，福康公主稍長，時已病心，初不知上之有疾」。[12]曹皇后與仁宗已徹底鬧翻，又被皇帝指控「謀大逆」，無論如何也不會照顧皇帝，皇女都還小，福康公主是苗貴妃所生皇長女，這時已經十九歲，但她精神狀態有問題，甚至都不知道父皇生病了。此外，後宮

「左右前後皆皇后之黨」，這時的仁宗已悲慘到快被整個後宮拋棄的地步。從曹皇后的立場來講，這一切都是仁宗專寵張貴妃的咎由自取。但仁宗無怨無悔，他和張貴妃真的做到了生死相託，這麼說的理由不只是仁宗不顧一切追封張氏為溫成皇后，重要的是這時照顧仁宗以及接下來為仁宗繼續生育的人都是所謂的「十閤宮人」。

《續資治通鑑長編》記載：

> 侍上側者，惟十閤宮人而已。[13]

仁宗在慶曆三年張氏生下皇八女之後便中斷了生育，皇八女出生後兩年去世，接下來是曹皇后的養女范觀音與高洮洮出宮以及宮廷變亂。雖然不斷有臣僚催促仁宗領養皇子，但仁宗並沒有喪失生育能力。中斷生育十六年後，仁宗又於嘉祐四年（一〇五九）至嘉祐六年（一〇六一）與周氏、董氏連續生下五位皇女，而她們正是嘉祐年間「侍上側」的「十閤宮人」：

> 自溫成之沒，後宮得幸者凡十人，謂之十閤，周氏、董氏及溫成之妹皆與焉。[14]

現在所知十閤的具體人物，除了為仁宗生下皇女的周氏、董氏以及張貴妃的妹妹，還有後來被趕出宮的劉氏與黃氏，「劉氏及黃氏，在十閤中尤驕恣者也」。[15]張貴妃去世後，宮中與仁宗親近之人唯有所謂的「十閤」，而且有證據表明她們能夠「得幸」正是因為與去世的張貴妃關係密切。「溫成之妹」自不待言，而生育兩位公主都長大出嫁的周氏是張貴妃的養女。《宋史・周貴妃傳》記載：

> 生四歲，從其姑入宮，張貴妃育為女。稍長，遂得侍仁宗，生兩公主。[16]

如果將十六歲視為開始生育的正常年齡，周氏四歲進宮應是在范觀音、高洮洮出宮的慶曆七年。仁宗拒絕與曹皇后勢力範圍內的嬪妃生育之後，已無力生育的張貴妃可能精心挑選了一批幼女在宮中培養，以備仁宗生育之需。

《宋史》沒有給為仁宗生育三位皇女的董氏立傳，但《續資治通鑑長編》留下了「此據正傳」即國史中的傳記資料，說「董氏開封人，四歲入宮，稍長為御侍」[17]，所以董氏應與周氏年齡相仿，很可能也是張氏的養女。周氏後來一心念佛，一直活到徽宗朝受封貴妃，「歷五朝」而卒於九十三歲。[18]而董氏性情「和厚」且非常聰明，「喜讀國史，能道本朝典故」。她深得寵信，「侍帝左右未嘗有過失，皇祐中封聞喜縣君」[19]，卻於嘉祐七年（一〇六二）早逝，年不足二十。當時仁宗決定追贈董氏為淑妃，司馬光批評仁宗是「妄崇虛飾」、「瀆慢名器」。[20]董氏在仁宗朝去世，《續資治通鑑長編》的資料應該出自神宗朝編修的《兩朝國史》，而元修《宋史》未保留董氏的傳記很可能是為了抹去以下這條記載：

帝嘗感疾恍惚，夜持寶刀自向，董氏在側，遽前爭得之，幾至斷指。

仁宗拿著利刃對著自己，顯然是出現了嚴重的自殺傾向，幸得董氏拚命相救才解除危險。此事發生在什麼時候呢？李燾《續資治通鑑長編》的注釋中提出了一個猜測：

寶刀自向，此據正傳，不知何時，當是嘉祐之初也。[21]

嘉祐之初就是仁宗神志不清呼喊皇后謀逆時，「董氏在側」也能與「侍上側者，惟十閤宮人而已」對應起來。

仁宗當時顯然是對曹皇后深懷恐懼到了被迫害妄想及意圖自殺的程度，屬於重度抑鬱症患者。

9 李燾：《續資治通鑑長編》卷一八二，第四三九四頁。
10 以上並見李燾：《續資治通鑑長編》卷一八二，第四三九五頁。
11 李燾：《續資治通鑑長編》卷一八二，第四三九五頁。
12 李燾：《續資治通鑑長編》卷一八二，第四三九五頁。
13 李燾：《續資治通鑑長編》卷一八二，第四三九五頁。
14 李燾：《續資治通鑑長編》卷一八九，第四五六七頁。
15 李燾：《續資治通鑑長編》卷一九〇，第四五七九頁。
16 脫脫：《宋史》卷二四二〈周貴妃傳〉，第八六二三頁。
17 李燾：《續資治通鑑長編》卷一八九，第四五六三頁。
18 脫脫：《宋史》卷二四二〈周貴妃傳〉，第八六二三～八六二四頁。
19 李燾：《續資治通鑑長編》卷一八九，第四五六三頁。
20 司馬光：〈論董淑妃謚議策禮劄子〉，司馬光著，李之亮箋注：《司馬溫公集編年箋注》卷二四，成都：巴蜀書社，二〇〇八年，第二〇八頁。
21 以上並見李燾：《續資治通鑑長編》卷一八九，第四五六三頁。

3 警告司天官

文彥博意識到「惟十閤宮人」侍候的仁宗處境仍十分危險，政治陰謀與宮廷政變伺機而起，皇帝隨時可能被宣告暴崩。做為受恩於張貴妃的前朝宰相，文彥博抱定了不擇手段保護皇帝的決心。宰相府與樞密院討論後，一致認為只有宰執大臣們直接在宮中過夜才能保證皇帝的安全，但這是從來沒發生過的事情，看起來根本不可能做得到。為了向上天祈禱皇帝健康平安，文彥博宣布在皇城正殿大慶殿為皇帝舉行齋醮，宰執大臣都到現場值班監視，不分晝夜焚香祈禱，直到皇帝恢復健康為止；並在大慶殿的西廡殿安排臨時住宿，宰執大臣在那裡過夜值班。文彥博的安排無疑是向後宮宣告，全體宰執大臣密切監視后妃、宮女與宦官的一舉一動，警告宮中不要有任何輕舉妄動。此舉當然引起宮中的抗議，史志聰告訴文彥博「故事兩府無留宿殿中者」，沒聽說過宰相在皇城過夜，文彥博大義凜然地回覆「今日何論故事也」[22]，事關皇帝安危，管他有沒有先例，誰不讓宰執留宿皇城就是不想讓皇帝好好活著了。

第二天，「上疾小間，暫出御崇政殿以安眾心」[23]仁宗出宮露個面，向大臣們報了平安。第三天仁宗沒露面，宰執大臣們就要求進宮見皇帝，史志聰出來阻攔，和宰相富弼吵了起來，富弼斥責說：「宰相安可一日不見天子？」史志聰擋不住，宰執大臣們每天進入皇帝寢宮福寧殿的臥室報告政務，其他大臣也可以定期見皇帝。這樣過了五日，「自是上神思寖清寧，然始不語，輔臣奏事，大抵首肯而已。」仁宗的神志開始恢復，但整個人變得情緒低落，沉默寡言，臣僚們報告政務，他只是點頭默認而已。[24]直到這時，大慶殿的齋醮還在進行，再過五日決定停止齋醮時，宰執大臣們仍輪流在各自的辦公室值班。

《續資治通鑑長編》還記載了當時發生的一件怪事：

> 知開封府王素嘗夜叩宮門求見執政白事，彥博曰：「此際宮門何可夜開！」詰旦，素入白有禁卒告都虞候欲為變者，執政欲收捕按治。彥博曰：「如此，則張惶驚眾。」乃召殿前都指揮使許懷德問曰：「都虞候某甲者何如人？」懷德曰：「在軍職中最為良謹。」彥博曰：「可保乎？」曰：「然。」彥博曰：「此卒必有怨於彼，誣之爾，當亟誅之以靖眾。」眾以為然。時富弼以疾謁告，彥博請劉沆判狀尾，斬於軍門。彥博初欲自判，王堯臣捏其膝，彥博悟，因請沆判之。及上疾愈，沆譖彥博於上曰：「陛下違豫時，彥博斬告反者。」彥博以沆判呈上，上意乃解。

王素是前朝宰相王旦的兒子，《聞見近錄》作者王鞏的父親。他當時出任知開封府，某天夜晚有禁軍士兵告發軍隊將領準備造反，王素覺得事關重大，但宰執大臣都去為皇帝齋醮，無人在工作單位上，情急之下他連夜去宮禁敲門要求見宰執大臣彙報，但文彥博回覆說晚上不可能開宮門，將王素拒之門外。這個記載似乎說明當時宰執大臣（特別是文彥博）留宿於宮禁之內，而他即使遇到緊急事態也不願打開宮門，可能是擔心落入史志聰之流的調虎離山之計。第二天王素向文彥博報告此事時，其他人的意見是把被告發的人抓起來審訊，但文彥博擔心「如此，則張惶驚眾」[25]引起驚慌混亂。於是在得到禁軍負責人許懷德擔保被告發者不會有問題的情況下，做了一個非常大膽的決定，非但沒有抓捕被告，反而以誣告罪直接將原告誅殺平息事態。文彥博的意見得到大家的贊同，本來他想直接簽署命令處決原告，參知政事王堯臣感覺不太對勁，偷偷地捏了文彥博的膝蓋，文彥博醒悟過來，請其他宰相簽署處理意見。當時有三位宰相，富弼那天請病假，就請另一位劉沆批示。等仁宗病好了之後，劉沆告發文彥博趁皇帝生病時「斬告反者」，文彥博呈上劉沆簽署的批示，仁宗才沒有追究。

這個故事中，文彥博從頭到尾都認為是宮中有人給他下圈套，而他擔心自己離開一步，仁宗就性命難保。但曹皇后究竟有無政治陰謀，仍需要史料的佐證。《涑水記聞》接著又記載：

後數日，二人又上言請皇后同聽政，亦繼隆所教也。史志聰等以其狀白執政，彥博視而懷之，不以示同列。

這條資料後來被《續資治通鑑長編》及《宋史・文彥博傳》採用，說明並沒有被當成無稽之談來對待。這裡講內侍武繼隆指使司天官提出「請皇后同聽政」，然後由史志聰把這個提議轉告給文彥博。文彥博當然破壞了這個陰謀，只是手段比較奇怪，他沒有直接駁斥史志聰，而是私下把兩位司天官召來以刑誅相威脅：

天文變異，汝職所當言也，何得輒預國家大事？汝罪當族！[26]

司天官受到驚嚇之後，文彥博只是要求不得再發表類似言論：「觀汝直狂愚耳，未欲治汝罪，自今無得復爾。」後來向同僚解釋為何未予治罪時，文彥博說：「斬之則事彰灼，中宮不安。」不想把這件事公開化引起皇后的擔憂。[27]這個講法將「請皇后同聽政」的圖謀直指曹皇后本人，而臣僚對於皇后只能透過勸諫與警告平息政治陰謀，否則不是臣僚獲罪就是引發進一步政治危機。

「同聽政」意味著曹皇后試圖趁仁宗生病之際掌握政權，與仁宗呼喊「皇后與張茂則謀大逆」相呼應，對於準確理解仁宗去世後的政治危機也有重大意義。因這個階段的宮廷鬥爭，仁宗堅持把生育控制在張貴妃的妹妹及養女（十閤）範圍之內，而曹皇后對生育絕望之後，直接圖謀「同聽政」，仁宗便依賴與張貴妃關係密切的宰相文彥博挫敗曹皇后的圖謀。表面上看雙方形成了僵持局面，但仁宗與十閤只生育皇女而未見皇嗣，同時身體每況愈下，最終在壽命競爭中完全敗下陣來。

22 李燾：《續資治通鑑長編》卷一八二，第四三九五頁。
23 李燾：《續資治通鑑長編》卷一八二，第四三九五頁。
24 李燾：《續資治通鑑長編》卷一八二，第四三九六頁。
25 以上並見李燾：《續資治通鑑長編》卷一八二，第四三九六頁。
26 以上並見司馬光《涑水記聞》卷五，第九七頁。
27 司馬光：《涑水記聞》卷五，第九八頁。

4 奇怪的生育史

如果曹皇后的圖謀是同聽政，那麼理想的狀態是讓仁宗長期神志不清。文彥博能盡心竭力保護仁宗，應該與張貴妃有很大關係。更重要的是，這時前朝臣僚也不接受皇后同聽政的局面，無法容忍宋朝出現第二個章獻明肅劉皇后，當時臣僚集團的一致意見是趕緊立宗室為皇嗣。

臣僚的立嗣請求從張貴妃去世的至和元年就已出現，嘉祐元年仁宗昏亂之後更是成篇累牘。據說仁宗生病不能視朝時，一度答應立嗣，宰相府都把文件起草好了，但後來仁宗病癒就不了了之：

上始得疾，不能視朝，中外憂恐。宰相文彥博、劉沆、富弼勸帝早立嗣，上可之。參知政事王堯臣之弟純臣為王府官，數與堯臣言宗實之賢，堯臣以告彥博等。彥博等亦知宗實上意所屬，乃定議，乞立宗實為嗣，既具稿，未及進而上疾有瘳，其事中輟。[28]

到了五月，知諫院范鎮忍不住又請立嗣。六月，殿中侍御史趙抃與殿中丞司馬光先後上疏請立嗣，范鎮借水災再請立嗣。七月，宰執大臣開始討論建儲問題，然後出現了一些奇怪的議論：

文彥博、富弼等之共議建儲，未嘗與西府謀也，樞密使王德用聞之，合掌加額，曰：「置此一尊菩薩何地？」或以告翰林學士歐陽修，修曰：「老衙官何所知？」[29]

文彥博與富弼是宰相，他們共議建儲，但是沒有與西府（樞密院）商議。樞密使王德用聽說了此事，拍拍腦袋說「置此一尊菩薩何地」，應是抱怨宰相們把他這個樞密使當成不管事的泥菩薩。有人把這句話轉告翰林學士歐陽修，歐陽修罵了王德用一句「老衙官何所知」，意思是軍頭出身懂什麼事，然後又上疏請立嗣。歐陽修的奏疏長篇大論，知制誥吳奎與殿中侍御史呂景初也跟著歐陽修請立嗣。八月、九月司馬光、范鎮又繼續上疏。十一月，范鎮直接向仁宗抱怨「臣前後上章凡十九次」為何沒有答覆，這樣的話他只好辭職了，弄得仁宗傷心起來邊哭邊說，范鎮你講得都對，但「當更俟三二年」再等我兩、三年吧。[30]嘉祐二年（一〇五七）八月，歐陽修趁著說仁宗皇長女出嫁的事情，又提起立嗣的問題。嘉祐三年（一〇五八）二月，原說皇帝應想辦法繼續生的太常博士吳及也提請領養一個宗室以防不虞。六月，權知開封府包拯直接請立太子，仁宗問你想立誰呀，嚇得包拯說：「陛下問臣欲誰立，是疑臣也。」仁宗於是說這個問題以後會討論。[31]

嘉祐三年下半年情況出現了一些變化，先是十月仁宗突然提出要為廢后郭氏在景靈宮建立影殿，以供奉郭氏的遺像，仍是對曹皇后表達不滿的一種形式，卻被歐陽修駁了回去。然後應天府的提點刑獄韓宗彥突然上書「請修胎養令」，「蓋人君務蕃毓其民，則天亦昌衍其子孫，理固然也。」意思是皇帝要想辦法讓老百姓多生育，自己才能多子多孫。韓宗彥的話說得很奇怪，但重要的是他的奏疏中出現了這麼一句話：

> 近聞後宮就館者有二，則嗣續之報將在今日，詎知非廣惠濟民之意有所感發哉。[32]

原來韓宗彥是聽說宮中周氏、董氏兩位宮女懷孕了，果然嘉祐四年四月董氏生育皇九女，五月周氏生育皇十女。仁宗證明自己仍有生育能力，立嗣的聲音自然消停下去。但嘉祐五年（一〇六〇）至嘉祐六年，董氏與周氏又為仁宗生育三位皇女，皇嗣仍然毫無著落。有位小官職方員外郎張述上書，竟說皇帝生的兒子早早就死了，現在又只生女兒，看來沒有兒子是天意，還是趕緊立嗣為妙：

陛下昔誕育豫王，若天意與陛下，則今已成立矣。近聞一年中誕四公主，若天意與陛下，則其中有皇子也。上天之意如是矣，陛下合當悟之。陛下在位四十年，當其安寧萬歲時，宜審擇藝祖、太宗賢子孫，且立為皇子。[33]

張述的上書被宰相富弼大罵了一頓，富弼還提醒仁宗以保重身體為第一要務，現在宮中爭著想給皇帝生兒子，要是把皇帝身體弄壞可就糟了。

嘉祐六年七月，董氏生下皇十三女，此後仁宗再無生育。兩個月後皇十三女夭折，司馬光當即上書再請立嗣。這年九月，司馬光、呂誨連番上書催促立嗣，司馬光還當面警告仁宗，現在有些奸邪表面上哄皇帝「春秋鼎盛，子孫當千億」，其實「小人無遠慮，特欲倉卒之際，援立所厚善者爾」。盼著一直不立嗣，一旦皇帝突然去世，他們就可以為所欲為了。仁宗這才有所醒悟，立即下令宰相府討論該問題，司馬光又跑到宰相府對韓琦說：「諸公不及今議，異日夜半禁中出寸紙以某人為嗣，則天下莫敢違。」宰執大人趕緊寫報告請皇帝立嗣，萬一皇帝在後宮被害了，再傳出一份文件說是皇帝親筆指定立誰，到時候沒人敢說半個不字，嚇得宰執們紛紛表態「敢不盡力」，一定全力以赴！[34]

於是韓琦等宰執大臣拿著司馬光、呂誨請求立嗣的奏疏準備上朝進奏。奏疏還沒打開，仁宗早知道他們要說什麼，直接說「朕有此意多時矣，但未得其人」，立嗣的問題考慮過了，只是沒有想好合適的人選，然後問「宗室中誰可者」？韓琦說：「此事非臣下敢議，當出自聖擇。」繼位人選不是臣下該討論的，得由您自己決定。仁宗說，以前宮中領養過兩個，年紀小的那個不夠聰明，「大者可也」年紀大的那個還行。年紀大的就是趙宗實，今年三十多了。於是立嗣問題便議定了，退朝時韓琦害怕有反覆，又說這事關係重大，要不皇帝今天晚上再想想，我們明天再來跟您確認。第二天再次討論，仁宗「決無疑也」態度堅決。韓琦說，那麼宰相府討論先給趙宗實授個什麼官職。當時趙宗實在為父親趙允讓服喪，韓琦等提出先任命趙宗實為泰州防禦使、知宗正寺。仁宗說「如此甚好」這個辦法不錯。韓琦擔心曹皇后與宦官們還會搗鬼，又說這事如果再有反覆會惹出很大麻煩，如果您真想清楚了，要不再從宮內寫個親筆的批示出來，仁宗說：「此豈可使婦人知之，只中書行可也。」這事就不要讓宮裡的女人知道了，你們辦就行了。[35]於是，嘉祐六年十月，宋廷下詔，任命趙宗實為泰州防禦使、知宗正寺。

28 李燾：《續資治通鑑長編》卷一八二，第四四〇六頁。
29 李燾：《續資治通鑑長編》卷一八三，第四四二四頁。
30 李燾：《續資治通鑑長編》卷一八四，第四四五四頁。
31 李燾：《續資治通鑑長編》卷一八七，第四五一三頁。
32 李燾：《續資治通鑑長編》卷一八八，第四五四二頁。
33 張述：〈上仁宗乞擇藝祖太宗子孫立為皇子〉，趙汝愚編、北京大學中國中古史研究中心校點整理：《宋朝諸臣奏議》卷三十一，第三〇一頁。
34 李燾：《續資治通鑑長編》卷一九五，第四七二三頁。
35 李燾：《續資治通鑑長編》卷一九五，第四七二七頁。

第十一章——廢立疑雲

1 宋英宗的精神病

經過仁宗與韓琦的商議，立嗣問題似乎大局已定，接下來就是英宗順利繼位。但宮廷鬥爭卻沒有結束，英宗繼位的過程異常曲折。首先，趙宗實連上十八表推辭知宗正寺的任命。直到嘉祐七年七月，右正言王陶出面說：「言宮嬪、宦官有以上惑聖聰，而使宗實畏避不敢前。」後宮還有人在搗鬼，趙宗實才不願意接受任命；再說如果有誠意，也不該只給個宗正官的名頭吧，顯得皇帝還沒拿定主意，人家拒絕也是可以理解的。仁宗說，那要不換個職位給趙宗實，於是韓琦等宰執大臣開始討論立趙宗實為皇子。八月，決定立趙宗實為皇子，並賜名趙曙。但「皇子猶堅臥稱疾不入」[1]，趙曙仍然拒不接受。

這時為趙曙起草辭表的記室周孟陽來問：「太尉獨稱疾堅臥，其義安在？」都立皇子了，為什麼還要拒絕呢？趙曙說：「非敢邀福，以避禍也。」擔心不是什麼好事情，說不定惹來災禍呢。周孟陽就說：「主上為萬世計而立為子矣。今固辭不拜，假如得請歸藩，遂得燕安無患乎？」你擔心當皇子會惹禍，現在這種情況，如果皇帝說你既然拒絕那就算了，你覺得是福是禍呢？趙曙一想那麻煩可就大了，嚇得趕緊從床上爬起來說：「吾慮不及此。」[2]我怎麼沒想到呢。

史書描寫趙曙入宮當皇子的情形：

良賤不滿三十口，行李蕭然，無異寒士，有書數廚而已。中外聞之相賀。[3]

趙曙入宮不到半年，嘉祐八年（一〇六三）二月，仁宗再次病倒，三月二十九日就突然去世了。奇怪的是，仁宗去世前七天身體還明顯好轉，大臣們都拜表稱賀。去世那天也沒有任何徵兆，晚上初更時（八點左右）忽然起來「索藥甚急」，同時召見曹皇后。曹皇后見到仁宗時，「上指心不能言」，仁宗已無法說話，接下來「召醫官診視，投藥、灼艾，已無及」[4]，緊急醫療已無濟於事，夜半時就去世了。隔天，宰執大臣們來到皇帝的寢殿才知道仁宗已去世，曹皇后召皇子趙曙入寢殿繼承皇位。趙曙表現得很驚恐，邊逃邊喊：「某不敢為！某不敢為！」宰執大臣們只好一擁而上把趙曙抓住，有的給他解髮更換冠冕，有的給他穿黃袍，然後召集禁軍將領與宗室大臣宣布皇子繼位。這時負責以仁宗名義起草遺詔的翰林學士王珪也驚嚇不已，一時竟不知道該如何下筆，還是韓琦提醒起頭應寫「大行在位凡幾年」。[5]因事先不知仁宗駕崩，宰執大臣就穿著上朝的吉服舉行了仁宗的喪禮與新皇帝的登基儀式。

趙曙（宋英宗）繼位還算正常，「輔臣奏事，帝必詳問本末，然後裁決，莫不當理，中外翕然，皆稱明主。」剛開始處理政務也非常順利。但三天後，「是日晚，忽得疾，不知人，語言失序。」[6]新皇帝就病得不省人事了。病症與嘉祐初年仁宗的情況相似，而英宗得病的結果是「丙子，尊皇后曰皇太后」，「壬午，輔臣入對於柔儀殿西閤，皇太后御內東門小殿，垂簾聽政。」[7]曹太后垂簾聽政可以理解為英宗得病的緊急措施，但也可以與仁宗得病時，宦官「請皇后同聽政」聯繫起來理解。接下來史書的記載表明，曹太后當時考慮過廢黜新繼位的英宗，只是韓琦極力阻止才沒有得逞。「上疾增劇，號呼狂走，不能成禮。」[8]英宗病情很快惡化，以至於無法為仁宗舉行喪禮中的「大斂」儀式。宰相韓琦只好抱著英宗把他交給後宮看護，然後向曹太后報告英宗的病情。韓琦與曹氏商議由太后與皇帝共同處分政務。這時司馬光上疏提醒曹太后要保護皇帝的生命安全，不然曹氏也不得安寧：

若趙氏安，則百姓皆安，況於曹氏，必世世長享富貴明矣。趙氏不安，則百姓塗地，曹氏雖欲獨安，其可得乎！[9]

這兩句話聽起來有曹太后會對英宗不利的感覺。到了六月，侍御史呂誨聽說英宗拒絕服藥，上疏表示擔憂，而宰相韓琦不得不親自端著藥杯請皇帝口服，英宗經常沒喝完就扔還，藥湯灑出來還把韓琦的衣服弄髒了。

這時曹太后以英宗病得無法理政為由，提出廢立之議。司馬光再次上疏，「臣愚竊惟今日之事，皇帝非皇太后無以君天下，皇太后非皇帝無以安天下，兩宮相恃，猶頭目之與心腹也。」指出皇帝與皇太后必須相互依賴扶持，不然勢必兩敗俱傷而造成政治危機。司馬光的言論並非危言聳聽，《續資治通鑑長編》記載到此，又引用韓琦家中文獻指出英宗的病因：

帝初以憂疑得疾，舉措或改常度，其遇宦官尤少恩，左右多不悅者，乃共為讒間，兩宮遂成隙。[10]

所謂宦官「少恩」、「讒間」，應是請曹太后垂簾聽政或把英宗廢黜之類的議論。這種議論早在趙曙立為皇子時即經常出現，英宗親政之後，富弼奏議說：「竊聞陛下初立為皇子，召居禁中，其時先帝為左右奸人所喋，不無小惑。」還描述他以皇子入宮後所遭遇的種種不堪待遇，不但「內外之人，以至陛下舊邸諸親，無一人敢通信問者」，無人理睬他，甚至「陛下飲食悉皆闕供，皇太后亦不敢明然主之，但曉夕惶恐，百方為計，偷送食物之類者甚多」[11]，餐飲供應也成問題，曹皇后只好偷偷派人給英宗送來食物。英宗入宮的具體處境還需進一步研究，但富弼描述的情形足以讓英宗憂懼萬分、怨恨不已。

曹太后拿廢黜英宗的想法直接和韓琦等大臣商議，遭到韓琦等人的強力反對。韓琦嚴厲警告曹太后，大臣們必須在前朝見到皇帝，皇帝在後宮若有個三長兩短，必須由太后負責，到時候誰也不能保證太后的安穩：

> 臣等只在外見得官家，內中保護，全在太后。若官家失照管，太后亦未安穩。

這樣的警告無異於為了保護皇帝的安全，宰執大臣們已不惜正面與太后展開鬥爭，嚇得曹太后趕忙表態：「相公是何言！自家更切用心。」後宮會精心照料皇帝。韓琦反脣相譏說：「太后照管，則眾人自然照管矣。」太后如果不上心，其他人根本不會照看皇帝。韓琦當面質疑曹太后對英宗不利，嚇得「同列為縮頸流汗」。有人問韓琦你這麼說是不是太過分了。韓琦毫不含糊地說：「不如此不得。」[12]否則再死一個皇帝也不是不可能。

1 李燾：《續資治通鑑長編》卷一九七，第四七七一～四七七六頁。
2 李燾：《續資治通鑑長編》卷一九七，第四七七七頁。
3 李燾：《續資治通鑑長編》卷一九七，第四七七七頁。
4 李燾：《續資治通鑑長編》卷一九八，第四七九二頁。
5 李燾：《續資治通鑑長編》卷一九八，第四七九三頁。
6 李燾：《續資治通鑑長編》卷一九八，第四七九五頁。
7 李燾：《續資治通鑑長編》卷一九八，第四七九五～四七九七頁。
8 李燾：《續資治通鑑長編》卷一九八，第七九五頁。
9 李燾：《續資治通鑑長編》卷一九八，第四八〇一～四八〇二頁。
10 以上並見李燾：《續資治通鑑長編》卷一九八，第四八一五頁。
11 富弼：〈辭定策遷官奏〉，曾棗莊、劉琳主編：《全宋文》第二十八冊，第三四六頁。
12 以上並見李燾：《續資治通鑑長編》卷一九八，第四八一五頁。

2 漢朝昌邑王

英宗的病因其實就是後宮有廢立之議，還傳言他在後宮的各種錯，讓朝臣們感到非常困惑。韓琦識破後宮的圖謀，斷然不信這些傳言，說：「豈有殿上不曾錯了一語，而入宮門即得許多錯！固不信也。」[13]哪有在前朝一切正常，到了後宮就變成另一個人的事情。在韓琦、司馬光等人對曹太后的嚴厲警告下，英宗的疾病似乎沒有大礙，到了七月便可以重新上朝聽政了。但英宗的狀態很奇怪，他對任何事情都不做決定、不置可否，司馬光說：「陛下踐祚以來，於今五月，深執謙巽，端拱淵默，群臣奏事，一無可否，中外之情，深為鬱鬱。」[14]臣僚們看出來英宗的疑慮並沒有消除，御史中丞王疇說：「願陛下釋去疑貳，日與二府講評國論，明示可否」。[15]

嘉祐八年十月，仁宗皇帝下葬，英宗與曹太后迎來決戰時刻。先是十一月司馬光向曹太后上書，再次警告兩宮不要再鬧矛盾，否則會弄得朝內朝外無法收拾：

方今仁宗新棄四海，皇帝久疾未平，天下之勢，危於累卵，惟恃兩宮和睦以自安，如天覆而地載也，豈可效常人之家，爭語言細故，使有絲毫之隙，以為宗廟社稷之憂哉！[16]

同時也提醒英宗不能和曹太后鬧脾氣。但這些勸諫基本無效，英宗還是不斷冒犯曹太后，讓曹太后無法忍受，「左右讒間者，或陰有廢立之議。」[17]宦官們又趁機勸曹太后重新廢立皇帝。韓琦處理完仁宗的喪禮回到朝廷，曹太后就派宦官交給韓琦一封文書，羅列了英宗在宮中的各種過失，其實是正式向宰相提出廢黜英宗的要求。韓琦一看，當著宦官的面把這封文書給燒了，然後讓宦官回覆曹太后，不是說皇上病了神志不清嗎？生病時有些胡言亂語不是挺合理嗎？韓琦家傳中的版本是宦官拿著英宗手寫的幾張歌辭給韓琦看，韓琦當場燒掉了，歌辭的內容大概是詛咒曹太后。

曹太后垂簾聽政時，再次向韓琦等哭訴英宗的過失，「老身殆無所容，須相公作主！」[18]韓琦仍說是病中胡言，不必在意，惹得曹太后很不高興。這情節在韓琦家傳中更加露骨，說曹太后向韓琦請教漢朝昌邑王的故事：「漢有昌邑王事如何？」昌邑王就是西漢當了皇帝又被霍光廢黜的海昏侯劉賀，曹太后這麼問自然是暗示要廢黜英宗，而韓琦明知故問是哪個昌邑王，因漢朝有兩個昌邑王，劉賀的王爵是從他父親劉髆繼承來的。曹太后被問住了，倒是韓琦追問是不是宮裡有人向曹太后說了什麼，怎麼會突然問這個問題呢？曹太后忙說沒有。過了幾天，曹太后又說英宗的病萬一治不好怎麼辦呢？韓琦說當今皇上有好幾個兒子，當然是長子繼位當皇帝，這有什麼好擔心的。曹太后聽了很不情願，「含怒」說：「尚欲舊窠中求兔耶！」[19]難道只能從他家挑人當皇帝嗎？

除了韓琦，歐陽修也極力勸慰曹太后，說連驕恣任性的溫成皇后都能忍，怎麼容不下自己的兒子呢？這話讓曹太后心裡舒服多了，接著他又提醒曹太后廢立之事萬不可行，太后一介女流，他們幾個又是手中不掌握軍隊的文臣，所有權力的合法性來源都是繼承仁宗，怎能隨便廢黜仁宗皇帝生前選立的皇嗣呢？真的走到那一步恐怕會惹怒全天下的人，有萬劫不復的災難：

> 今太后深居房帷，臣等五六措大爾，舉動若非仁宗遺意，天下誰肯聽從！[20]

這番話說得曹太后沒有絲毫反駁的空間。

另一方面，英宗也向韓琦告狀，說「太后待我無恩」，韓琦拿聖君舜的故事教育英宗，極力調和兩宮關係。韓琦、歐陽修等宰執大臣沒有給曹太后任何廢立皇帝的機會，等到第二年，英宗的健康自然恢復了，司馬光、呂誨等就提出皇帝應該親政。曹太后好幾次表態說我該撤簾了，但英宗一直表示不同意太后撤簾。皇帝與太后都故作姿態，撤簾之事就陷入了僵局。結果韓琦和曹太后說自己要辭職不幹了，曹太后知道韓琦撂挑子是逼她撤簾，只好說你走還不如我走，說完就離身而去。韓琦毫不客氣，曹太后身影還沒完全消失就將垂簾撤了下來。英宗終於得以親政。

13 李燾：《續資治通鑑長編》卷一九八，第四八一五頁。
14 李燾：《續資治通鑑長編》卷一九九，第四八二五頁。
15 李燾：《續資治通鑑長編》卷一九九，第四八二七～四八二八頁。
16 李燾：《續資治通鑑長編》卷一九九，第四八三三頁。
17 李燾：《續資治通鑑長編》卷一九九，第四八三八頁。
18 李燾：《續資治通鑑長編》卷一九九，第四八三八頁。
19 《韓魏公家傳》卷五，韓琦撰，李之亮、徐正英箋注：《安陽集編年箋注》，成都：巴蜀書社，二〇〇〇年，第一八一三頁。
20 李燾：《續資治通鑑長編》卷一九九，第四八三八頁。

3 仁宗遺腹子

史書上關於曹太后垂簾聽政的記載足以說明廢立計畫確實存在，只是被韓琦、司馬光等前朝大臣強力阻止。但難以理解的是，曹太后難道還有人選可以取代英宗嗎？《邵氏聞見錄》記載韓琦勸阻曹太后時曾拋出一句話：

> 自家無子，不得不認。[21]

這是致命一擊，理論上，曹太后試圖廢黜英宗的訴求無非是長期聽政，而仁宗沒有子嗣，必須過繼宗室，但英宗繼位時年齡已三十有餘，在兄弟中排行十三，曹太后幾乎找不到比英宗更年幼的繼承人，哪怕讓英宗長子直接繼位也是虛齡十六歲的準長君。既然如此，曹太后又何必如此大費周章呢？難道她真的有取代英宗的人選嗎？這個問題讓人聯想到當時的另一樁謎案——私身韓蟲兒懸案。

歐陽修文集中記載了仁宗病倒之前的上元節（正月十五）發生的一件怪事。[22]上元節的京城彩燈如雲，熱鬧非凡，那年也不例外，按慣例，皇帝會於正月十四那天從清晨開始遊歷京城的宮觀寺院，然後賜從臣飲酒，一直遊玩至夜暮時分返程，在宣德門與從臣繼續觀燈喝酒才結束一天的遊樂。那年仁宗的健康已出現問題，正月十四日早上沒有出門，到了傍晚才稍往慈孝寺、相國寺遊歷觀燈，然後返回端門賜從臣飲酒。但那天之後仁宗就病倒了，宮廷內外探究皇帝的病因，並開始出現一則傳聞：前一年十二月某天，仁宗在宮中閒來無事，看到一名宮女在井邊打水，不知是幻覺還是神蹟，他看見一條小龍纏繞著井繩爬了出來。仁宗和旁邊的人說怎麼有條龍呢？旁人都說沒看見。仁宗愈加好奇，他想莫不是上天給他的某種預兆，於是召見了這位宮女。

這名宮女是宮正柳瑤真的私身，名叫韓蟲兒，宮正是管理宮女紀律的女官，私身是這些女官的服侍人員。接著仁宗與韓蟲兒有次單獨偶遇，便「召而幸之」，並讓韓蟲兒懷孕了。韓蟲兒後來說仁宗寵幸之後，從她手臂上取走一只金鐲子，還說你應該會生下男嬰，到時我就用這個證明你生的是皇子。這是歐陽修聽到的傳聞，還說仁宗當時把金鐲子交給親近的內侍黎永德保管。但寵幸了韓蟲兒，上元節後的二十七、二十八日之間，仁宗突然變得畏寒，上朝時需要在殿中燃起爐火禦寒，這是從來沒發生過的事情，且兩個月後仁宗便去世了。

仁宗去世、英宗繼位的整個過程都算順利，沒有人提出異議，偏偏這位韓蟲兒說：「大行嘗有遺腹子。」[23] 她肚裡懷著仁宗皇帝的遺腹子，而且會在八、九月間出生。九月十七日，歐陽修當天請病假，晚上宮中傳出有三個宮女被送到內侍省接受調查，同時派了十餘位產科醫官、產婆等進入內侍省。九月十九日，歐陽修上朝快結束時，曹太后命令內侍把韓蟲兒案的卷宗拿給宰相府，歐陽修等人閱讀卷宗，調查結果說整個故事都是韓蟲兒編造的，韓蟲兒並未懷孕，金鐲子被她自己埋藏起來，這麼做的動機只是避免被「養娘笞捶」並能吃到較好的食物，因自從韓蟲兒自稱懷孕，宮中每日為她特供食品，但直到臨產還不見生育，她的謊言才被揭穿。歐陽修當時說韓蟲兒的事外間早就傳得沸沸揚揚，現在當然要公布真相制止謠言，韓蟲兒也不能再留在宮中。曹太后贊同這個意見。第二天歐陽修見到入內都知任守忠，任守忠說韓蟲兒被打了二十杖，送到承天寺當奴婢去了。

歐陽修的記載只能說明當時的確發生了韓蟲兒遺腹子這樣一樁奇案，不見得提供了全部的真相。首先，韓蟲兒謊言被揭穿的嘉祐八年九月，正是英宗病情時好時壞極不穩定、已上朝但不願發表任何意見的時候。也就是說在此之前韓蟲兒的謊言並沒有被揭穿，英宗面臨著仁宗遺腹子即將誕生的局面。其次，《宋史》記載那位打了韓蟲兒的任守忠曾對仁宗立英宗為皇子提出異議，「居中建議，欲援立昏弱以徼大利」，等英宗繼位後又是任守忠「語言誕妄，交亂兩宮」，即任守忠是曹太后廢立計畫的主謀。「司馬光論守忠離間之罪，為國之大賊，民之巨蠹，乞斬於都市。」司馬光說任守忠該當死罪，韓琦也說「汝罪當死」，最後因任守忠與曹太后關係緊密，以「蘄州安置」了事。[24]更重要的是，韓蟲兒假懷孕不可能至臨產才被揭穿，她的遺腹子若是騙局就必有同謀，甚至可以說只有獲得曹太后的默許，這個騙局才能延續將近六個月，而除了以仁宗遺腹子取代英宗之外，這個騙局就顯得毫無意義。

從邏輯上講，無論韓蟲兒案的真相如何，只要這個案件本身客觀存在，所謂的仁宗遺腹子就是曹太后試圖長期聽政的工具。而所謂韓蟲兒案被揭穿，也不過是韓琦、歐陽修等人抗爭讓曹太后放棄了這個荒唐的計畫，韓琦那句「自家無子，不得不認」未必是泛泛而談。

21 邵伯溫：《邵氏聞見錄》卷三，第二一頁。

22 彭康《編外的後宮：北宋宮廷養女》辨析了司馬光與歐陽修關於韓蟲兒案的記錄，認為司馬光對案情頗有回護，歐陽修的記載更為準確。第四二～四六頁。

23 歐陽修：《歐陽修全集》卷一一九〈奏事錄・又三事〉，李逸安點校，北京：中華書局，二〇〇一年，第一八四一頁。

24 脫脫：《宋史》卷四六八〈任守忠傳〉，第一三六五七頁。

4 太尉張茂實

在英宗承嗣、繼位及曹太后還政的過程中，韓琦與歐陽修、司馬光等緊密團結，而另一個宰輔大臣富弼的表現就顯得非常奇怪。富弼比韓琦更早當宰相，後來兩人並相，但因富弼服喪，直到英宗繼位後才重新回到朝中，而且只當上樞密使。《涑水記聞》記載，富弼因韓琦不和他討論曹太后還政的事情而鬧翻，當時韓琦解釋說：「此事當時出太后意，安可顯言於眾。」[25]曹太后臨時決定還政，談不上和誰討論的問題。

但事情遠不是那麼簡單。首先，《邵氏聞見錄》記載，韓琦等堅決與曹太后鬥爭時，富弼卻站在曹太后的立場來教訓英宗。「仁宗之立陛下，皇太后之功也。陛下未報皇太后大功，先錄臣之小勞，非仁宗之意也。」富弼的意思是英宗繼嗣出自曹太后的選擇，英宗能當皇帝應該感謝曹太后而不是韓琦等人。富弼還向英宗轉述，曹太后曾委屈地對富弼等人說「無夫婦人無所告訴」，意思是英宗欺負她這個寡母。不過《邵氏聞見錄》中，富弼有些表述似乎就是話中有話、弦外有音了：

方仁宗之世，宗屬與陛下親相等者尚多，必以陛下為子者，以陛下孝德彰聞也……非陛下有孝德，孰可居此？[26]

反反覆覆地說英宗有「孝德」才能當皇帝，話裡話外強調英宗想當穩皇帝，就必須聽曹太后的話。最值得注意是「宗屬與陛下親相等者尚多」這句，前面分析了英宗以外曹太后幾乎沒有可選的繼位人選，富弼竟說其他可當皇帝的人多的是，言下之意曹太后隨時可以換一個更聽話的繼位者。以這樣理解，富弼應該擁護曹太后繼續聽政，韓琦可能因此拒絕與富弼討論此事。

《邵氏聞見錄》稱富弼因此責罵韓琦「欲致弼於族滅之地」。這句話更有意思，如果在還政問題上有不同意見應該不至於「族滅」，有什麼可能導致富弼被「族滅」呢？富弼說英宗不是擔任皇帝的唯一人選，曹太后還政前曾有廢立計畫，富弼擁護曹太后繼續聽政，與曹太后立場一致，而且恐怕參與了廢立謀劃，只有這樣才談得上「族滅」。富弼哪來這麼大的底氣，既敢教訓英宗，又不惜與韓琦鬧翻，「富公求去益堅，遂出判河陽，自此與魏公、歐陽公絕」呢？甚至鬧翻之後，「後富公致政居洛，每歲生日，魏公不論遠近，必遣使致書幣甚恭，富公但答以老病，無書。魏公之禮終不替，至薨乃已。」韓琦對富弼始終畢恭畢敬，而富弼對韓琦一直不理不睬，以致《邵氏聞見錄》懷疑「豈魏公有愧於富公者乎？」[27]難道是韓琦有對不住富弼的地方。

關於這個問題，《聞見近錄》提供了更多資訊：「仁宗寢疾，時相富文忠密通意光獻立後，而慈聖意在英宗。」[28]原來嘉祐元年仁宗第一次病倒，臣僚們準備立英宗為皇嗣，當時富弼是宰相，整個事情就是他和曹皇后祕密商量的。史書明載是仁宗與韓琦議定立英宗為皇子，但英宗親政之後，富弼奏疏說是曹太后「密諭」立英宗：

恭惟先帝無子，立陛下為嗣，中外皆知當時盡出皇太后密諭，料陛下亦自知之。[29]

富弼指的應是嘉祐元年之事，後來仁宗在文彥博的保護下病癒，立嗣之事在當時就不了了之，但當時富弼把韓琦召來當樞密使，並把這個計畫告訴他。而後富弼服喪離開朝廷，這個過程中，韓琦等人催促仁宗立英宗為皇子，按《聞見近錄》的說法，富弼因這個問題對韓琦產生了很大的意見，表述也怪異：

富文忠尋亦憂去，忠獻乃立英宗為皇子。富文忠聞之不懌，以謂事固定，待有變而立可也。萬一有疑阻，則豈復得其人也。[30]

最初是富弼與曹皇后密議立英宗，但韓琦立英宗為皇子卻讓富弼不高興，因他覺得應在更緊急的情況下再立嗣。富弼的想法讓人難以理解，除非他認為最終決定皇儲人選的人應該是曹皇后而不是宋仁宗，如果這個假設成立，富弼對仁宗恐怕存在著某些不便公開的認知，也與韓琦抵制曹太后的「若非仁宗遺意，天下誰肯聽從」直接衝突。韓琦預立英宗是站在仁宗立場上的正確決策，而富弼那句「待有變而立可也」就顯出撇開仁宗而另有所待、隨機應變的意味。若要追問的是「方仁宗之世，宗屬與陛下親相等者尚多」指的究竟是誰，就要講到嘉祐年間發生在富弼身上的另一件怪事——御史中丞韓絳指控富弼與殿帥張茂實「交結有自」。

前面講過，《默記》記載：「張茂實太尉，章聖之子，尚宮朱氏所生。」[31]張茂實是真宗與尚宮朱氏所生。應是不為劉皇后所容，張茂實就交由宦官張景宗撫養成人，並一直享受朝廷的優厚待遇。由於史料中沒有留下張茂實生父的其他資訊，只是說張茂實「本周王乳母子，嘗養宮中，故往年市人以狂言動茂實，頗駭物聽」。[32]而仁宗對他的態度一直特別親切，目前無法證偽張茂實是真宗私生子的說法。仁宗朝張茂實官至馬軍副都指揮使，成為禁軍中仁宗親近信賴的重要將領。更奇怪的是，至和元年五月，張貴妃去世沒多久，開封府有位叫繁用的人不知出於何種目的，「扣茂實馬首，言茂實乃真宗子」[33]，嚇得張茂實趕緊把他押送到開封府去報案。結果繁用被送進牢城，張茂實也罷兵權而出守地方。這個事件在張貴妃、楊景宗去世以及富弼與曹皇后密謀立英宗先後發生，或許可以視為曹皇后清除仁宗勢力的一部分。

然而嘉祐四年，即仁宗與「十閤」再有生育活動時，張茂實又官復原職，「寧遠節度使張茂實為淮康節度使、馬軍副都指揮使。茂實前以嫌罷軍職，出典藩踰四年。朝廷察其無他，故復任之。」[34]《默記》又稱，這時期張茂實曾與富弼一起出使契丹，關係密切。《續資治通鑑長編》記載，嘉祐五年五月，權御史中丞韓絳被降職，原因是韓絳「彈奏宰臣富弼，且言張茂實人以為先帝子，而引用管軍，事密難測」。[35]富弼與張茂實「事密難測」的事情，應該就是《默記》所說「茂實出自宮中，跡涉可疑。富弼引以為殿帥，蓋嘗同奉使，交結有自」。[36]看來韓絳也說不清楚富弼與張茂實「交結有自」到底有什麼問題，但他明指張茂實這個人「出自宮中」，張茂實是真宗私生子的傳言並沒有被朝廷闢謠，無論他們到底是否有所密謀，「交結有自」都可能惹來極大的政治麻煩。到嘉祐六年，張茂實又因傳言被罷知曹州，劉敞提出的彈劾理由就是有傳言是真宗私生子的情況下，張茂實「備宿衛，典兵馬，適足以啟天下之惑，動天下之憂，甚非重宗廟，安臣民，備萬一之計」。[37]

《默記》還提到張茂實與英宗的緊張關係，英宗繼位後對張茂實「頗疏之」非常冷淡，張茂實還改名「張孜」以避「宗實」的諱[38]，「孜」可通「孳」，本義是生殖。英宗的態度與仁宗形成鮮明的區別，張茂實的墓誌銘記載，張茂實「最被仁宗知遇」，每次與親朋舊友說起他被逐出京城的事情就傷心落淚，說「主上實知我」[39]，皇帝知道他的真實情況。《默記》還說有人探望病中的張茂實時，看到他推起頭巾前額有角，「頭角巉然，真龍種也！」[40]

總之，現有史料無法排除張茂實是真宗私生子的可能性，而且仁宗似乎樂意承認這一點。如果這個假設成立，仁宗也可以選擇張茂實的兒子做為皇儲，從而排擠掉英宗。張茂實有七個兒子，《默記》特意提到幼子張詢「賢雅能詩」，暗示是仁宗立嗣的另一個人選，而且被富弼認真考慮過。[41]

25 李燾：《續資治通鑑長編》卷二〇一，第四八六六頁。
26 以上並見邵伯溫：《邵氏聞見錄》卷三，第二二頁。
27 邵伯溫：《邵氏聞見錄》卷三，第二二頁。
28 王鞏：《聞見近錄》，上海師範大學古籍整理研究所編：《全宋筆記》第二十冊，第六〇頁。
29 李燾：《續資治通鑑長編》卷二〇一，第四八七九頁。
30 王鞏：《聞見近錄》，上海師範大學古籍整理研究所編：《全宋筆記》第二十冊，第六〇頁。
31 王銍：《默記》卷上，第十五頁。
32 李燾：《續資治通鑑長編》卷一九三，第四六六九頁。
33 李燾：《續資治通鑑長編》卷一七六，第四二六一頁。
34 李燾：《續資治通鑑長編》卷一九〇，第四五九九頁。
35 李燾：《續資治通鑑長編》卷一九一，第四六二六頁。
36 王銍：《默記》卷上，第十五頁。
37 李燾：《續資治通鑑長編》卷一九三，第四六六九頁。
38 王銍：《默記》卷上，第十五頁。
39 鄭獬：《鄖溪集》卷二十〈贈太尉勤惠張公墓誌銘〉，四川大學古籍整理研究所編：《宋集珍本叢刊》第十五冊，第一八四頁。
40 王銍：《默記》卷上，第十五頁。
41 王銍：《默記》卷上，第十五頁

第十二章——宣仁之誣

1 高洮洮的哀怨

治平元年（一〇六四）曹太后撤簾，英宗開始親政。但皇帝與太后的衝突並沒有隨之迅速化解，司馬光與富弼還花了長時間做協調工作，此後的「濮議」也是這一衝突的延續。在英宗與曹太后的衝突中，原來曹皇后的養女、這時英宗的皇后高洮洮又是怎樣的處境呢？這時高皇后滿腹怨恨卻無人可訴說，這種處境很大程度上將決定宋朝今後的命運。

首先她怨恨曹太后。曹太后與英宗的衝突中，高皇后勢必處於「裡外不是人」的狀態。做為皇帝的妻子以及曹太后的兒媳婦、外甥女、養女，高皇后應該希望調和曹太后與英宗的關係。但曹太后還政之後，高皇后顯然受到冷遇，以至於司馬光直接給曹太后上了一道奏疏要求她善待皇后。司馬光說：「皇后自童孺之歲，朝暮遊戲於殿下之懷，分甘哺果，拊循煦嫗，有恩無威。」皇后自幼由曹太后帶大，原是親密無間的，「今既正位中宮，得復奉膳羞盥帨以事殿下。」現在理應照顧皇太后的飲食起居，但「其意恃昔日之愛，不自疏外，猶以童孺之心望於殿下」，可能因以前太過親密，現在禮節上有些不夠周全。這種情況下，「或有所求須，不時滿意，則慍懟怨望，不能盡如家人婦姑之禮。殿下雖怒之責之，固其宜也，誰曰不可。」曹太后教訓高皇后也是理所當然的，但是也不能因此把一家人的關係弄到破裂的地步，「但事過之後，殿下若遂棄之，不復收恤，憎疾如仇讎，則臣以為過矣。」教訓之後也需要有所撫慰。司馬光說他聽到傳聞，英宗親政之後，他與高皇后對曹太后「恭懃之禮甚加於往時」，比往常更加謹慎周全，但「殿下遇之太嚴，接之太簡，或時進見殿下，雖賜之坐，如待疏客，言語相接，不過數句，須臾之間，已復遣去」[1]，曹太后對他們則過於冷淡。司馬光之意當然是勸和，但這份奏疏顯示曹太后因撤簾之事大為懊惱，連帶對皇帝、皇后強烈不滿。

如果只是如此，皇家的婆媳矛盾不過是一時之事，終將隨著時間流逝而化解，但高皇后對曹太后的怨恨可能不止於此。蔡絛的筆記《鐵圍山叢談》記載了治平年間一個流傳甚廣的宮廷軼聞，說高皇后對英宗看管得十分嚴格，不讓他親近寵幸任何嬪妃，以至曹太后都看不下去了，有天讓親近之人來勸高皇后不要這樣對待皇帝。高皇后一聽就不高興了，而她的答覆可謂道盡了幽怨：

奏知娘娘，新婦嫁十三團練爾，即不曾嫁他官家。[2]

高皇后說她只嫁給了排行十三的團練使趙宗實而已。這句話包含多層怨恨之情：官家是宋朝對皇帝的習稱，高洮洮明明嫁給了宋英宗，怎麼能說「不曾嫁他官家」呢？因她和趙宗實結婚時，他連皇子都不是，只是個宗室小官。但最後在曹太后的密謀下成了官家，高洮洮不是應該喜不自勝嗎？曹太后理應聽得懂弦外之音，高洮洮說的官家先是指宋仁宗，因當年曹皇后收養高氏，原意是進御於仁宗，如果能生下子嗣，現在繼位的應是仁宗與高氏的親生兒子。這句話的第一層意思是怨恨曹氏當年與張貴妃的宮鬥中一敗塗地，連帶養女高洮洮被送出宮賜婚嫁給了「十三團練」，對於高洮洮而言應是一種極大的羞辱，實際地位也可能一落千丈。

然而高洮洮所嫁的十三團練畢竟成為了皇帝，但她偏說「不曾嫁他官家」，其中又包含著十三團練是不是官家的問題。可以想像高皇后在曹太后謀劃廢黜英宗那段時間經受了怎樣的煎熬，就不會覺得這樣的怨恨有多突兀。所以這句話也可理解成英宗在曹太后眼中到底算不算是一個皇帝？而高洮洮這個皇后在曹太后眼中到底又算什麼？這是高皇后對曹太后的第二層怨恨。

從收為養女到送出宮，從再次入宮到廢立之議，曹氏從未在乎過高氏，高氏只是曹氏的工具人。這個過程中，高氏先成為仁宗的棄婦，再成為地位低微十三團練的家婦，她對仁宗應該也是一片怨恨，對英宗則可能相當鄙夷。高氏入宮前為英宗生下四子，其中三子健康成長，如果高氏不是因仁宗怨恨曹皇后而被連帶嫌棄，宋朝的皇位繼承可能就不會出現任何問題。此後的種種政治危機，高氏都可理解為宋廷虧欠她而付出的代價。至於她不讓英宗幸御其他嬪妃，既然高氏當年所嫁並非官家，今日英宗也沒必要以官家身分改變與她之間的契約。

何況當年仁宗御女無數卻無子嗣，今日英宗三子長成，又何必再有侍御？若與其他嬪妃生育究竟是福是禍？曹太后既無子嗣，又因與張貴妃宮鬥而製造種種政治危機，難道還有資格干預英宗的後宮生活？這可理解為高氏對曹氏的第三層怨恨。

英宗雖然親政，卻在濮議的爭吵中不得安寧，政治上尚未有所施展，治平四年（一〇六七）正月便去世了，虛齡僅三十六歲，在位時間不足四年。英宗三子均為高皇后所出，嫡長子繼位毫無懸念。即便如此，英宗臨終前，韓琦等大臣仍如臨大敵，非要英宗留下親筆遺書，指定長子趙頊為皇位繼承人。英宗病倒是治平三年（一〇六六）十一月，當時臺諫官劉庠請立皇太子，英宗很不高興。韓琦提醒趙頊說：「願大王朝夕勿離上左右。」你現在一步也不能離開父皇。趙頊回答這是兒子應該做的，韓琦說：「非為此也。」趙頊才有所領悟。這時英宗已經病得不能說話，有事情必須由皇帝處分只能用筆寫下來。十二月，英宗病情加重，韓琦請英宗親筆寫下立皇太子的指示，於是英宗寫了「立大王為皇太子」，韓琦說得寫清楚是潁王（潁王是趙頊的爵號），英宗又在後面寫了「潁王頊」三個字。韓琦據此要求翰林學士起草制書，學士承旨張方平來到榻前請旨，英宗說話已聽不清楚，又寫了「來日降制，立頊為皇太子」，但是「頊」字寫得很不清楚，另兩個兒子分別名「顥」、「頵」，字形有點接近，張方平又拿筆請英宗寫得清楚一些，於是英宗又在後面寫了「潁王」及「大大王」幾個字，這樣才正式立趙頊為皇太子。[3]

治平四年正月丁巳，「帝崩於福寧殿。神宗即位，時年二十」。[4]時年二十的趙頊就是宋神宗，他的繼位是宋朝歷史上唯一一次沒有經歷任何宮廷鬥爭的皇位交接，充分展示了高洮洮滔能為十三團練生兒子的優勢所在。繼承地位明確清晰，確保了神宗皇權的牢固，這是神宗朝轟轟烈烈興起變法運動的前提。同樣，皇權牢固的年代，宮廷政治就顯得毫不重要，除了暗中抵制新法，神宗朝幾乎看不到太皇太后曹氏與皇太后高氏的政治活動。

1 李燾：《續資治通鑑長編》卷二〇一，第四八七四頁。
2 蔡絛：《鐵圍山叢談》卷一，惠民、沈錫麟點校，北京：中華書局，一九八三年，第七頁。
3 李燾：《續資治通鑑長編》卷二〇八，第五〇六八頁。
4 李燾：《續資治通鑑長編》卷二〇九，第五〇七三頁。

2 媳婦熬成婆

元豐二年（一〇七九），虛齡六十四歲的仁宗曹皇后去世。《宋史・曹皇后傳》記曹皇后去世後補述神宗朝三事，分別涉及反變法、反戰及為蘇軾烏臺詩案說情，應是元修《宋史》史館依據筆記資料增入的內容。[5]《續資治通鑑長編》則記述熙寧七年（一〇七四）王安石第一次罷相時，追述太皇太后曹氏反變法的兩條資料。一是依據《邵氏聞見錄》說有次神宗與皇弟趙顥來到曹氏的宮殿，曹氏請神宗罷青苗法與助役法，遭到神宗當面拒絕。這時趙顥說：「太皇太后之言，至言也。陛下不可不思。」神宗為此發怒，說：「是我敗壞天下耶？汝自為之！」嚇得趙顥哭著說：「何至是也？」結果三人不歡而散。另一條可能出自官方史料，說「太皇太后及皇太后又流涕為上言新法之不便者」，稱：

王安石變亂天下。[6]

這些記述的重要性在於，神宗變法時，兩朝太后及皇弟趙顥均持反對立場。由於神宗獨斷乾坤，後宮的反對在神宗朝沒有產生實質影響。元豐八年（一〇八五），年僅三十八歲的神宗英年早逝之後，長子趙煦繼位為哲宗，情況就不同了。

哲宗看似繼承皇位的不二人選，但繼位時虛齡僅九歲，完全沒能力真正掌控皇權。這時權力鬥爭的核心不只是由誰繼承皇位，更是誰來填補幼君留下的權力真空。這場鬥爭在已成為太皇太后的高洮洮與宰相蔡確之間展開，雖然高洮洮大獲全勝，但在她身後，親政的哲宗與繼位的徽宗重新確立蔡確的定策之功，並指控高氏當年本無意立哲宗為皇帝，從而形成了宋史的另一樁謎案，即所謂的「宣仁之誣」（高洮洮謚號「宣仁聖烈」）。關於宣仁之誣，學界長期沿襲南宋的歷史敘述，很多重大而關鍵的問題至今尚未得到澄清。由於情況複雜，以下先介紹「宣仁之誣」的傳統論述，然後層層揭破「宣仁之誣」敘述中的謊言，嘗試還原哲宗繼位過程中被反覆掩蓋、鉤心鬥角的本來面目。

《續資治通鑑長編》記載，元豐八年二月末，宰執大臣入宮問候，發現神宗已病危，便回到樞密院南廳討論奏請立儲之事。首相王珪膽小，不敢直接提出這個敏感的問題，蔡確、章惇懷疑王珪是不是有其他想法，催促他趕緊決定。王珪答覆說皇帝本來就有兒子，這沒什麼好討論的：

上自有子，復何議！[7]

於是大臣們再入宮請神宗立延安郡王趙傭為皇太子（後來的哲宗）。這時神宗已經不能說話，以王珪為首的宰執大臣們說了三次立儲之事，神宗只是三度看看王珪，然後微微點頭而已，但這樣就算是同意了。王珪等又請神宗病重期間由高太后「權同聽政」，等神宗康復後再還政，神宗也點頭同意。然後宰執大臣們來見皇子趙傭及高太后、向皇后、朱德妃（哲宗生母）。王珪等奏請高太后同聽政，高氏「辭避」，這時已年滿七十的內侍張茂則勸高太后這時不應該推辭，高太后就在王珪等人反覆請求下「泣許」聽政。

高太后就這樣獲得了「同聽政」的權力，可以代行皇權。三月初，大臣們再次入宮問候，高太后垂簾聽政，皇子趙傭立在簾外。高太后宣布立趙傭為皇太子，改名趙煦，同時正式宣布由高太后同聽政。四天後，神宗去世，哲宗趙煦即位，高氵兆氵兆升格為太皇太后，並取得了仁宗天聖年間劉太后一樣的權力，成為宋朝的實際統治者。

高太后主持政局後，任命堅決反對變法的司馬光為門下侍郎、呂公著為尚書左丞。司馬光執政後，立即要求廢止熙寧變法各項措施。這時原來的宰相王珪去世了，但蔡確、韓縝及知樞密院事章惇仍在朝中。他們都是變法派官員，堅決抵制司馬光的主張，提出「三年無改父道」的古訓，反對神宗剛去世就把新法全部廢除。司馬光針鋒相對，提出新法是王安石、呂惠卿等人所為，並強調盡變新法是高太后「以母改子」，而不是哲宗「以子改父」，同時推薦劉摯、范純仁、范祖禹、呂大防、孫覺、王巖叟、蘇軾、蘇轍等一大批反變法派官員擔任朝廷要職。

元豐八年七月，宋廷廢除保甲法；十一月，廢除方田均稅法；十二月，廢除市易法和保馬法。第二年改年號為「元祐」，宋廷進一步廢除新法。閏二月，反變法派開始向變法派的宰執大臣發起進攻，由反變法派的臺諫官參劾蔡確、章惇、韓縝等人。不久，三人分別罷出朝廷。三月，司馬光要求全國在五日之內廢除免役法，恢復差役法，引起反變法派內部的廣泛爭議。范純仁、蘇軾等人認為免役法有合理的內容，不應全部廢除，司馬光固執己見。四月，王安石在新法盡廢的失望痛心中落寞去世。此後，反變法的司馬光、呂公著、文彥博相繼拜相。八月，宋廷廢除青苗法。九月，司馬光因病去世，呂公著獨相，反變法派繼續廢除其他新法，並要求將全部變法派官員趕出朝廷，呂嘉問、鄧綰、李定等人相繼被貶。元祐年間在高太后、司馬光等人的主持下，將熙寧變法措施基本廢除，史稱「元祐更化」。

5 脫脫：《宋史》卷二四二〈慈聖光獻曹皇后傳〉，第八六二二頁。

6 以上並見李燾：《續資治通鑑長編》卷二五二，第六一六九頁。

7 李燾：《續資治通鑑長編》卷三五一，第八四一一頁。

3 爭奪定策之功

元祐元年（一〇八六）蔡確罷相並出知陳州後，次年又貶知安州（今湖北安陸）。蔡確在安州出遊車蓋亭時曾有〈夏中登車蓋亭〉絕句十篇，知漢陽軍吳處厚與他有舊恨，於元祐四年（一〇八九）得到這些詩後，指斥蔡確詩中以唐高宗傳位武則天事影射高太后。吳處厚說十篇詩中五篇有所譏訕，但他的解釋非常荒唐。比如蔡確有詩：

紙屏石枕竹方床，手倦拋書午夢長。
睡起莞然成獨笑，數聲漁唱在滄浪。

這是描寫出遊的懶散閒適，但吳處厚指「獨笑」是嘲笑朝廷：「右此一篇，稱莞然獨笑，亦含微意。況今朝政清明，上下和樂，即不知蔡確獨笑為何事。」最惡毒的是對這首詩的解釋：

矯矯名臣郝甑山，忠言直節上元間。
釣臺蕪沒知何處？歎息思公俯碧灣。[8]

「郝甑山」是唐朝大臣郝處俊，安州人，封甑山公。蔡確在安州遊歷時發思古幽情，寫了一首詠懷當地名人的絕句，這是再自然不過的事情。而郝處俊最有名的事蹟是勸諫唐高宗不要將政權交給皇后武氏，「忠言直節上元間」就是說這件事。吳處厚解釋蔡確寫詩詠懷郝處俊，就是用武則天來影射高太后，透過郝處俊來表達反對高太后垂簾聽政。他論證這個觀點的邏輯是，如果不是影射太皇太后高氏，那麼多歷代名人，蔡確為什麼要思念郝處俊呢？安陸那麼多古蹟，他為什麼偏偏要去偏僻荒蕪的釣臺尋訪郝處俊呢？

> 蔡確謫守安州，便懷怨恨，公肆譏謗，形於篇什。處今之世，思古之人，不思於它，而思處俊，此其意何也？借曰處俊安陸人，故思之，然安陸圖經更有古跡可思，而獨思處俊，又尋訪處俊釣臺，再三歎息，此其情可見也。[9]

神宗元豐年間發生蘇軾的烏臺詩案，也是典型的文字獄，但蘇軾對新法的不滿確鑿無疑，只是以詩文譏刺治罪本身不合情理。但蔡確詩影射高氏根本是捕風捉影，或者說高氏根本沒有武則天的舉動，更無法將兩者聯繫起來，告發蔡確的吳處厚無疑是卑鄙小人。對於這種誣告，朝廷完全可以置之不理，但此案引起軒然大波，臣僚們為如何處置蔡確形成尖銳對立。一方面是臺諫官欲置蔡確於死地，「左諫議大夫梁燾、右諫議大夫范祖禹、左司諫吳安詩、右司諫王巖叟、右正言劉安世，連上章乞正確罪。」[10]另一方面包括宰相范純仁在內的眾多大臣認為蔡確根本無罪，連高氏特別欣賞的蘇軾也提醒應該謹慎處理該案。這種情況下，高氏稍有政治頭腦，完全應該大事化小、小事化了，但欲置蔡確於死地的正是這位太皇太后。對蔡確的處分一開始不過是「貶光祿卿，分司南京」，這不能解高氏心頭之恨，「再責英州別駕，新州安置」，最後蔡確「卒於貶所」。不但如此，「前出語救確」的宰相范純仁、左丞王存，以及沒有及時舉報的一大批御史，拒絕起草處罰蔡確文件的中書舍人彭汝礪，統統被罷官。[11]

高氏與蔡確究竟有何深仇大恨呢？高氏知道對蔡確的處理引發眾人的極大不滿，有天問大臣們這事外面是不是有很多議論：

> 前日責降蔡確，外議何如？

宰臣呂大防等說蔡確罪有應得。這時高氏才解釋，蔡確寫詩影射她的實質是「自謂有定策大功」，這種想法極其危險，所以這種人必須清除掉，否則哪天他回到朝中在皇帝面前以定策功臣自居，甚至可以竊取政權：

輒懷怨望，自謂有定策大功，意欲他日復來，妄說事端，眩惑皇帝，以為身謀。[12]

高氏說哲宗是神宗的長子，「子繼父業，其分當然」，根本不需要定策之功。她回顧當時的情形說奏請神宗立皇太子的是首相王珪，大家都沒意見，根本不需要蔡確做什麼事情。高氏又說神宗同意立皇太子的同時，王珪等也提出由她權聽政，她當時就推辭，是內侍張茂則稱事關國家社稷，才勉為其難地接受了，並在第二天正式下令立皇太子。整個過程「何以獨更有定策功耶？」[13]不可能說蔡確獨享定策功，故而高氏反覆強調嚴厲處罰蔡確是為了防止他作亂朝廷：

若是確他日復來，欺罔上下，豈不為朝廷之害？恐皇帝制御此人不得，所以不避奸邪之怨，因其自敗，如此行遣，蓋為社稷也。[14]

由此可以確定，高氏置蔡確於死地，根本原因不是寫詩影射，而是自謂有定策之功，高氏與蔡確衝突的實質是定策之功的爭奪。這個問題關係到誰真正掌握政權，結果高氏垂簾聽政，而蔡確被貶死，太皇太后當然是大獲全勝。既然哲宗以長子繼位理所當然，高太后與蔡確在此從無異議，那麼理應合作共享政權，但蔡確是神宗朝的變法派大臣，高氏一心盡廢新法，兩人在政治立場上根本衝突，幾乎不可能形成合作。這是否意味著高氏與蔡確的鬥爭只是政治路線的鬥爭，與宮廷權力鬥爭沒有直接關係呢？如果真是這樣，高氏的解釋就完全合理，蔡確不當自謂有定策之功，而他非要宣稱獨有定策之功，就不排除今後竊取政權、作亂朝廷的可能。這樣一來，問題就變成了蔡確為什麼要無中生有地自稱有定策之功呢？這是個竊取政權的陰謀嗎？在高氏垂簾聽政的情況下，這樣的圖謀豈非必敗無疑？蔡確真的狂妄愚昧到這種地步嗎？

8 以上並見李燾：《續資治通鑑長編》卷四二五，第一〇二七一頁。
9 李燾：《續資治通鑑長編》卷四二五，第一〇二七一～一〇二七二頁。
10 脫脫：《宋史》卷四七一〈蔡確傳〉，第一三七〇〇頁。
11 脫脫：《宋史》卷四七一〈蔡確傳〉，第一三七〇一頁。
12 以上並見李燾：《續資治通鑑長編》卷四二七，第一〇三二八頁。
13 李燾：《續資治通鑑長編》卷四二七，第一〇三二九頁。
14 李燾：《續資治通鑑長編》卷四二七，第一〇三二八頁。

4 哲宗的追認

這個問題不能光聽高氏如何解釋，也要看蔡確一方為什麼說自己「獨更有定策功」。當然最終的宋朝官方史書是以高氏的立場來敘述，所以蔡確等人自謂定策功是做為謊言來描述，《續資治通鑑長編》說：

確、惇、京、恕邪謀雖不得逞，其蹤跡詭祕亦莫辯詰，各自謂有定策功。事久語聞，卒為朝廷大禍，其實本恕發之。[15]

自謂有定策功有四個人，分別是蔡確、章惇、蔡京、邢恕，而發明這種說法的是邢恕。史書上沒有記載邢恕具體如何描述自己的定策之功，反而說這四人集團有廢哲宗另立的圖謀，「帝不豫，恕與確成謀」，「成謀」的具體內容是：

蔡丞相令布腹心，上疾不可諱，延安沖幼，宜早有定論，雍、曹皆賢王也。[16]

他們認為哲宗年齡太小，不應該繼承皇位，神宗有兩個皇弟雍王趙顥、曹王趙頵，蔡確等人圖謀立皇弟為皇帝。這個圖謀完全無法得逞，失敗之後又誣告是當時的皇太后高氏與首相王珪陰謀立皇弟趙顥，而邢恕與章惇、蔡確堅決抵制，才確保了哲宗繼承皇位：

已而恕反謂后與珪為表裡，欲舍延安而立其子顥，賴己及惇、確得無變。[17]

這就是蔡確自謂定策之功的具體內容，由於指控英宗高皇后謀立神宗皇弟趙顥，史稱「宣仁之誣」。後來的史書中稱邢恕等為掩蓋自己謀立皇弟的陰謀，才製造出高氏欲立次子趙顥的說法，形成了相互指控對方有同一政治陰謀的局面。

至此可以充分地解釋高氏為什麼欲置蔡確於死地，因蔡確不但自謂有定策功，而且他所謂的定策功意味著高氏謀立次子趙顥，這個指控如果成立，將摧毀她垂簾聽政的合法性。令人困惑的是，在神宗立長子理所當然的情況下，高氏與蔡確如何會謀立皇弟趙顥呢？高氏的解釋如果是事實，所謂的宣仁之誣應該迅速煙消雲散，蔡確更是不得翻身。但高氏去世之後，蔡確的定策之功迅速得到朝廷的確認。

元祐八年（一〇九三）太皇太后去世。第二年，章惇、蔡卞、邢恕等人就要為蔡確的定策之功翻案，並指高氏當年一度謀立次子趙顥。《宋史・高皇后傳》記載，當時神宗正妻向太后與哲宗生母朱太妃都「力辨其誣」[18]，幫高氏否認了邢恕等人的指控，說她當然是想立哲宗。哲宗聽了之後「事乃已」，這個事情就算過去了。但問題沒有這麼簡單，再來看《宋史・蔡確傳》，蔡確是《宋史・奸臣傳》的頭號人物，但他唯一的奸邪事蹟只有「宣仁之誣」，說明就是因此被列為奸臣。其中記載，哲宗親政的紹聖元年（一〇九四），馮京去世了。馮京和蔡確是兒女親家，他的女兒嫁給了蔡確的兒子蔡渭，蔡渭這時已改名蔡懋。當時哲宗親自到馮家「臨奠」悼念，蔡懋做為女婿也在喪禮現場，見到哲宗就為父親申訴，說蔡確當年為保住哲宗的皇位、抵制高太后謀立次子趙顥才被貶死。這一回哲宗相信了，當時就給蔡確恢復官職，再過一年，應是經過重新調查，還給蔡確贈官「太師」，又賜諡「忠懷」。蔡確貶死嶺南並在當地草草下葬，這時哲宗派內侍給蔡確重新下葬，又在京師給蔡家賜了一座宅第。這些都是極高的政治待遇，說明哲宗完全確認蔡確的定策之功。

到了徽宗朝更不得了，蔡確得以配饗哲宗。皇帝去世後進入太廟享祀，他的輔佐大臣也順帶進入太廟陪著哲宗接受祭祀。蔡確沒有輔佐過哲宗，完全因定策之功進入太廟。此外，蔡京還請徽宗親筆書寫蔡確墓碑賜給蔡家，墓碑內容是「元豐受遺定策殊勳宰相蔡確之墓」[19]，等於把蔡確的定策之功詔告天下。北宋末年，蔡確的定策之功完全得到朝廷的確認，他被列為奸臣是南宋的事情。這樣問題又重新回到了高氏與蔡確究竟誰在撒謊？哲宗繼位前後真的有人謀立皇弟趙顥嗎？

15 李燾：《續資治通鑑長編》卷三五一，第八四一一頁。
16 以上並見脫脫：《宋史》卷四七一〈邢恕傳〉，第一三七〇三頁。
17 李燾：《續資治通鑑長編》卷三五一，第八四一二頁。
18 脫脫：《宋史》卷二四二〈英宗宣仁聖烈高皇后傳〉，第八六二七頁。
19 脫脫：《宋史》卷四七一〈蔡確傳〉，第一三七〇一頁。

第十三章——這回放心

1 神宗的難題

哲宗繼位看似理所當然，其實沒這麼簡單。兩宋歷史上唯一沒有爭議的繼位是神宗，這需要具備諸多條件：一、大行皇帝英宗是唯一被仁宗過繼的皇子；二、英宗三子全是皇后高氏所生；三、嫡長子神宗已成年；四、英宗英年早逝，皇子之間尚無能力展開奪嫡之爭。除了第四條，前面三個條件在哲宗繼位時都不具備。首先神宗有兩個皇弟，《宋史》記載的英宗后妃僅有高氏一人，她生育了神宗趙頊、趙顥、趙頵三子以及壽康公主。高氏三子都不長壽，神宗終年三十八歲；趙顥去世於紹聖三年（一〇九六），得年四十七歲；而趙頵元祐三年（一〇八八）去世時年僅三十三歲。《宋史》記載神宗有十四子，其中「八王皆早薨」，存活的六子分別是哲宗、趙佖、徽宗、趙俁、趙似、趙偲。生育眾多意味著后妃的情況較複雜。神宗的皇后向氏沒有生育，向氏是真宗朝宰相向敏中的曾孫女，向敏中與寇準關係緊密，仁宗、英宗、神宗三代的皇后曹氏、高氏、向氏，她們的祖上曹瑋、高瓊、向敏中在真宗朝都屬於寇準政治集團。而哲宗的生母朱氏出身低微，朱氏的生父崔傑早逝，母親李氏改嫁朱士安才改姓朱。朱妃在哲宗繼位後被尊為皇太妃，她生育的另一位皇子是趙似。徽宗的生母陳氏出身應該也非常卑微，史書記載她因神宗去世過度悲傷而過世。此外，趙俁、趙偲的生母林賢妃是真宗朝三司使林特的孫女，趙佖的生母則是武賢妃。

神宗去世之後，表面上看，長子哲宗繼位理所當然，但哲宗遠未成年，造成了諸多問題。首先，面臨宋初杜太后遺詔「當立長君」的問題，在長子未成年的情況下，不能完全排除趙顥繼承皇位的資格。其次，即便確定由哲宗繼位也不能解決所有問題，因幼子繼位理當有太后垂簾聽政，而這時的太后問題比皇子更加複雜。如果哲宗是神宗皇后向氏親生，那麼不能排除由向太后垂簾聽政的可能；但哲宗是朱太妃所生，向太后的政治資源就削弱了很多。更為麻煩的是太皇太后高氏還健在，神宗繼位時已成年，高氏氏喪失了以母后聽政的機會。而哲宗繼位時既有嫡母又有生母，由祖母高氏聽政並非唯一選擇。

除了權力之爭，哲宗繼位的複雜性還涉及嚴重的政治路線問題，神宗皇弟趙顥與母后高氏反對變法，而神宗的皇子、皇后與嬪妃理應繼承變法路線，兩者在政治上可謂是天然對立。神宗臨終時既有皇弟趙顥、皇太后高氏、皇后向氏、德妃朱氏之間的明爭暗鬥，更醞釀著巨大的政治漩渦。按後來蔡確之子蔡懋的追述，神宗臨終前最擔心的事情就是「兒子年小，須得長君繼為之」，在立皇弟趙顥與皇長子之間並非毫不猶豫，正是蔡確堅定了神宗傳子的決定，其定策之功由此而來。

南宋之後的史書完全採用高氏的立場來敘述這段歷史，但蔡確立場的史料並未完全湮滅。事實上，哲宗繼位前後的史料多得與其他時段完全不成比例。《續資治通鑑長編》太祖、太宗朝一般是一年一卷，真宗朝開始有一年數卷的情況，神宗朝一年可以有十多卷，但元祐元年竟有三十卷之多，平均一卷只能記十二天的歷史，有時甚至一卷只記一事。之所以出現這種情況，首先是政治鬥爭的雙方各自成篇累牘、針鋒相對的奏議大量保留，其次是哲宗之後宋朝的政治鬥爭反反覆覆，每次政治反覆都要把那段歷史重新敘述一遍，相關的歷史記載也反反覆覆，結果就是製造了過多史料。過多且反覆的史料的確給辨析真偽製造了極大的障礙，但如果能把握政治反覆的原因，還是有可能透過梳理歷史敘述層累的過程還原政局演變的基本脈絡。神宗去世之後，兩宋政局與史書編纂演變可分為以下幾個階段：

第一階段：元祐年間，最高統治者是太皇太后高氏，政治立場是以母改子、反變法，政策是盡廢新法，政治鬥爭主要是打擊變法派官員。

第二階段：紹聖、元符年間，最高統治者是宋哲宗，政治立場是繼承神宗事業，政策是恢復變法，政治鬥爭主要是打擊反變法派官員。

第三階段：建中靖國時期，最高統治者是皇太后向氏，政治立場是調和變法派與反變法派。

第四階段：徽宗親政時期，最高統治者是宋徽宗，政治立場仍是繼承神宗事業，政策則是拉扯變法的大旗，變本加厲地搜刮民財，興起崇道運動，政治鬥爭是在打擊元祐黨人的基礎上，變法派官員之間爭權奪利。

第五階段：南宋高宗時期，最高統治者是在孟太后支持下即皇帝位的宋高宗，政治立場是重新肯定元祐政治。

官方史書的政治立場當然也隨著這五次政局反覆而不斷折騰。

2 五修《神宗實錄》

宋朝官方史書的編纂有一套非常複雜而完備的制度，最終形成的文本主要有《實錄》與《國史》兩種。《實錄》是編年體史書，一朝皇帝一部；《國史》是紀傳體史書，體例與正史一致，二至四位皇帝修一部。哲宗繼位的歷史敘事首先出現在神宗、哲宗兩部《實錄》。參與哲宗繼位的關鍵政治人物多在哲宗、徽宗朝去世，他們在《國史》中的列傳也是哲宗繼位敘事的重要史料，所以又涉及哲宗、徽宗朝的《國史》。然而《神宗實錄》、《哲宗實錄》與哲宗、徽宗朝《國史》的編纂情況都特別複雜，這裡做簡單的介紹。

《神宗實錄》先後有五次編修，是宋朝官方史書中最折騰的一部。蔡崇榜《宋代修史制度研究》指出：「《神宗實錄》的修撰，圍繞著對待王安石變法的態度不同發生激烈爭論，累經反覆，多次重修。每次修撰都反映出封建朝廷中兩個黨派鬥爭的消長，以及最高當局決策方向的轉變。因此，《神宗實錄》的修撰已經不僅是一個單純的史學問題，同時也是一個複雜的政治問題。」[1]《神宗實錄》的五次修撰，第一次在元祐，第二次在紹聖，第三次在元符，第四、五兩次均在南宋紹興時期。《神宗實錄》第一次修撰始於元祐元年，最初由蔡確主持，蔡確罷相後，又先後由司馬光、呂公著、呂大防主持，並於元祐六年（一〇九一）成書上進。當時哲宗尚幼，這部《神宗實錄》多取司馬光《涑水記聞》的資料而詆毀熙豐變法。陸佃參與了《神宗實錄》的修撰工作，他對隨意詆毀熙豐變法非常不滿，經常與另兩位史官范祖禹、黃庭堅爭辯，黃庭堅說：「如公言，蓋佞史也。」而陸佃反駁說：「盡用君意，豈非謗書乎！」[2]毫無疑問，這個版本《神宗實錄》關於哲宗繼位的敘述是站在高洮洮的立場上，而完全否定蔡確的定策之功。

哲宗親政後恢復新法，《神宗實錄》由蔡卞提議而迅速重修，並以堅稱自己有定策之功的章惇主持編修工作，曾布又提出參照王安石拜相時編寫的《日錄》重修。紹聖三年重修《神宗實錄》成書上進，這次重修主要是把司馬光《涑水記聞》的說法改為王安石《日錄》的說法，至於哲宗繼位問題肯定是按章惇的立場確立了蔡確的定策之功。

徽宗於元符三年（一一〇〇）正月即位，次年改年號建中靖國。當時向太后曾有短暫聽政，「欲和調元祐、紹聖之人」[3]，於是提出再修《神宗實錄》，但不了了之。同時提出編修《哲宗實錄》的工作最後由蔡京主持，並於大觀四年（一一一〇）成書上進，應該也是完全肯定蔡確、章惇、邢恕以及蔡京的定策之功。

南宋建炎年間，高宗針對宣仁之誣提出重修《神宗實錄》、《哲宗實錄》：

> 宣仁聖烈皇后保佑哲宗，有安社稷大功。奸臣懷私，誣衊聖德，著在國史，以欺後世。可令國史院別差官，摭實刊修，播告天下。[4]

紹興四年（一一三四）重修工作正式開始，紹興六年（一一三六）《神宗實錄》成書上進，重修《哲宗實錄》於紹興八年（一一三八）完成。這次重修的主要負責人是元祐史臣范祖禹之子范沖，又基本回到元祐年間《神宗實錄》的基調上。紹興年間還有一次重修《神宗實錄》主要是技術上的調整，政治立場沒有發生根本變化。

關於哲宗朝《國史》的編修情況，首先是大觀四年徽宗下令修《哲宗正史》，政和四年（一一一四）成書上進，其中的〈蔡確傳〉無疑全面肯定其定策之功。到了南宋需要重新否定蔡確，所以下令重修神宗與哲宗朝《國史》。但不久《徽宗實錄》修成，接著需要編修《徽宗正史》，同時面臨《神宗正史》、《哲宗正史》的重修與《徽宗正史》的第一次編修，於是高宗決定將這三朝《國史》一併編修，遂「詔置國史院。修神宗、哲宗、徽宗三朝正史」。[5]這部《三朝國史》在高宗朝沒有完成，孝宗朝《欽宗實錄》完成後，孝宗又決定將欽宗朝與前三朝的國史一併修撰，於是開始編修神、哲、徽、欽《四朝國史》。這部《四朝國史》成書上進已是淳熙十三年（一一八六），其政治立場當然是反變法、肯定高洮洮而把蔡確、章惇等人打為頭號奸臣。不過由於李燾參與《四朝國史》的編修工作，他把所見大量北宋時代的原始史料抄入了《續資治通鑑長編》。

今天重新討論哲宗繼位時的宮廷鬥爭，主要就是依賴李燾《續資治通鑑長編》抄錄的史料。該書立哲宗為皇太子的記事在卷三百五十二，該卷開篇說明「起神宗元豐八年三月甲午盡其日」，即這一卷只記錄了一天的歷史事件，就記兩件事，總計二萬八千餘字，第二件事有數百字，也就是說李燾為立哲宗為皇太子一事保留了兩萬餘字的第一手史料。該事正文僅兩百餘字，而且立場必須與《四朝國史》一致，主要是突出高太后的功績，全文如下：

> 三月甲午朔，執政詣內東門，入問候。皇太后垂簾，皇太子立簾外。皇太后諭珪等：「皇子精俊好學，已誦論語七卷，略不好弄，止是好學書。自皇帝服藥，手寫佛經二卷祈福。」因出所寫經示珪等，書字極端謹，珪等拜賀。遂宣制，立為皇太子，改名煦，仍令有司擇日備禮冊命。又詔：「軍國事，並皇太后權同處分，俟康復日依舊。」未刻，執政再入問聖體，進呈立皇太子例降赦。皇太后諭珪等：「皇太子立，大事已定，天下事更在卿等用心。」珪等言：「朝廷法度紀綱素具，臣等敢不悉心奉行。」自此執政日再入。[6]

前一天透過大臣王珪等人的奏請，神宗同意立哲宗為皇太子，由高太后同聽政。高太后誇獎哲宗一番之後，便宣布立哲宗為皇太子，同時正式宣布神宗病重期間由高太后「權同處分」。但小字注釋的部分，李燾抄錄了不同時期有關這一事件的相關史料。

第一部分是「呂大防提舉實錄奏請批付事」。這是元祐年間呂大防主持編修《神宗實錄》時對如何記述哲宗繼位提出的請示及批覆，體現了高太后的政治立場。

第二部分是「新錄辨舊錄誣謗」。這是高宗朝重修《哲宗實錄》時對「宣仁之誣」的鑑別，其格式是先抄錄「舊錄」——徽宗朝《哲宗實錄》原文，然後指出其中詆毀之處，最後說明將哪些文字刪除。這部分的文字非常多，包括：

〈新錄辯誣〉第一卷，凡六段，又〈高遵裕傳〉，又〈燕達傳〉，又〈荊王傳〉，又〈蔡確傳〉，又〈鄧潤甫傳〉，又〈劉惟簡傳〉，又舊錄紹聖四年五月己巳，又紹聖四年四月二十四日丁未，又十一月〈梁燾傳〉，又元符元年二月張士良獄辭。[7]

這裡的人物傳記應是指《實錄》中的附傳。由於這些「辯誣」之詞完整保留了舊錄原文，據此可以完整還原徽宗朝《哲宗實錄》對哲宗繼位過程的完整敘述。

第三部分是從徽宗朝《哲宗實錄》中抄出的元豐八年黃履以及紹聖二年（一〇九五）劉拯、高士京、葉祖洽等人指控王珪不忠的奏議。

第四部分邵伯溫對「宣仁之誣」的辯誣專書節錄。

第五部分是曾布日記中徽宗朝追貶王珪時，向太后對哲宗繼位過程的追述，對高氏多有回護。

第六部分是呂大防元豐八年的時政記，主要是流水帳，幾乎不涉及權力鬥爭。

第七部分是韓宗武複述其父韓縝對當時經歷的口述。

第八部分是蔡懋複述其父蔡確對當時經歷的口述。

第九部分是徐秉哲在欽宗朝建議重修《哲宗正史》的箚子，其中摘錄徽宗朝《哲宗正史》誹謗高氏的敘述，包括〈哲宗本紀〉、〈高皇后傳〉、〈趙顥傳〉等篇章的節錄。

第十部分是蔡惇《夔州直筆》有關高太后立哲宗為皇太子的記載。

以上第二、三、九部分保留了徽宗朝《哲宗實錄》、《哲宗正史》肯定蔡確定策之功的敘述，而第七、八部分是韓縝之子、蔡確之子對父親當時經歷的追述。透過這些資料可以還原蔡確定策之功的完整敘述，包括高太后是否確定立哲宗為皇太子，皇弟趙顥當時是否有異常舉止，謀立趙顥究竟從何說起，為什麼說首相王珪不忠於神宗，以及蔡確的定策之功究竟體現在哪裡。討論清楚這些問題，圍繞哲宗繼位展開的宮廷鬥爭關鍵問題才能揭示出來。

1 參見蔡崇榜：《宋代修史制度研究》，臺北：文津出版社，一九九一年，第八二頁。
2 脫脫：《宋史》卷三四三〈陸佃傳〉，第一〇九一八頁。
3 脫脫：《宋史》卷三四五〈任伯雨傳〉，第一〇九六五頁。
4 李燾：《續資治通鑑長編》卷三五二，第八四四七頁。
5 李心傳：《建炎以來繫年要錄》卷一八〇，北京：中華書局，一九八八年，第二九七八頁。
6 李燾：《續資治通鑑長編》卷三五二，第八四一七頁。
7 李燾：《續資治通鑑長編》卷三五二，第八四一七～八四一八頁。

3 婆媳謀聽政

首先來看第一個問題，高太后是否確定立哲宗為皇太子？所有的資料看下來，這部分最不成問題。如舊的《哲宗實錄》稱：

按劉惟簡、陳衍在元祐時，內挾黨類，外交權臣，邪謀詭計，無所不至。宣仁聖烈誠心德意，不能動搖，皇太后、皇太妃保佑擁護，朝夕備至，故惟簡、衍不得逞其奸心。[8]

《哲宗正史・高皇后傳》稱：

保佑上躬，致極慈愛。群奸數睥睨，至有奏疏乞召外戚繼大統者，賴后意不移，奸謀得息。神宗感疾，上手書佛經以祈福，既正儲位，因輔臣奏事，后於簾前出所書示之曰：「太子聰哲，社稷之慶。」[9]

當然在蔡懋追述蔡確的內容中，高太后的態度遠沒有那麼積極主動，但至少還算正常：

（蔡確）厲聲云：「已得聖旨，立延安郡王為皇太子，請都知奏皇太后，某等賀。」於是茂則引輔臣至簾前再拜而出。太后熟視狀奏，差中使鎖學士院。三月一日，文德殿宣制，因奏乞改哲宗廟諱，貼麻施行。[10]

蔡確取得神宗同意立皇太子之後，高太后「熟視狀奏」，也就接受了，「熟視」是注目細看之意，最多表現得有些猶豫，但也可理解為認真仔細，至少不存在任何抵觸情緒。

第二個問題，皇弟趙顥當時是否有異常舉止？這個問題就比較嚴重了，在蔡確這派看來，趙顥明顯蠢蠢欲動，而且與高太后顯得異常親近，比如舊《哲宗實錄》記載：

> 太子未建，中外洶洶。皇弟雍王顥問疾，輒穿帳徑至皇太后所語，見宮嬙不避，神宗數怒目視之，顥無復忌憚。皇后憂恐，出財佛祠設齋，揭榜曰「延安郡王祈禱」，冀天下知王長立，能致恭孝。二月，神宗疾甚，辛卯，輔臣入問，至紫宸殿。顥乃邀於廊曰：「軍國事，當請皇太后垂簾。」又奏乞止宿侍疾，皇后力爭，得不宿。既而留禁中，曹王屢牽臂引出。[11]

這三段記述非常重要。首先，趙顥隨意進入禁中，並與高太后私自交流，引起神宗的憤怒，但趙顥毫不忌憚。其次，趙顥的舉止引起向皇后的極度憂慮，擔心他可能與哲宗爭奪皇位，只能向佛祈禱哲宗順利繼位。最後一條尤其重要，趙顥提出應由高太后垂簾，同時試圖留宿禁中，遭到向皇后的堅決抵制以及皇三弟趙頵的強力勸阻。這段記述充分揭示了當時宮廷鬥爭的格局：一、皇弟趙顥對哲宗繼位形成威脅，但機會不大；二、向皇后與皇弟趙顥的衝突最明顯、激烈；三、高太后垂簾聽政的權力並沒有那麼明確，才需要趙顥提出「邀」請；四、高太后垂簾聽政的權力沒有那麼明確是因向皇后也有機會垂簾聽政，高太后與向皇后的垂簾聽政之爭是當時宮廷鬥爭的另一個焦點；五、向皇后先要排除趙顥繼位的可能，相當程度上忽略了與高太后爭奪垂簾聽政的權力；六、從高太后的立場上來講，成年的趙顥繼位根本不利於她垂簾聽政，但趙顥繼位的潛在可能可以轉移向皇后針對她的矛盾。在這種格局下，由趙顥繼位根本不會成為高太后真正追求的目標，卻是她要脅向皇后及神宗的完美工具：如果不同意由她垂簾聽政，就以立長君為由支持趙顥繼位。這個推論足以解釋哲宗繼位過程中所有宮廷鬥爭的微妙現象。

趙顥的舉止在《哲宗正史》中也有明確描述，首先哲宗本紀的記述與舊《哲宗實錄》類似，其次〈高皇后傳〉

中明載高洮洮喜愛次子趙顥，「后雅愛雍王顥，先帝疾，顥數穿帷入白后，后卒不果」。〈趙顥傳〉更加露骨地說在「太子未建，中外洶洶」的情況下，趙顥「有覬倖意」。[12]高太后與向皇后的垂簾之爭才是當時宮廷鬥爭潛藏的核心問題，由於沒有直接浮出水面，當時的歷史敘述中極少正面提及，似乎高太后垂簾聽政是理所當然。但當時御史中丞黃履奏議的貼黃（補充說明）中提及高士英私議權柄時就有「若皇太后或皇后權同聽覽」的表述，說明這是所有人都看破卻不說破的關鍵問題。[13]

第三個問題是為什麼說首相王珪不忠於神宗？其實王珪根本不可能謀立皇弟趙顥，這是做為詞臣的王珪想都不敢想的問題。他的問題是「持疑顧望，含糊不決」，顧望什麼呢？就是他想知道高太后想立誰，高太后支持誰他就支持誰。諸多史料都記載，蔡確等人問王珪到底主張誰來繼承皇位，王珪的態度就是「自他家事，外廷不當管他」，不關他的事，而且還去向高太后的堂兄高士充打探「欲知太皇太后意所欲立」。[14]當然這說明王珪是位老實人，他只知道實權已掌握在高氏手中，卻沒有看破高太后無意立次子，只是想垂簾聽政。

8 李燾：《續資治通鑑長編》卷三五二，第八四二四頁。

9 李燾：《續資治通鑑長編》卷三五二，第八四四三頁。

10 李燾：《續資治通鑑長編》卷三五二，第八四三六頁。

11 李燾：《續資治通鑑長編》卷三五二，第八四一九頁。

12 李燾：《續資治通鑑長編》卷三五二，第八四四三頁。

13 劉靜貞〈社會文化理念的政治運作——宋代母／后的政治權力與位置試探〉注意到當時有機會「權同聽覽」的可能是高太后也可能是向皇后，因此高氏取得權同處分軍國事的權力看似是自然升轉的變化，其實應該是前一階段角力的結果，並且指出高氏在「權同聽覽」的爭執中勝出或許不僅是因為雙方政治實力高下，更是基於她身為「皇帝之母」的社會身分（鄧小南、程民生、苗書梅主編：《宋史研究論文集（二〇一二）》，鄭州：河南大學出版社，二〇一四年，第十三～十五頁）。

14 李燾：《續資治通鑑長編》卷三五二，第八四二五～八四二六頁。

4 朱太妃感激蔡相公

「宣仁之誣」長期以來未被澄清是因與虛假問題糾纏不清。這個虛假問題就是互指謀立皇弟趙顥，其實高洮洮與蔡確都沒有這樣的企圖，非但蔡確絕無可能謀立趙顥，徽宗朝《哲宗實錄》、《哲宗正史》全面肯定蔡確定策之功的同時，也沒有出現高洮洮謀立趙顥的說法。兩派鬥爭的焦點是蔡確爭取定策之功，卻被高洮洮全盤抹殺，「宣仁之誣」的情節可能是徽宗朝蔡京等為打擊元祐黨人而炮製出來，而反誣蔡確謀立趙顥應是南宋為高氏翻案時才出現。《續資治通鑑長編》卷三百五十二保留的史料中，最詳盡記錄當時情形的無疑是蔡懋的追述，其中也沒有所謂的「宣仁之誣」，只是生動描述了蔡確如何立下定策之功。對於蔡懋的追述，哲宗全盤接受並直接給蔡確賜諡「忠懷」。蔡懋的講述比較複雜，按時間線重點整理當時的情形如下：

元豐七年（一〇八四）冬，神宗病重。有次大臣們奏事，神宗縱論天下事時，突然哭了起來，大家問神宗為何事如此傷心，是不是宮中發生了什麼不愉快的事情，神宗過了很久說：

> 天下事只做到這裡，兒子年小，須得長君繼為之。

神宗自知去日無多，擔心兒子年幼無力繼位，正猶豫是否應把皇位傳給皇弟，當然這是他極不情願的考慮。這時蔡確說「陛下春秋方盛」，怎麼能說這種話呢？神宗說：「天下事止如此。」蔡確又說：「陛下有子岐嶷，臣等未先朝露，當以死報陛下。」皇子特別聰明，只要他還活著，一定捨命輔佐皇子。神宗聽了很高興，對蔡確說：「卿必無負。」你可不能辜負我啊！從此蔡確就自認肩負著神宗「托國建儲」的使命。[15]

元豐八年正月二十六日，神宗病情突然惡化。由於之前未立皇儲，形勢頓時變得十分緊張。這時蔡確意識到請立皇儲是做為宰相的首要責任，於是十分保密地與首相王珪商議此事，但王珪不做明確答覆，「但唯唯而已。」只是含糊地說好，讓蔡確覺得十分可疑，於是去問邢恕，邢恕告訴蔡確一則傳聞——王珪透過高士充向高遵裕打聽高滔滔的立儲意向。據其他史料的記述，此舉遭到高遵裕勃然訓斥：「奸臣敢如此！況國家自有正統，何決於我？」蔡確由此認定王珪不忠，決心自己擔負起奏請立儲的重大責任，並約章惇、邢恕聯合行動。蔡確考慮到事關重大，爭取禁軍將領的支持十分重要，請弟弟蔡碩聯繫殿前指揮使燕達，燕達表態「願盡死力，上助相公」。蔡懋又說當時蔡京是知開封府，蔡確也聯繫了蔡京，蔡京竟然「備劊子隨行」以備非常，這個情節確實不太可信。[16]

蔡懋的叔叔蔡碩當時是軍器監，與內侍閻守懃有業務上的聯繫，這時聽閻守懃講到皇弟趙顥、趙頵的舉動可疑，說兩位皇弟來探望皇帝時「多不避宮人」，又經常「屏人語，移時不出」長時間與高太后單獨交流，當時神宗已不能說話，看在眼裡「但怒目而已」。閻守懃又講到皇帝的病情，有次神宗說「我足跌頭痛」，又歎息「我好孤寒」。當時神宗只能透過書寫溝通，有次他給閻守懃寫了「不入局做甚」幾個字。蔡碩又向國舅向宗回打聽相關情況，向宗回說宮中發生的事情「寒心難言」，之前聽說趙顥想要在宮中留宿，「中宮厲聲紛爭乃已」向皇后極力反對。以上都是趙顥圖謀奪嫡的跡象。

蔡碩又聽另一位內侍劉惟簡說，有次在張茂則房內有人說立儲之事得聽高太后的，前朝大臣不應該參與進來，而當時王珪在前朝的態度也是「立嗣，人主家事，吾曹不要這他」。蔡碩又聽仁宗的外孫李嗣徽「具述奸人陰謀不可量」，又說「萬一為此輩所先，中夜御寶一紙出，明日奈何」。[17]以上都說明高太后試圖主導立儲大權。

閻守懃透過蔡碩提醒蔡確，立儲之事需要由宰相先提出來，皇帝才好操作。蔡確意識到事態緊急不可拖延，於是先透過蔡碩做好禁軍燕達及內侍劉惟簡、閻守懃等人的準備工作。蔡確還問燕達如果立儲問題產生不同意見，你會怎麼做？燕達答覆：「丞相率百官，達率將校爭之，有死無二。」與宰相一起合力抗爭。蔡確又透過閻守懃與向皇后取得聯繫，讓向皇后注意防備，明天奏請立儲時務必出現在福寧殿皇帝身邊。向皇后對閻守懃說宮中沒有問題，「外面議論如何？」閻守懃說：「蔡相已布置定大事。」[18]

二月二十九日，蔡確約集宰執大臣討論立儲之事，逼問王珪的態度，他「俯首不語」不表態。蔡確說：「安可緘默觀望？」這時怎麼可以不說話，然後給章惇使眼色，章惇「復以語恐之」進一步逼問，王珪臉色都變了，但還是不表態。蔡確故意對章惇說，王珪只是遇到大事時特別穩重，不會有不同意見，然後對王珪說去年皇帝宴請時就讓哲宗出面招待，說明已選哲宗做為接班人了。王珪實在沒有辦法，只好表達支持哲宗。章惇還是很生氣，指責王珪說：「此是第一句爾，不知第二句云何？」難道只有一句話，不是應該還有第二句話嗎？但王珪不表態，這時蔡確說有這一句也夠了吧。這才取紙讓章惇寫了一份奏請的劄子，然後與各位宰執大臣共同簽字畫押。當天晚上大家就到神宗面前奏請立皇太子，神宗「聞之首肯泣下」。蔡確拿著劄子對張茂則說「已得聖旨」立哲宗為皇太子，請張茂則告知高太后，我們來向高太后祝賀。張茂則帶著大臣們到高太后簾前報告立儲之事，高太后仔細閱讀了劄子，下令起草詔書。[19]

三月一日宣布立皇太子，並派神宗信任的十名內侍侍衛皇太子。三月五日大臣們接到通知緊急入宮，蔡確對王珪說如果是皇帝去世了，進宮後立即要求皇太子登基。王珪說：「待到簾前取旨。」到時聽高太后的安排。蔡確說這種情況要是沒有做正確的事情，可能危及每個人的整個家族，現在已經立皇太子了，怎麼還能說「取旨」這種話。嚇得王珪只好說：「惟命是聽。」[20]都聽你的行了吧！接下來是哲宗登基的程序，宣布神宗遺制，百官禮拜新君。程序結束後，蔡確指出遺制中沒有安排哲宗的生母朱氏，這是不合適的，應該尊朱氏為皇太妃。過了很長時間，已是太皇太后的高氏才同意了蔡確的這個意見。

為了安排哲宗繼位後的各種事宜，神宗去世後，蔡確在宮內一連留宿七日，出宮後對著母親明氏號啕大哭說：我總算沒有辜負神宗的託付。哲宗繼位後，蔡確的母親明氏、妻子孫氏入宮覲見向太后。向太后說，蔡確當時到簾前向高太后奏請立皇太子時，向皇后把哲宗交給劉惟簡，並一起就座，高太后用手指在向皇后胸前狠狠地戳了一下，說「你這回放心」，一邊還指胸前說這裡至今還有瘀青呢。然後明氏與孫氏又去覲見朱太妃，朱太妃哭著對她們說：「若非相公，我子母幾無去處。」[21]若不是蔡確，她與兒子都不知道會怎麼樣。

蔡懋陳述中有幾處表述含義比較模糊，一處是神宗寫給閤守懃的「不入局做甚」幾字，一處是章惇逼問王珪「此是第一句爾，不知第二句云何」；還有一處是高太后戳向皇后胸說了一句「你這回放心」。這些話是什麼意思，資料中都沒有交代，顯然是有政治忌諱而不便說明，應該是各方向高太后妥協，聽由其垂簾聽政的意思。章惇問王珪的「第一句」是立哲宗為皇太子，「第二句」王珪不願表態的應該就是讓高太后還是向皇后垂簾聽政的問題，蔡確說第一句就夠了是各讓一步，王珪同意立皇太子，則蔡確同意高太后聽政。而向皇后為什麼要轉述那句「你這回放心」，表面上是高太后對向皇后祝賀立皇太子，其實最興奮的是高太后自己，因立皇太子是以高太后垂簾聽政為交換條件，「你這回放心」可不只是祝賀，向皇后聽出更多的意味恐怕是高太后當時的得意之情，所以弄得向皇后胸前長期作痛。至於神宗那句「不入局作甚」，就請讀者細品吧。

總之，還原「宣仁之誣」的歷史情形，應該是神宗猶豫過當立長君，蔡確堅決主張傳子，趙顥窺伺繼位機會，而高太后謀求聽政大權。的確無人主張立趙顥，但高太后利用趙顥排除了向皇后的可乘之機。

15 以上並見李燾：《續資治通鑑長編》卷三五二，第八四三七頁。
16 李燾：《續資治通鑑長編》卷三五二，第八四三五頁。
17 李燾：《續資治通鑑長編》卷三五二，第八四三五頁。
18 李燾：《續資治通鑑長編》卷三五二，第八四三六頁。
19 李燾：《續資治通鑑長編》卷三五二，第八四三六頁。
20 李燾：《續資治通鑑長編》卷三五二，第八四三六頁。
21 李燾：《續資治通鑑長編》卷三五二，第八四三七頁。

第十四章——華陽教主

1 被嫌棄的孟皇后

元祐六年，六十歲的太皇太后高洮洮開始討論為十五歲的哲宗立皇后的問題。高氏說已挑過百十家，很難找到合適的人選，最近看到狄諮家的女兒還不錯。呂大防應和說狄青是功勳之家，「好門戶」。但高氏又說這女孩是庶出，嫡母非常悍妒，女孩三歲時，生母就被趕走了，現在跟著她伯父狄詠生活。大臣們為立狄家女兒為皇后到底合不合禮儀討論了很久，也沒有一個結果，最後還是決定另選。呂大防問到底在哪幾家裡挑選，高氏說主要是勘婚難，勘婚是看男女出生的八字是不是適合結婚，高氏比較迷信。呂大防說勘婚屬於民間俗禮，國家典禮不講這一套，本朝那麼多有賢德的皇后也不是勘婚才立的，把勘婚看得太重恐怕很難挑到合適的人選。又討論了半天，還是沒結果，呂大防只好說請太皇太后自己做決定。到了元祐七年（一〇九二），又繼續討論勘婚、門戶的問題，大臣們都主張門戶為重，高氏突然說仁宗本人對於「三命六壬」算命那套很精通，意思是當年仁宗將她賜婚給英宗是經過勘婚的，堅持要為哲宗勘婚。

以勘婚、門戶兩個標準挑選皇后，到了二月，高氏說她挑來挑去，在九家十女中只挑得孟家的女兒比較合適，據說孟氏很漂亮，但孟氏比哲宗年長三歲。王巖叟問不是庶出的吧？高氏說女孩的母親是王廣淵的女兒，父親是孟在。呂大防說：「只恐為勘婚又難成就。」恐怕兩人八字不合吧。這時高氏又改變主意說臺諫官們紛紛「乞不用陰陽之說」，她只好放棄勘婚了。這樣好歹有個人選，就派人去調查孟家的家庭情況。不久，高氏問韓忠彥調查結果，韓忠彥說：「善人小官，門戶靜，別無事。」孟在雖然也算勳臣之家，其實就是小門小戶，倒是沒有政治問題或不良記錄。高氏說：「不欲選於貴戚家，政恐其驕，驕即難教。」這種人家挺好的，她不想選出身特別好的，那種人家的女孩太高傲，不好管教。韓忠彥也附和不是富貴家庭出身，肯定性格謹慎、容易管教。高氏當即決定選立孟氏為哲宗皇后，呂大防提醒應該選個吉日，高氏說明天就是好日子，然後親筆批了一個條子立孟氏為皇后。[1]

這位孟氏的祖父孟元是仁宗朝的武將，參與過平定王則之亂等戰役，作戰勇敢，在西北防務方面也有建樹，又好讀書，官至馬軍都虞候等。但孟氏的父親孟在只是西頭供奉官、閤門祗候的從八品低級武官，朝廷只好以孟元的名義宣告孟氏的門第：

> 故馬軍都虞候、贈太尉孟元孫女，閥閱之後，以禮自持，天姿端靖，雅合法相，宜立為皇后。[2]

元祐七年五月十六日，哲宗迎娶冊立皇后孟氏。

元祐八年八月，「太皇太后高氏有疾」。高氏意識到自己去世之後，朝局必將再次翻盤，突然重新起用因批評高氏過度懲罰蔡確而被趕出朝廷的范純仁為宰相。這時高氏向范純仁追述其父范仲淹保全仁宗與劉皇后母子關係的往事，希望他能像其父那樣保全皇帝對她的態度：

> 他日又曰：「公父仲淹，可謂忠臣，在章獻垂簾時，惟勸章獻盡母道；及仁宗親政，惟勸仁宗盡子道，可謂忠臣。相公名望，眾人所歸，必能繼紹前人。」純仁頓首謝曰：「臣不肖，何足以當勸獎、委使之意，然不敢不勉。」

臨終之前，高氏提醒呂大防、范純仁、蘇轍、鄭雍、韓忠彥、劉奉世等宰執大臣做好被罷免的準備：

> 政欲對官家說破，老身沒後，必多有調戲官家者，宜勿聽之。公等亦宜早退，令官家別用一番人。[3]

九月，高氏去世。哲宗做的第一件事似乎是把翰林侍讀學士、禮部尚書蘇軾趕出朝廷，讓他出知定州。翰林學士兼侍讀范祖禹預感山雨欲來，立即上書提醒哲宗應該維持人事與政策的穩定性，他的上書表達了元祐時代的朝臣們對時局的深切憂慮：

今必有小人進言曰：「太皇太后不當改先帝之政，逐先帝之臣。」……今太皇太后新棄天下，陛下初攬政事，乃小人乘間伺防之時也，故不可不預防之。此等既止誤先帝，而今又欲復誤陛下，天下之事，豈堪小人再破壞邪！4

元祐時期，哲宗沒有機會參與政治決策，朝臣們也不在意哲宗的感受，哲宗對高太后和元祐眾臣怨恨極深。元祐八年十二月，楊畏提議恢復新法。元祐九年（一〇九四）二月，哲宗任用李清臣、鄧潤甫為執政大臣，兩人倡議「紹述」，即繼承其父神宗趙頊的變法事業。四月，諫官張商英抨擊司馬光、文彥博元祐之政，挑動哲宗不要忘記元祐大臣的不敬，曾布更建議改年號為「紹聖」，以熙豐變法為神聖事業。於是，不主張恢復新法的蘇轍、范純仁、呂大防被罷相貶出朝廷，章惇拜相，曾布入主樞密院，變法派官員重新控制朝政，開始恢復免役、青苗等熙豐新法。

紹聖年間對新法的「紹述」多有修正，但對反變法派的打擊毫不含糊。司馬光和呂公著被剝奪贈官與諡號，哲宗親書碑額也被追毀，只保全了元祐年間對哲宗保留敬意的蘇頌。其後呂大防、劉摯、蘇轍、梁燾等人被貶到廣南東路（今廣東省），范純仁被貶往永州（今屬湖南），蘇軾被貶往昌化軍（今海南儋州西北），程頤被貶往涪州（今重慶涪陵），韓維等三十人被相繼貶官。到元符元年（一〇九八），更設立「訴理所」清算元祐反變法派官員八百三十家之多。

哲宗時期打擊反變法派官員雖然十分嚴厲，但從哲宗的角度講，是這些人無端破壞新法以及打擊變法派官員在先，他恢復新法是子承父業，沒有任何不正當的地方。哲宗時期不但推行新法十分順利，對西夏的戰爭也有出色成績。紹聖三年西夏大舉進犯宋境，第二年宋軍對西夏進行反攻，元符元年冬，西夏舉三十萬大軍進攻平夏城，被宋朝章楶大敗，第二年西夏向宋求和，宋、夏再次修好。可以說哲宗在親政後很快就打開新的政治局面。

1 李燾：《續資治通鑑長編》卷四七二，第一一二六五～一一二六六頁。

2 李燾：《續資治通鑑長編》卷四七二，第一一二六六頁。

3 以上並見陳均：《皇朝編年綱目備要》卷二十三，許沛藻、金圓、顧吉辰、孫菊園點校，北京：中華書局，二〇〇六年，第五七六頁。

4 范祖禹：《太史范公文集》卷二十五〈聽政劄子〉，四川大學古籍整理研究所編：《宋集珍本叢刊》第二十四冊，北京：線裝書局，二〇〇四年，影印清鈔本，第二九六頁。

2 失敗的媚術

紹聖三年九月，太皇太后高氏去世剛滿三年，哲宗宣布皇后孟氏廢居道館，詔書稱：

皇后孟氏，旁惑邪言，陰挾媚道，迨從究驗，證左甚明。獄辭具孚，覆按無爽。朕夙夜惻怛，寢食靡寧，難以私恩而屈大義。躬稟兩宮慈訓，奉被玉音，失德若斯，將來何以母儀萬邦，上承宗廟？可上皇后冊寶，廢居瑤華宮，賜號華陽教主、玉清妙靜仙師，賜紫，法名沖真。其居處、供帳、服用、廩給之類，務從優厚。稱朕所以始終待遇之意。[5]

孟氏就這樣與仁宗皇后郭氏一樣被送到瑤華宮去當女道士，還獲得了「華陽教主」、「玉清妙靜仙師」等奇怪的稱號。哲宗廢皇后的理由是「陰挾媚道」，「陰挾媚道」是指孟皇后為了與劉婕妤爭寵，試圖採用巫鬼之術吸引哲宗注意力，結果不但毫無成效，還被立案調查。

該案導致孟皇后廢居瑤華宮，史稱「瑤華之獄」，相關記載十分詳細。先是紹聖二年孟皇后去朝拜景靈宮。結束之後，孟皇后坐下來，其他嬪妃都站著圍侍皇后，劉婕妤卻背向皇后，顯得很不尊重。皇后的宮女陳迎兒看不下去，呵斥劉婕妤「綽開」，劉婕妤未予理睬，孟、劉爭寵由此而起。那年冬至，後宮諸人去隆祐宮朝見向太后，孟皇后的坐椅有朱髹金飾的裝飾，屬於皇后獨享禮遇。劉婕妤不服，私自預備了同等禮制規格的椅子，引起在場所有人側目。有人看不慣，故意喊「向太后來了」，孟皇后起立迎接，劉婕妤等隨之起立，然後劉婕妤的椅子被偷偷撤走而坐空捽踧，氣得當即離場找哲宗哭訴。這時太監郝隨對劉婕妤說：「毋以此戚戚。願早為大家生子，此坐終當為婕妤有耳。」[6]不要在乎這種小事情，報仇最好的辦法是給皇帝生皇子，皇帝這麼喜歡你，你不愁生不下皇子，到時皇后那把椅子自然輪到你坐了。

這時孟皇后的女兒福慶公主生病，孟皇后請她姊姊進宮來看病。公主久病不癒，皇后姊姊用道家符水來治病。這種事情在宮中非常忌諱，孟皇后發現時很緊張，忙問這是從哪裡來的，說宮中與外面不一樣，嚴禁巫鬼之術。但孟皇后沒有除掉符水，等哲宗來看望福慶公主時，孟皇后交代是她姊姊為公主治病的符紙。哲宗說為了治病試試未嘗不可，於是孟皇后就在哲宗面前把符紙燒了化為符水給公主服用。此事迅速傳遍後宮，孟皇后從此迷上此類巫鬼之術，「厭魅之端作矣」。[7]就在公主病危時，公主的身邊出現了紙錢，孟皇后認為是劉婕妤派人以巫術謀害公主而留下的，心中十分痛恨，決心施展各種巫術與劉婕妤爭寵，結果導致「瑤華之獄」。該案的實施者包括孟皇后的養母燕氏、尼姑法端及內侍王堅三人，哲宗派內侍梁從政、蘇珪審訊調查後認定的情節包括：

一、王堅向法端出示家藏的雷公式，又用具有法力的南方楓木，與法端一起在光教院按雷公式建造了一處孟皇后的禱祠，並在那裡祈禱「所厭者伏，所求者得」[8]，「所厭者」當即劉婕妤，「所求者」當指孟皇后能與哲宗生下皇子。

二、法端還讓王堅從民間尋找驢駒媚、蛇霧、叩頭蟲這三種奇怪的東西帶進宮，讓孟皇后佩帶著侍寢哲宗。驢駒媚、蛇霧、叩頭蟲都是傳說用以催情的媚藥，所以該案被認定為「陰挾媚道」。

三、哲宗來到孟皇后房間時，燕氏將寫有「歡喜」兩字的符紙燒灰放入哲宗茶水中，但哲宗並未喝茶；燕氏又把「歡喜」符水灑在哲宗可能走過的路道上，並讓王堅畫劉婕妤像「以大釘釘其心」。[9]

四、燕氏等拿五月病卒的宮女屍灰放到劉婕妤的寢室中，又用七家針燒符放在劉婕妤的房間，總之想以各種巫術謀害劉婕妤。

法術不但無效失敗，而且被立案審查。最後，孟皇后被廢，王堅、法端、燕氏三人皆處斬，其他參與者、失察者都被處罰，最早呵斥劉婕妤的陳迎兒也被杖脊逐出宮去。判決形成之後，又交給宰執大臣們討論，有人提出異議，比如王堅的雷公式並沒有成功，燕氏也沒機會進茶，作案未遂似乎不應該判處極刑，但曾布反駁說驢駒媚、蛇霧這些都是實施過的。然該案交給內侍梁從政、蘇珪調查，本身就會引起爭議，殿中侍御史陳次升說：「自古推鞫獄訟，皆付外庭，未有宮禁自治，高下付閹宦之手。」[10]而且當時傳聞該案是為了廢后而用酷刑製造出來的冤案，被調查的將近三十人都是「宦官宮妾柔弱之人」，這些人審訊完之後一個個都奄奄一息的樣子，有的「肢體已毀折」，有的甚至舌頭都被割掉了。[11]更有人明確反對廢黜孟皇后，認為不要說是冤案，即便該案成立也與孟皇后沒有直接關係，紛紛認為「后無可廢之罪」。[12]

5 《宋大詔令集》卷二十〈皇后下・廢黜・廢皇后孟氏詔〉，第九六頁。
6 黃以周：《續資治通鑑長編拾補》卷十三，顧吉辰點校，北京：中華書局，二〇〇四年，第五二三～五二四頁。
7 脫脫：《宋史》卷二四三〈哲宗昭慈聖獻孟皇后傳〉，第八六三三頁。
8 陳均：《皇朝編年綱目備要》卷二十四，第五九六頁。
9 陳均：《皇朝編年綱目備要》卷二十四，第五九六頁。
10 陳次升：《上哲宗論內治》，曾棗莊、劉琳主編：《全宋文》第一〇二冊，第三六三頁。
11 陳均：《皇朝編年綱目備要》卷二十四，第五九六頁。
12 陳次升：《上哲宗論內治》，曾棗莊、劉琳主編：《全宋文》第一〇二冊，第三六三頁。

3 大女主元符皇后

紹聖四年（一〇九七），即孟皇后被廢第二年，劉婕妤進位賢妃。《宋史》稱劉氏「明豔冠後庭，且多才藝」[13]，但出身卑微，也有說法稱她是元祐四年十二月招聘進宮的「乳母」之一，這樣來說，她比孟皇后還早三年進宮，當時年僅十一歲而已。元符二年（一〇九九）八月，劉氏誕下一位皇子。九月皇子滿月，哲宗宣布向太后、朱太妃都認為劉氏是入主中宮最適合的人選，於是詔立劉氏為皇后：

朕以卿等上表請建中宮事，稟於兩宮，皆以為莫宜於賢妃劉氏。柔明懿淑，德冠後宮，誕育元良，為宗廟萬世之慶。中宮將建，非斯人其誰可當。所宜備舉典冊，以正位號，恭依慈訓，即須禮命。[14]

據說到了徽宗朝，向太后聲稱哲宗根本沒徵詢過她的意見。哲宗一心冊立劉皇后，章惇、曾布等大臣附和，但有位諫官鄒浩先前連續彈劾章惇，這時又極力反對立劉皇后，結果被嚴厲懲治，送新州羈管。

劉氏趕走孟皇后，生下皇子，入主中宮，在宮廷鬥爭中可謂大獲全勝。但是非常不幸，到了閏九月二十五日，皇子因病去世，哲宗悲痛欲絕，追賜名趙茂，還追認為太子，《宋史》裡稱他為獻愍太子茂。四天以後，劉皇后之前所生年僅三歲的皇四女懿寧公主也夭折。很快又發生了更具毀滅性的事件，元符三年，年僅二十四歲的哲宗去世。

哲宗沒有子嗣，去世後由皇弟端王趙佶繼位，就是宋徽宗。宋徽宗繼位之初，又請嫡母向太后垂簾聽政。向太后在政治上傾向於元祐，於是貶逐了章惇、蔡卞等人，然後提出恢復華陽教主孟氏的皇后地位，還派人給孟氏送去冠服換下道袍，孟氏於是坐著牛車從瑤華宮回到禁宮。這時有人提出應該廢黜劉皇后，曾布說廢劉皇后顯得很不尊重哲宗，讓新皇帝廢除兄嫂在禮節上實在講不通，何況兩個前朝皇后同時存在也不是問題。向太后接受了這個建議，於是劉皇后稱為元符皇后，孟皇后則稱元祐皇后。

建中靖國元年（一一〇一）正月向太后去世，政局再次變化。崇寧元年（一一〇二），蔡京拜相後揭發鄒浩當年反對立劉氏為皇后的奏議中有誣衊之詞：

殺卓氏而奪其子，欺人可也，詎可以欺天乎。

他認為皇子趙茂並非劉皇后親生，是凶殺搶奪而來的卓氏之子，鄒浩因此再貶。徽宗一邊下詔褒顯元符皇后劉氏，一邊又下詔再廢元祐皇后孟氏。但史書上卻說「然浩蓋無是言也」[15]，是蔡京編造出來冤枉鄒浩。崇寧二年（一一〇三），有人提出當今皇帝已有皇后，與前朝皇后同時存在很奇怪。徽宗遂為劉皇后進太后號，其所居宮殿賜名「崇恩」之宮，因此稱「崇恩太后」。「崇恩」宮名的來歷很有意思，詔書中稱：

朕入繼大統，獲承至尊。永惟哲宗皇帝不克與子，而元符皇后實與定策，推之恩義，夙夜靡忘。故鄧王已追贈為皇太子。母以子貴，於古有稽；而禮以義起，惟事之稱。宜崇位號，以慰在天之靈，稱朕友恭敦報之意。可進號太后，除依禮部所定加崇儀制外，其儀衛人數及請俸奏薦恩澤等，並依昨欽聖憲肅皇后元符三年體例施行，餘依皇后禮制施行。其宮賜名崇恩之宮。[16]

「元符皇后實與定策，推之恩義」是指劉皇后對徽宗繼位有貢獻，徽宗對她有感恩之情，所以「其宮賜名崇恩之宮」。徽宗在另一份詔書中說「元符皇后實受遺訓」[17]，似乎是哲宗聽了劉皇后的意見決定把皇位傳給徽宗，與一般歷史敘述有明顯的差別。

哲宗寵愛的劉皇后應該真的是明豔冠絕且多才藝，徽宗認定她有定策之功，更顯示她有超凡的政治才華。不幸的是，劉皇后的政治野心十分驚人，甚至直接說出了仿效武則天的心聲：

> 章獻明肅大誤矣，何不裹起襆頭，出臨百官！[18]

這句話或許有一定的誹謗色彩，但足以顯示劉皇后自負其才的性格，結果她因此丟了性命。史書記載，徽宗有次對蔡京說，我前陣子生了一場大病，沒想到那位崇恩太后竟想著要垂簾聽政，嚇得我不敢不有所防備，馬上派人加緊門衛，還賜給門衛一把劍，凡是未經宣召敢擅自進入者，不管是誰格殺勿論。這件事傳開之後，大臣們議論紛紛，蔡京說自古以來宮廷鬥爭什麼情況都可能發生，皇帝這樣做也是有道理的。但何執中提醒徽宗，「以婦人女子，加之愧懼，萬一不虞，則陛下不可負殺嫂名也。」[19]最好派一些可靠的人到崇恩太后身邊把她保護起來，這種話傳到劉氏耳中說不定會鬧出什麼事情來，萬一有個三長兩短傳出去就會變成皇帝殺嫂。

徽宗被何執中的話嚇了一跳，一時沒想好如何處理，就說下次找個時間專門討論這個問題。這番議論可能已經傳了出去，晚上徽宗召集大臣開始討論是不是應該廢黜崇恩太后。結果，「蓋為左右所逼，自即簾鉤而縊焉。」劉皇后被逼自殺了，這是政和三年（一一一三）二月的事情，劉皇后過世時年僅三十五歲。據說徽宗當時指出，「孟后已廢，今崇恩又廢，則泰陵無配矣。」[20]之前已把孟皇后再次廢黜，現在再把劉皇后廢了，就會出現哲宗的永泰陵沒有皇后陪葬的問題。這個表態聽起來相當厚道，但也可能極其惡毒。

13 脫脫：《宋史》卷二四三〈昭懷劉皇后傳〉，第八六三八頁。
14 《宋大詔令集》卷十九〈皇后中・尊立下・立賢妃劉氏為皇后詔〉，第九一頁。
15 以上並見脫脫：《宋史》卷二四六〈獻愍太子茂傳〉，第八七二五頁。
16 《宋大詔令集》卷十七〈皇太妃・太后・元符皇后進號太后賜名崇恩宮詔〉，第八六頁。
17 《宋大詔令集》卷十七〈皇太妃・太后・加崇元符皇后詔〉，第八六頁。
18 陳均：《皇朝編年綱目備要》卷二十八，第七〇七頁。
19 陳均：《皇朝編年綱目備要》卷二十八，第七〇八頁。
20 陳均：《皇朝編年綱目備要》卷二十八，第七〇八頁。

4 漫長餘生

建中靖國元年向太后去世，崇寧元年蔡京拜相。宋朝政局再次翻盤，被向太后重新召入宮中的孟皇后面臨再次廢黜的命運。最初是與劉皇后非常親近的郝隨提出再廢孟皇后，但侍御史龔夬提出應該廢劉皇后。這時政治上既然已經確立了繼宗神宗熙寧變法的事業，元祐時代太皇太后高氏冊立的孟皇后就必須廢黜，再廢制詞中連向太后恢復孟后的政策也被一併否定，並宣布孟后「宗廟不可以從祀、陵寢不可以配祔」，由此釋放出徹底否定元祐政治的強烈信號。[21]

孟氏於崇寧元年十月重返瑤華宮，在那裡度過了二十餘年的道姑生活，直至徽宗退位。欽宗靖康元年（一一二六），瑤華宮起火，孟氏轉移至延寧宮；延寧宮又起火，孟氏轉移到相國寺前私宅內。這時金軍已包圍開封，欽宗與近臣討論再次恢復孟氏的皇后地位，並尊其為元祐太后。詔書還沒下達，金兵已攻入開封。靖康之難中，宋皇室全被擄走北遷，但前朝嬪妃、公主不在俘虜之列，孟氏更「以廢獨存」[22]，哲宗另兩位嬪妃慕容氏、魏氏也跟著南渡，活到了紹興年間。

由於孟氏對南宋政權重建的意義重大，後來還流行了一些傳聞，其一保留在宗室趙彥衛的筆記《雲麓漫鈔》中，說徽宗退位時一度躲避到淮浙一帶，當時作了一首小詞〈月上海棠〉，最後一句是「孟婆且與我做些方便」[23]，後來被當成是孟氏再造宋室的讖語。另一出現在《三朝北盟會編》中，說靖康之難中，欽宗特意批了一份條子，上面寫了一句隱語「趙氏注孟子相度分付」[24]，說得好像由孟氏立高宗趙構是欽宗旨意似的。

靖康之難後，金軍在開封建立了由張邦昌稱帝的偽楚傀儡政權。金軍撤走之後，張邦昌自知毫無統治基礎，欲借孟氏的名義號召天下，於是尊孟氏為宋太后，將孟氏迎入延福宮接受百官朝拜。胡舜陟等人又建議要孟氏參與政事，張邦昌更請孟氏垂簾聽政，並恢復「元祐皇后」的稱號。兩度被廢的孟皇后居然實現了劉皇后可望而不可及的聽政夢想。

建炎元年（一一二七）四月，孟氏聽說康王趙構在濟州（今山東巨野），就派馮澥、李回及侄子孟忠厚等人，拿著孟氏的手書表示要迎接康王繼承皇統，張邦昌也積極與趙構取得聯繫。五月，趙構在南京應天府（今河南商丘）登基，同時宣布孟氏撤簾。由於趙構的嫡母鄭氏、生母韋氏都「從上皇北遷」，又尊孟氏為「元祐太后」，有臣僚指出孟氏應避曾祖父孟元的諱，於是改稱「隆祐太后」。

此後孟氏一路歷經千辛萬苦。建炎三年（一一二九）金軍追擊趙構時，趙構急命劉玨、滕康護送孟氏到洪州（今江西南昌），並派楊惟忠率兵萬人擔任保衛。經過鄱陽湖上落星寺時，孟氏一行的船翻覆了，宮人落水淹死十餘名，孟氏倖免。孟氏抵達洪州時得到情報，有支金軍正趕往洪州追擊，趙構讓劉光世在江州（今江西九江）抵擋，但劉光世根本沒有管，金兵過江三天還無人知曉。孟氏只好從洪州繼續逃亡，先逃到吉州（今江西吉安）。金軍繼續追趕，孟氏連夜坐船逃到太和（今江西泰和），船工景信因被督迫太急，竟然要造反而不再受命於宋廷。這時楊惟忠的萬人護衛軍已經潰散，滕康、劉玨等人也自行逃跑了，孟氏的一百六十個宮女也不見了，保護孟太后的軍隊只剩不足百人，最後靠農夫扛著肩輿才繼續逃到了虔州（今江西贛州）。

抵達虔州之後，孟氏衛隊用宋徽宗時代的沙錢購物。但這種錢幣早已停用，當地更稱之為「上皇無道錢」而拒絕接受，衛隊士兵與當地百姓打鬥起來，甚至縱火焚燒百姓的財物。建炎四年（一一三〇）正月，虔州百姓被官軍捕殺，官軍劫掠縱火三日。二月，虔州百姓在當地豪紳陳新的率領下組織數萬人包圍虔州城，試圖消滅宋朝官軍，胡友率援軍解圍才讓孟氏重獲安全。這時金軍追擊趙構未成，開始陸續北撤，三月趙構派人到虔州迎接孟氏。八月孟氏抵達紹興，直至紹興元年（一一三一）春病逝，享年五十九歲，諡「昭慈聖獻」。

孟氏去世之前向趙構提出了一個特殊請求，希望修改神宗、哲宗兩朝有關宣仁聖烈皇后高氏的歷史敘述：

> 宣仁太后之賢，古今母后未有其比。昔奸臣肆為謗誣，雖嘗下詔明辨，而國史尚未刪定，豈足傳信？吾意在天之靈，不無望於帝也。[25]

所謂的「宣仁之誣」就是由此而來，蔡確、章惇等哲宗的定策功臣因此被打為奸臣。孟皇后當年由太皇太后高氏冊立，這時要為高氏翻案自然可以理解。不過為高氏翻案的同時，孟氏自己的瑤華之獄也要改寫。這部分比較簡單，一是根據孟氏侄子孟忠厚的敘述，加了一句「至錄問時罪人無舌事」，以此強調瑤華之獄是冤案。其次是加上了「紹聖中宮之廢，外則章惇，內則郝隨，二人之罪甚大，非哲宗本意」這句話，把廢后的責任推給了章惇與郝隨，強調不是哲宗的本意——顯然與事實並不相符。[26]

21 《宋大詔令集》卷十七〈皇太妃・太后・再廢元祐皇后詔〉，第八七頁。
22 脫脫：《宋史》卷二四三〈哲宗昭慈聖獻孟皇后傳〉，第八六三四頁。
23 趙彥衛：《雲麓漫鈔》卷四，傅根清點校，北京：中華書局，一九九六年，第六二頁。
24 丁傳靖輯：《宋人軼事彙編》卷二，第五〇頁。
25 脫脫：《宋史》卷二四三〈哲宗昭慈聖獻孟皇后傳〉，第八六三七頁。
26 黃以周：《續資治通鑑長編拾補》卷十三，第五二六～五二七頁。

第十五章——蔡王之獄

1 徽宗與向皇后

元符三年正月十二日，年僅二十四歲的哲宗去世，次日皇弟徽宗繼位。徽宗繼位的過程，史書記載得很詳細生動。當時宰相章惇提出其他人選，而向太后一錘定音選擇端王趙佶。《續資治通鑑長編》記載那天情形，宰執大臣們半夜在宰相府集合，第二天黎明進宮。向太后垂簾坐在福寧殿東，大臣們來到簾下，向太后告知哲宗已去世，沒有子嗣，需要趕緊確定一個繼承人：

邦家不幸，太行皇帝無子，天下事須早定。

宰相章惇向來十分膽大，毫不忌諱地提出讓哲宗的同母弟簡王趙似繼位，理由是與哲宗血緣最為親近，都是朱太妃所出：

在禮律，當立同母弟簡王。

向太后說應該按年齡順序，年齡最長的申王趙佖有眼疾，再接著就是端王趙佶：

神宗皇帝諸子，申王雖長，緣有目疾。次即端王當立。

章惇反對向太后的意見，他說無論年齡還是禮法的角度都輪不到趙佶：

論長幼之序，則申王為長；論禮律，則同母之弟簡王當立。[1]

在皇帝缺位的情況下，至少在禮儀上由太后掌握立儲的最終決定權是中國皇權制度的重要組成部分。這時向太后是擇儲的關鍵人物，而哲宗的生母朱太妃根本不在討論人選的現場。向太后無子，她眼裡包括哲宗在內的神宗所有皇子都是庶子，理應一視同仁，如果趙似憑藉與哲宗同為朱太妃所生就可以繼承皇位，那麼朱太妃的重要性就超越了向太后，從權力追逐的角度來講，這是向太后無論如何不能接受的：

俱是神宗之子，豈容如此分別？

至少在《續資治通鑑長編》的記載中，向太后從一開始就沒說要和章惇這些大臣們討論繼位人選的問題，接下來她就以哲宗意願的名義直接宣布決定了：

於次端王當立。兼先帝嘗言端王有福壽，又仁孝，不同諸王。

其他的大臣就知道根本沒有商量的餘地，趕緊與章惇撇清，表示擁護向太后。知樞密院事曾布說：

章惇未嘗與眾商量，皇太后聖諭極當。

尚書左丞蔡卞說：

當依聖旨。

中書侍郎許將亦說：

合依聖旨。

這樣一來，章惇也就無話可說，只能「默然」。[2]

但這段記載向太后與章惇的對話存在著很多問題。首先，沒有出現章惇的名言：

端王輕佻，不可君天下。[3]

向太后提出端王趙佶之後，章惇只是說申王與簡王是更合適的人選，並沒有對端王發表任何評論。趙佶就是著名的藝術家兼亡國之君宋徽宗，他的結局完全擔得起「端王輕佻，不可君天下」的評價。但章惇做為宰相不可能當著向太后的面對親王展開人身攻擊，何況這時的端王是向太后提名的皇位繼承人。

即便是北宋滅亡之後，南宋的官方史書也不太可能出現這樣的話。黃日初研究發現，這句話最早出現在宋朝滅亡之後的元修《宋史》之〈徽宗本紀〉論贊中：

宋中葉之禍，章、蔡首惡，趙良嗣厲階。然哲宗之崩，徽宗未立，惇謂其輕佻不可以君天下；遼天祚之亡，張覺舉平州來歸，良嗣以為納之失信於金，必啟外侮。使二人之計行，宋不立徽宗，不納張覺，金雖強，何釁以伐宋哉？以是知事變之來，雖小人亦能知之，而君子有所不能制也。[4]

雖然明指章惇此語出自「哲宗之崩，徽宗未立」之際，但並無駁斥向太后的情節，更像是私下議論、怨恨之語。有意思的是論贊中稱「知事變之來，雖小人亦能知之，而君子有所不能制也」，倒像是在諷刺所謂的「君子」。

至於這句話做為章惇駁斥向太后立徽宗的理由而出現，最早者是明代陳邦瞻《宋史紀事本末》，其中向、章、曾三人對話極具戲劇性：

太后曰：「申王有目疾，不可。於次則端王佶當立。」

惇曰：「端王輕佻，不可以君天下。」

言未畢，曾布叱之曰：「章惇未嘗與臣商議，如皇太后聖諭極當。」

蔡下、許將相繼曰：「合依聖旨。」

太后又曰：「先帝嘗言端王有福壽，且仁孝。」[5]

《宋史紀事本末》堪稱古代的《宋朝簡史》，簡潔、生動而完整，影響甚廣，章惇之語因此深入人心。但在此指出的不僅是《宋史紀事本末》如何巧妙編排史料的問題，還需要進一步探討這種巧妙編排如何掩蓋歷史。

章惇「端王輕佻」之語放在與向太后的對話中至少有兩方面的政治掩飾。一是做為理由掩蓋了章惇反對徽宗的真實原因；二是掩蓋了向太后的政治訴求與政治操作，因先有章惇「端王輕佻」之說，再有向太后稱端王「且仁孝」，品德成為立儲的核心議題，而向太后這句話是借哲宗之語宣告自己的立儲權力，所謂端王「且仁孝」如同「晉王有仁心」，根本是權力的宣示而非品德的評定。不過討論這些問題之前，可以先了解徽宗當時的真實形象。

繼位之前，徽宗最突出的無非是「文藝青年」形象。本來沒機會繼位的情況下，親王們的個人品性與政治無甚關聯，也不太會引起太多關注。蔡京之子蔡絛《鐵圍山叢談》記載：

國朝諸王弟多嗜富貴，獨祐陵（徽宗）在藩時玩好不凡，所事者惟筆研、丹青、圖史、射御而已。當紹聖、元符間，年始十六、七，於是盛名聖譽布在人間，識者已疑其當璧矣。[6]

雖有「彩虹屁」之嫌，畢竟只是說趙佶雅愛文藝而已。另外吳曾《能改齋漫錄》記載給事中楊震十分注意為趙佶避免政治忌諱，有鶴降於庭，楊震稱「是鸛非鶴」，有芝生於寢閣，楊震稱「是菌非芝」。[7]這條記載表面上看是徽宗早年處事謹慎，其實有反向製造祥瑞之嫌，反顯出徽宗性格中「私智小慧」、機巧過人。但無論哪種記載，似乎都談不上「輕佻」，向太后所謂的「仁孝」形象倒有可能是徽宗刻意構建的人設。

此外，類似於漢文帝的繼位與其母親薄姬卑弱有關，向太后選儲時不會不考慮新君生母的身分地位。由於哲宗生母朱太妃已經獲得特殊尊榮，向太后完全有理由把哲宗同母弟趙似排除在外。趙佖生母武賢妃雖然地位卑微，畢竟活到了大觀元年（一一〇七），立趙佖意味著還得再立一位太妃。而徽宗就沒有這樣的累贅，史載他的生母陳美人喪夫後堅持為神宗守陵，「思顧舊恩，毀瘠骨立」。因過於悲痛，至於不進飲食，「左右進粥、藥，揮使去」，並聲稱：

> 得早侍先帝，願足矣！[8]

《宋史》稱陳氏「未幾薨」，年僅三十二歲，但《宋會要》記載陳氏的去世時間是元祐四年。[9]無論陳氏卒於何年，出生於元豐五年（一〇八二）的徽宗當時還是兒童。這樣一來，徽宗早年由誰撫養就會成為一個問題。在哲宗、趙佖生母皆在的情況下，徽宗很有可能由向太后親自撫養，甚至徽宗雅好文藝也可能與向太后出身文臣之家有關，只是史料中沒有留下這方面的任何記載。

1 以上並見李燾：《續資治通鑑長編》卷五二〇，第一二三五六～一二三五七頁。
2 以上並見李燾：《續資治通鑑長編》卷五二〇，第一二三五七頁。
3 陳邦瞻：《宋史紀事本末》卷四十八〈建中初政〉，河北師範學院歷史系中國古代史組點校，北京：中華書局，二〇一五年，第四六七頁。
4 脫脫：《宋史》卷二十二〈徽宗本紀四〉，第四一七～四一八頁；黃日初：〈「端王輕佻，不可以君天下」辨疑〉，《北京社會科學》二〇一五年第六期。
5 陳邦瞻：《宋史紀事本末》卷四十八〈建中初政〉，第四六七頁。
6 蔡絛：《鐵圍山叢談》卷一，第五～六頁。
7 吳曾：《能改齋漫錄》卷十三〈楊震急逐鶴去〉，劉宇整理，上海師範大學古籍整理研究所編：《全宋筆記》第三十六～三十七冊，鄭州：大象出版社，二〇一九年，第一〇三頁。
8 以上並見脫脫：《宋史》卷二四三〈欽慈陳皇后傳〉，第八六三二頁。
9 徐松輯：《宋會要輯稿》后妃一，第二五一頁。

2 蔡王與朱太妃

章惇為什麼提出趙似繼位而反對趙佶？是否如他所說是依據禮律或年齡的原則，抑或是意識到「端王輕佻不可君天下」？現存《續資治通鑑長編》無法為這些問題提供任何答案，這部著作元符三年一月以後的內容已佚失。但徽宗繼位的當事人之一、當時的知樞密院事曾布留下了一部日記殘本，事無巨細地、當然也不無立場地記載了元符三年上半年他所經歷的政治事件。

徽宗繼位後，首先要處理向太后垂簾聽政與哲宗的喪葬事宜，然後還有大量的人事問題。向太后想找人商議處理章惇的問題，但如何繞過章惇就成為難題。二月，曾布提出宰相府與樞密院是否可單獨向皇帝和太后彙報工作，批覆程序走了好幾圈仍沒有明確答覆。最後曾布直接請示徽宗，徽宗說先前沒有單獨彙報工作的制度，但皇帝或太后主動提出要求與某位宰執大臣進行討論是沒有問題的。如此這般，曾布就獲得了與向太后單獨對話的機會，他們開始議論章惇。

曾布說，不知道章惇為什麼怕我和太后單獨對話，之前討論皇位繼承人時已經說錯了話，卻不知悔改，還處處挑戰太后的權威，膽子也太大了。向太后說，也是先帝哲宗慣出來的毛病，先帝承認他有定策之功，章惇仗著這一點膽大妄為，經常胡說八道——這裡向太后是承認章惇、蔡確等人對哲宗有定策之功，原話是「當時曾於簾前議立先帝」。向太后接著和曾布透露了章惇想立趙似的真正原因，因趙似的生母朱太妃是章惇在後宮的靠山，朱太妃幫助章惇當上了宰相，並透過內侍藍從熙向章惇索要政治回報：

他初作相時，是藍從熙去宣召，從熙是聖瑞閣中人，說與惇云：「此命皇太妃之力為多，將來何以報答？」

而哲宗病危時，朱太妃曾要求立排行十二的同母弟趙似：

昨先帝病危，聖瑞曾云：「只十二哥是姐姐肚皮裡出來，你立取十二哥即穩便。」先帝自此氣不復語。[10]

「聖瑞」是朱太妃所居宮殿。張邦煒先生研究蔡王之獄時也說「自此氣不復語」語義不清，但提出了一個非常嚴峻的問題：如果哲宗接受生母朱太妃的意見，意識到自己可能歸天時要把皇位傳給同母弟趙似，他臨終時表達出這樣意願就將鎖定皇位繼承人。要完成這個過程，按哲宗繼位的經驗，需要章惇等宰執大臣奏請，哲宗面諭，大臣筆錄後就做為最高意志予以貫徹。所以朱太妃說出「你立取十二哥即穩便」時，他們母子應該意識到立儲已經非常急迫，這句話不應理解為朱太妃看望病子時的閒語，而是緊急政治行動的開端，下一步就該是聯繫章惇奏請皇帝。但接下來哲宗「氣不復語」，無論具體何意，都指哲宗無法言語清晰地表達自己的立儲意願。

曾布聽明白了向太后的意思，哲宗去世前，朱太妃曾與章惇勾結計畫立趙似為帝，但他好奇兩者如何聯繫。他問向太后：「此語惇何以得知。」章惇如何知道朱太妃與哲宗密謀立趙似，向太后認為「必是從熙」，肯定是藍從熙通風報信。曾布或許真的不知內情，這時他表現得十分震怒，「若如此，罪尤不可勝誅」。向太后又向曾布說出了更多祕聞或密謀，機密到曾布不敢記下來的程度：

太母云：「誅戮有餘。事在裡。」太母語聲甚低，余附耳於簾前，然不曉，凡所記者才半爾，兼多再稟乃詳曉。

這些話應是向曾布傳達向太后聽政的必要性，徽宗當時已成年，但以朱太妃、章惇、趙似為核心的政治集團是反對派，徽宗必須與向太后聯手才能應付這些人的挑戰：

皇帝踐祚，內外皆有異意之人。上識慮高遠，以此堅請太后同聽政，不然，誰冀與為助者？[11]

單獨對話的重要意義，一是向太后向曾布確認由她垂簾聽政的必要性，二是向太后與徽宗希望借助曾布的力量打擊朱太妃、章惇、趙似政治集團，至少要防範他們繼續實施任何政治陰謀。

幾天以後，曾布又與徽宗討論章惇的問題。之前蔡卞因哲宗繼位的定策問題與章惇爭吵，曾布與徽宗議論章惇也由此開始。曾布說王珪在哲宗繼位問題上不過是有點遲疑，但也說「上自有子」，態度還是很端正的，沒想到章惇把王珪直接從宰相降為最低級的司戶參軍，實在太過分了。徽宗又問今天章惇與蔡卞在吵些什麼，曾布就扯到章惇在這次徽宗繼位時的表現，說沒想到皇帝還容得下章惇，實在太寬宏大量了，「惇若稍知義理，何顏復見陛下！非聖德仁厚，何以涵容至今？惇但欲陽為不采，以掩覆其事。」曾布提醒徽宗，章惇當日提出趙似繼位恐怕不是個人想法這麼簡單，那天章惇說話特別大聲，似乎故意要讓身邊的人知道，並把消息迅速傳播出去：

然當日簾前厲聲，唯恐眾人不聞，左右閹侍百餘人，無不聞者，故即日喧傳中外。

徽宗認為向太后更加關心這件事，「此事固當密稟皇太后」。曾布說章惇連向太后都敢直接挑戰，「惇非獨與臣等爭先，乃欲與皇太后爭先，以為己功也」。[12]

兩人又討論章惇如何與簡王趙似勾結的問題。徽宗說：「渠下馬處曾有人說話，有人見。」那天有人看到章惇在下馬的地方和人說話，問「是時在禁中宿？」當時章惇在宮中過夜嗎？曾布說是，「自九日宿省中」從九日開始就在辦公室過夜，徽宗說原來如此。接下來兩人的對話如下：

又云：「知其為人否？」

余云：「惇固所深知。」

上云：「不然。」

余云：「簡王，臣等未嘗敢詢宮邸中事，然有一人嘗使令，云多與使臣輩聚飲。」

上云：「殿侍之類皆同坐飲酒，並酷刑，有性氣。」

余云：「臣亦嘗聞皇太后宣諭，云有交通語言者。誠如此，罪亦大。」[13]

「余」是曾布自稱，其餘皆是徽宗的話。徽宗話題一轉說「知其為人否」，這話說得含糊，從上下文來看應該是問，你知道簡王趙似的為人嗎？曾布說，反正章惇應該很了解吧。徽宗說「不然」，意思是外界未必知道趙似在宮內的真實表現。曾布就說，趙似在宮中的情況他無從得知，但聽說過趙似經常「與使臣輩聚飲」。徽宗肯定了這種說法，說趙似喜歡和手下侍衛之類的人一起飲酒，還喜歡用酷刑，很有性格。兩人大致確定了章惇與趙似勾結圖謀定策，曾布補充說向太后早就懷疑他們了，現又和徽宗確認，那麼章惇應屬於罪大惡極。確認章惇是惡人之後，兩人又討論哲宗為何如此厚待章惇，竟讓他獨相多年，首先當然是哲宗把章惇視為定策功勳，其次就是哲宗太過「優容」，「一切涵容爾」。[14]如此這般，當然要考慮如何拔除章惇。

三月，徽宗又告訴曾布，除了章惇之外，與朱太妃圖謀不軌的人還有大太監梁從政，他在哲宗臨終前，竟然搬了把朱太妃的椅子放在哲宗的病床前，向太后看到震驚不已。還說朱太妃數次對哲宗說「不分曉本末」。曾布說，那就是外朝宰相與宮內大太監（入內都知）勾結謀立趙似，這種人現在肯定不能再留了，「皆在眾人之上，又皆異意之人，朝夕親近，豈得穩便？」徽宗說章惇就留到把哲宗的葬禮處理完，怎麼處理梁從政還得請示向太后。[15]

於是曾布請示向太后，向太后進一步提供了梁從政與章惇勾結的證據，說哲宗臨終前向太后問梁從政：「官家如此，奈何？」梁從政回答：「但問章惇。」只要問章惇就行了。向太后覺得很奇怪，問「惇若說得未是時，如何？」如果章惇說的有問題怎麼辦，梁從政竟說：「他是宰相，須是。」，「須是」是肯定對的、準沒錯之意。「及見惇所陳，似相表裡，極可驚怪。」後來聽到章惇提出簡王趙似，好像和梁從政通過氣似的，覺得特別奇怪。向太后還說梁從政從聖瑞宮搬來的不是椅子，而是「從物妝具」之類用品。曾布說，梁從政這種做法是想把生米煮成熟飯，現在他們的計畫沒有成功，這兩個人都有滅族的顧慮，章惇是首相，梁從政在宮內掌握著親兵，兩人圖謀不軌，只是沒機會下手。向太后問那怎麼辦？曾布說雖然不能輕舉妄動，但也不能毫無防備。[16]

四月，宮中有位十五歲的私身因爭鬧引起火災，「乃聖瑞殿中人」，曾布與向太后討論此事，向太后又提到「聖瑞宮中有七百餘人」。五月，曾布說皇帝已指示容忍章惇到哲宗的葬禮處理完畢，但現在哲宗馬上要送到鞏義皇陵下葬，章惇是山陵使，「而諸王亦皆從，及從政、熙輩又亦俱行」。這一趟來回將近一個月，章惇這個人粗疏暴率，即使章惇、梁從政、藍從熙、趙似這些人沒有勾結圖謀不軌，只是章惇與趙似有私下聯繫，也會引起嚴重的政治後果，到時候皇帝處理章惇還好辦，如何處理這些皇弟就很頭痛，「陛下兄弟之間，未免傷恩，此不可不慮」。徽宗說向太后也擔心這個問題，還派了一、兩個臥底到梁從政身邊。徽宗又提到已經改封蔡王的趙似品性很壞，說「蔡王尤不循理，亦頗有汙穢事，太母深病之。作親王卻多在殿侍房中出入，以此亦深憂之」。曾布說這些人還是要盡量保全，但首先得保證他們不再做出軌的事情，哲宗下葬這個環節必須有所考慮。徽宗說那多派人暗中偵察防備吧。曾布說還得從御藥院派些人比較可靠些，徽宗說這也要請示向太后。曾布又來請示向太后，向太后說梁從政是入內都知，宮內所有人都畏怕他，派人偵察恐怕是沒有用的，不如就不要讓蔡王趙似參加這次活動了。曾布說：「聖慮高明，非臣所及。」向太后的考慮太高明了，我怎麼沒想到呢。不過唯獨不讓蔡王參加很奇怪，定王趙偲年齡更小，讓這兩位都不參加就看不出嫌疑了。向太后說這個主意很好，反正「皆未出居外第」，這兩人還沒搬到宮外去住，到時就這麼說好了。[17]

總而言之，章惇當年提出由趙似繼位，絕非個人的政治觀點，而是與朱太妃聯手推行的定策大計，但被向太后與徽宗所挫敗。徽宗繼位之後，向太后、徽宗與曾布聯手祕密調查並嚴加防範這個集團再有輕舉妄動。九月，徽宗便以「章惇為山陵使而喪輿陷濘暴露」，在安葬哲宗時出差錯為由，將其罷相，開始是以守本官知越州，後來乾脆貶為武昌軍節度副使，潭州安置。建中靖國元年三月梁從政被解職，罪名是「佐佑章惇」。[18]

待章惇、梁從政被貶後，建中靖國元年七月又有蔡王之獄。事情的起因極其細微，當時趙似剛遷居外第，王府書吏鄧鐸寫了「隨龍人、三班借職鄧鐸」九個字[19]，結果被同在王府中的殿直劉況告發圖謀不軌。徽宗下令逮捕鄧鐸並徹底追查，趙似立即上表待罪。主審此案的開封府推官吳師禮僅將鄧鐸處以極刑，而對蔡王趙似不及一詞。此後徽宗表面上「待蔡王如初」[20]，還監督趙似讀書。史書記載趙似此後過著墮落腐化的生活。這種描述的真實性當然可以質疑，但重要的是崇寧五年（一一〇六）趙似去世，年僅二十四歲，而朱太妃早於崇寧元年過世。至此，徽宗繼位的「異意之人」已全部消滅。[21]

10 以上並見曾布：《曾公遺錄》卷九，顧宏義點校，北京：中華書局，二〇一六年，第二二二頁。
11 以上並見曾布：《曾公遺錄》卷九，第二二二頁。
12 以上並見曾布：《曾公遺錄》卷九，第二一七頁。
13 曾布：《曾公遺錄》卷九，第二一八頁。
14 曾布：《曾公遺錄》卷九，第二一八頁。
15 曾布：《曾公遺錄》卷九，第二三五頁。
16 曾布：《曾公遺錄》卷九，第二三五～二三六頁。
17 曾布：《曾公遺錄》卷九，第二六二～二六四頁。
18 鄒浩：《道鄉先生鄒忠公文集》卷十五〈入內都押梁從政降官制〉，四川大學古籍整理研究所編：《宋集珍本叢刊》第三十一冊，北京：線裝書局，二〇〇四年，影印明成化六年刻本，第一一二頁。
19 陳均：《皇朝編年綱目備要》卷二十六〈徽宗皇帝・建中靖國元年〉，第六五三頁。
20 脫脫：《宋史》卷三五一〈劉正夫傳〉，第一一〇九九頁。
21 參見張邦煒：〈宋徽宗初年的政爭──以蔡王府獄為中心〉，《西北師大學報》（社會科學版）二〇〇四年第一期，第四～五頁。

3 如何篡改歷史？

蔡王之獄，張邦煒先生早有專文討論。對於徽宗繼位，學界仍未充分討論的是向太后究竟如何決策。史書上明確記載向太后在與章惇等大臣的討論中一錘定音，但其他史料有不同記述，留下的疑點甚多。特別是曾布日記有一條資料十分細緻地描述了向太后如何修改當時的歷史記載，意味著言之鑿鑿的官史敘述仍可能是一部偽史。

徽宗繼位最大的疑點是哲宗有沒有留下遺願，或者說為什麼沒有留下遺願。前面已講到，朱太妃、章惇、梁從政這些人聯手謀立趙似，打算在哲宗臨終時，由朱太妃說服哲宗，然後由獨相章惇奏請立儲，只要奏請中明確提出趙似，哲宗另擇人選的難度極大。這個計畫的唯一風險是沒等章惇奏請立儲，哲宗就去世了，這種局面最終變成現實，因沒人預料哲宗這麼快過世。

曾布日記把哲宗去世前一天的病情描述得相當嚴重，「汗喘定，乃乍靜，脈氣大段虧減，藥無不供進，未有效」。但這是醫官的描述，曾布當時所見哲宗精神尚可，病情比較平穩，「上頂白角冠，披背子，擁衾而坐。上雖瘦瘁，面微黑，然精神峻秀，真天人之表。是時喘定，汗亦止」。更重要的是，當時哲宗自我感覺良好，說「朱砂等皆已服，喘亦漸定，卿等但安心」，還問「除齋醮外，有何禮數」，聽到曾布的答覆後說「甚好」。[22]這種病情一方面遠沒有達到王珪、蔡確等奏請立儲時，神宗只能顧望首肯的地步；另一方面與此對照曾布日記後文的描述顯得十分可疑。

曾布日記兩次記述哲宗去世前朱太妃有所交代，但語義十分含糊。一次是向太后追憶的，朱太妃「你立取十二哥即穩便」，後面跟著一句「先帝自此氣不復語」。一次是徽宗追述，朱太妃在病床前莫名其妙地說了句「不分曉本末」，後面接了一句「至大漸，以政事鬱塞，至升遐，不復語」。[23]雖然語義含糊，但兩次都有哲宗情緒受到刺激而「不復語」的描述。哲宗去世前一天晚上還與曾布等正常對話交流，「不復語」從什麼時候開始？難道針對不同的人有不同的態度？更可疑的是向太后駁斥章惇的意見時，提到哲宗生前誇獎過端王，這句話在《續資治通鑑長編》記為「兼先帝嘗言『端王有福壽，又仁孝，不同諸王』」[24]，曾布日記卻記為「兼先皇帝曾言『端王生得有福壽』」，向太后還回覆「官家方偶不快，有甚事」。[25]哲宗誇獎端王是不是在臨終之前，聽朱太妃說立簡王趙似就「氣不復語」，並主動對向太后誇獎端王，意思是兩者之間傾向於趙佶而不是同母弟趙似？哲宗這種態度似乎不太合乎情理，更可疑的是沒有人可以為向太后作證哲宗是否誇過端王，哲宗突然去世讓向太后壟斷了哲宗遺言的解釋權。

最關鍵的是，向太后壟斷徽宗繼位的歷史敘述細節被曾布記錄了下來。四月的一天，曾布與許將、蔡卞一同進呈時政記（政府工作日誌），向太后決定繼位人選時，這三人都在場。曾布說，當時陛下不在場，記錄得是不是準確，還需要向太后審查。向太后看了之後就表示質疑，說：

總是，只是不曾道「如何」字。

向太后還解釋：

若道「如何」，卻去與惇量也。

但蔡卞說，他明明聽到向太后說「如何」了：

曾聞「如何」之語。

向太后堅決不承認：

不曾。[26]

爭的是哪一句呢？就是《續資治通鑑長編》裡已刪去「如何」兩字的那句「邦家不幸，太行皇帝無子，天下事須早定」。[27]蔡卞說有「如何」，向太后說沒「如何」，而曾布日記所記也是有「如何」：

皇帝已棄天下，未有皇子，當如何？[28]

就是說向太后本是以商量、詢問的口吻提出立儲問題，而章惇提出自己的人選，即使沒有被接受，也沒有政治問題。但向太后已有了確定的人選，而且要治章惇的罪，所以把「如何」兩字刪掉，這樣章惇提出自己的人選就顯得十分冒失，成了對向太后的冒犯，而向太后就是需要這個效果。

後面記載蔡卞說過一句「太后聖旨已定，更有何擬議」，向太后說這句她「不聞」沒聽到。曾布說，連皇帝聽內侍們都說有這句，但向太后堅持「不聞」，弄得蔡卞毫無辦法，只好說：「如此，乞削去。」[29]那就刪了吧。但曾布日記也沒記錄這句話，這句話應該出現在哪裡，向太后為什麼如此敏感呢？有意思的是，《續資治通鑑長編》的小字注釋裡引用「舊錄」（徽宗朝《哲宗實錄》）中出現了這句話，證明徽宗相信蔡卞是說過這句話的：

退至階前，都知梁從政等白召五王問疾。章惇曰：「且召五王來看。」卞斥惇曰：「太后聖旨已定，更有何擬議。」於是諭從政等召諸王皆至內東門，唯端王得入。[30]

章惇想同時召五王入殿，蔡卞提出抗議，於是只有端王得入，入殿後即登基稱帝。本是表現章惇仍不死心，向太后似乎不必那麼敏感。但《續資治通鑑長編》中保留的可不止這個版本，還有一些說法值得細細品味。

22 曾布：《曾公遺錄》卷九，第一七三頁。
23 曾布：《曾公遺錄》卷九，第二一五頁。
24 李燾：《續資治通鑑長編》卷五二〇，第一二三五七頁。
25 曾布：《曾公遺錄》卷九，第一七四頁。
26 以上並見曾布：《曾公遺錄》卷九，第二四二頁。
27 李燾：《續資治通鑑長編》卷五二〇，第一二三五七頁。
28 曾布：《曾公遺錄》卷九，第一七四頁。
29 曾布：《曾公遺錄》卷九，第二四二頁。
30 李燾：《續資治通鑑長編》卷五二〇，第一二三五八頁。

4 如何製造遺囑？

首先是邵伯溫《辯誣》，因關係重大，在此全文引錄：

初，哲宗升遐，欽聖后曰：「吾每念宣仁后乃心朝廷，而卒陷小人謗議。蓋緣神宗寢疾之際，用故事，自大臣請立哲宗為皇子也。」於夜半自禁中立上皇，群臣不知，明日垂簾問章惇曰：「先帝無子，神宗諸子，先帝兄也，當誰立者？」惇曰：「以禮律推之，同母弟簡王當立。」簡王與哲宗皆欽成皇后生，於上皇為弟。欽聖后曰：「老身無子，諸王皆神宗庶子。」惇復曰：「當立長。」謂申王於上皇為兄。欽聖后曰：「相公豈不知申王病廢，不可以視天下？申王有目疾。」惇尚欲有言，樞密使曾布厲聲曰：「章惇聽皇太后處分。」簾卷，上皇已立。惇皇恐下殿。后以為臣不忠，貶雷州司戶參軍。[31]

這個記載稱，向太后吸取了神宗臨終前由大臣們奏請立儲導致「宣仁之誣」的教訓，所以在告知大臣們哲宗駕崩之前，已先行立徽宗為皇帝，後面章惇提出人選只是讓自己陷於「為臣不忠」。駁斥章惇的意見後，根本不存在是召五王還是端王入殿的問題，「簾卷，上皇已立。」徽宗早已坐在皇位上。這個記載與官方史書大相徑庭，實在令人難以置信。但邵伯溫在政治上極力為元祐辯護，向太后尚屬元祐政治一系，所以《辯誣》理論上不存在惡意誣衊向太后的動機。而且邵伯溫《辯誣》並非這種說法的孤證，兩宋之際蔡惇《夔州直筆》對此事的記述更加生動刺激：

哲宗少年，乃染疾咯血，而極諱病。二、三年間，咯唾不能進唾壺，只使左右內侍以帕子承唾。唾皆有血，內侍隨唾入袖，不容人知，無敢泄其病證。國醫診視，不許言氣虛弱，養成瘵疾，終不可治。至元符三年正月十三日暴崩。偶欽聖憲肅皇后在側，欽成繼至，乃號叫哲宗求一言，已不應。欽聖遂曳退曰：「他已說與我了。」徐問其言，欽聖乃曰：「教我後要立端王。」欽成俛首而去。尋宣召親王、宰執問候，令宰執由垂拱殿入禁內東門，傳宣令端王先入。頃召宰執至福寧殿下，禁庭肅然。章惇等再拜升殿，叩簾欲入。內侍曰：「皇太后在此。」惇卻立。欽聖遂發哭，曰：「天下不幸，早來官家忽然上仙。官家無子，當立誰？」惇對曰：「臣按禮與律，當立嫡。」欽聖曰：「老身無子，先帝諸子皆庶，誰是嫡？」惇對曰：「當議親。」曰：「誰是親？」惇對曰：「同母為親。」曰：「相公既要立簡王，今申王處長，以病不可當天下。老身已得大行言，合立端王。」知樞密院曾布喝曰：「章惇不得辭說，一聽皇太后聖旨。」欽聖曰：「端王已在此。」令捲簾，時王已即位，是為太上皇帝。[32]

哲宗「暴崩」時，向太后已在場，朱太妃稍後趕到。「他已說與我了。」向太后向朱太妃宣布哲宗臨終前已告知其皇位繼承人，她說「教我後要立端王」，朱太妃聽了知道大勢已去，便俯首而去。然後向太后先召入端王，故意問大臣「當立誰」，進而連番反駁章惇的意見，聲稱「老身已得大行言，合立端王」，並宣布徽宗已繼位。

這兩份資料出自私家筆記，其史料價值一般被置於官方史書之下。但兩條資料都稱徽宗為太上皇，顯然出現於欽宗朝。曾布日記、時政記、徽宗朝《哲宗實錄》的書寫者都直接涉及當事人，必然會對史實進行利己的扭曲與加工——曾布日記所載向太后堅稱「不聞」就是個極佳的案例。因此，親歷者撰寫的官方史書真實性未必高於依據傳聞的私家筆記。從事件本身的合理性來講，最大的疑點是哲宗沒有提出可被證實的立儲遺願，可壟斷遺言解釋權的向太后就成為整個事件的最大嫌疑人。面對朱太妃、章惇、梁從政、簡王趙似的政治集團，向太后如果要挫敗他們的政治圖謀，必須聯合端王採取緊急措施先行定策。由親歷者之一事無巨細記錄歷史的曾布日記，未必沒有對歷史進行重大篡改，因朱太妃勾結章惇的同時，向太后應該也會從前朝尋求奧援。曾布極有可能是向太后、趙佶政治集團的重要成員，曾布日記的首要功能則是撇清曾布與向太后政治陰謀的關係。

總之，這兩條私家筆記的記述不應被輕易否定，向太后極有可能是趁哲宗突然去世宣告有遺言而強行立徽宗，哲宗的死因因此變得更加可疑。

31 李燾：《續資治通鑑長編》卷五二〇，第一二三六一頁。

32 李燾：《續資治通鑑長編》卷五二〇，第一二三六一～一二三六二頁。

第十六章——苗劉之變

1 皇帝不見皇帝

宋朝的宮廷政治史上，宋徽宗是個劃時代的人物。他結束了太后聽政的歷史，開啟了宋朝宮廷的太上皇時代。徽宗的繼位應是他與向太后、曾布聯手與朱太妃、趙似、章惇展開政治鬥爭的結果。一般認為，徽宗以成年君主力請向太后垂簾聽政，是因即位之初政治地位尚不穩固。但注意到向太后在這次鬥爭中的主導與關鍵地位，就意識到她垂簾聽政不是徽宗單方面的需要，而是向太后、徽宗、曾布聯手展開政治鬥爭的延續。因徽宗是長君，向太后的確沒有戀棧，元符三年六月即宣告還政，這個時間點是排除趙似趁參加哲宗葬禮的機會再次與章惇取得聯繫之後。徽宗親政後，向太后於建中靖國元年正月去世，曾布則於崇寧元年罷相。

有些零碎的記載暗示，向太后還政未必是完全主動的。比如徽宗一直表示對哲宗劉皇后的定策之功心懷感激，甚至一度與朱太妃關係密切，而劉皇后與朱太妃都有在後宮限制向太后權勢的動機，因此徽宗可能借助兩人對向太后施加還政的壓力。崇寧元年隨著朱太妃去世，徽宗朝的後宮大致消除了太后的勢力，曾異想天開「裹起襆頭出臨百官」的哲宗劉皇后已被逼自殺。除了哲宗廢皇后孟氏，宋朝政治的皇太后時代已然結束，從天禧三年（一〇一九）真宗劉皇后干政至建中靖國元年向太后去世，斷斷續續有八十餘年。

皇太后政治很大程度是皇帝沒有子嗣及幼君繼位造成的。徽宗不但以長君即位，而且徹底解決了皇帝乏嗣的問題。徽宗子嗣特別旺盛，《宋史》記載徽宗三十一子、三十四女。不僅如此，徽宗即位不久就由王皇后誕下了長子

（欽宗趙桓），他是王皇后唯一的男孩，趙桓的皇儲地位幾乎從出生時就已註定。這樣近乎完美的皇帝家庭，幾乎排除了再次爆發奪嫡戰爭的可能性。但宣和七年（一一二五）十二月，徽宗為了逃避對金戰爭的責任，竟然宣布退位，將皇位傳給皇太子趙桓，徽宗則被尊為教主道君太上皇帝，從而開啟了宋朝政治的太上皇時代。

太上皇時代並非沒有宮廷鬥爭，只是太上皇與皇帝的矛盾成為宮廷鬥爭的核心。張邦煒先生曾撰〈靖康內訌解析〉一文，指出徽宗鍾愛三子趙楷。[1]趙楷性情、愛好與徽宗相近，好文藝而有才學，甚至破天荒地參加政和八年（一一一八）科舉並名列第一，徽宗又破例授其提舉皇城司等重要的實職。徽宗與趙楷關係過於親密，以致徽宗的寵臣們試圖動搖東宮。由於宋、金戰爭的敗局，徽宗未及認真考慮廢立就突然退位，但欽宗繼位時仍發生數十名宦官試圖闖入殿中謀立趙楷的事件。不過真正產生嚴重政治後果的還是徽宗、欽宗父子反目。徽宗始而避逃東南另立權力中心，被勸返京後即被欽宗軟禁監視。此後兩宮關係愈來愈僵化，以致徽宗勸欽宗進酒時，欽宗被大臣「躡上足」而「堅辭不飲」，從此「兩宮之情不通」。[2]兩宮內訌進一步敗壞宋朝抗金策略，而靖康之難中，欽宗為防自己被金軍俘虜後徽宗復辟，靖康元年又立其子趙諶為皇太子。

靖康二年（一一二七），徽、欽二宗投降，被金軍廢為庶人。金軍又索要皇后與太子。於是宋朝內部再次發生衝突，統制吳革想招募勇士保護太子突圍，太子少傅孫傅不同意，考慮把太子藏在民間，然後讓人偽裝為被殺太子獻給金軍。兩種意見爭執不下，「遲疑不決者五日」，最後「遂擁太子與皇后共車以出」，仍與朱皇后一起被送交給金軍。當時「百官軍吏奔隨號哭，太學諸生擁拜車前」，而太子呼云「百姓救我」，「哭聲震天，已而北去」。四月，「金人以二帝及太妃、太子、宗戚三千人北去」。[3]

1 張邦煒：〈靖康內訌解析〉，《四川師範大學學報（社會科學版）》二〇〇一年第三期。

2 徐夢莘：《三朝北盟會編》卷五十七，上海：上海古籍出版社，二〇〇八年，第二版，第四二六頁。

3 脫脫：《宋史》卷二四六〈太子諶傳〉，第八七二九～八七三〇頁；陳邦瞻：《宋史紀事本末》卷五十七〈二帝北狩〉，第六〇〇頁。

2 康王趙構撿漏

金軍索要皇太子的同時，也要求宋朝「推立異姓堪為人主者」，他們提出的人選是被金軍扣押的張邦昌，於是王時雍等宋朝的大臣們開啟擁立張邦昌的程序，不過張叔夜、秦檜抵制，被金軍執押，唐恪簽名後「仰藥而死」，而職位不高的張浚、趙鼎、胡寅等人拒絕簽名而逃入太學，後來成為南宋的重要官員。[4]

金軍把張邦昌送回開封，命令宋朝百官勸進張邦昌。這時宋朝只有吳革組織過一次反抗，但迅速失敗。金軍於是冊立張邦昌為帝，「王時雍率百官遽拜，邦昌但東面拱立」。張邦昌自知不得人心，不敢稱「朕」而稱「予」，指令不稱「詔」而稱「書」，文書仍使用「靖康」年號。徽宗在金軍聽到張邦昌即皇帝位的消息，知道理論上宋朝已滅亡，自己沒機會留在京城，感到十分沮喪，說「今即尸君之位，則吾事決矣」，「因泣下霑襟」。[5]金人臨走之前，考慮留一支軍隊保護張邦昌，但被呂好問勸走。而後呂好問問張邦昌，你是真想當皇帝還是臨時應付金軍啊？張邦昌問，你這話什麼意思？呂好問說，你不得人心，金軍走了你的皇位是保不住的，還有徽宗第九子趙構與哲宗廢后孟氏沒被金軍擄走，這是上天還想恢復宋朝，所以你趕緊把政權還給宋朝：

> 大元帥在外，元祐皇后在內，此殆天意，盍亟還政，可轉禍為福。

現在最好的辦法，就是你把開封城的孟皇后抬出來，再請趙構回來當皇帝，這樣或許還能保住一條性命：

> 為今計者，當迎元祐皇后，請康王早正大位，庶獲保全。[6]

又有一位監察御史「具書言於」張邦昌，直接稱呼他「太宰相公」，明確不把他當成皇帝，也說金軍已撤走，你不該再穿皇帝的衣服，應該趕緊把趙構請回來。[7]張邦昌沒辦法，就把元祐皇后孟氏尊為宋太后，並迎入延福宮，然後派人到濟州尋訪康王。張邦昌第二次派人聯繫趙構時，解釋說自己接受金軍的推立是為了「權宜一時以紓國難耳」，趙構便給他回信。[8]這時宗澤勸趙構趕緊登基，於是趙構從濟州（今山東菏澤）來到應天府（今河南商丘）即位稱帝，張邦昌也到應天府「慟哭請死」。對於如何處理張邦昌，趙構考慮他是「天下不忘本朝而歸寶避位」的證明，就給了太保的頭銜，還封為同安郡王。[9]

趙構是徽宗第九子，出生於大觀元年，宣和三年（一一二一）封為康王，次年就外第。趙構能文能武，多有書畫作品傳世，史書又載其能「挽弓至一石五斗」，「喜親騎射」。[10]靖康元年十一月，金兵尚未抵達開封時，趙構被欽宗派往金營求和，同行有資政殿學士王雲。行至磁州，正值知磁州宗澤率領軍民積極備戰，宗澤勸趙構留在磁州，而王雲被群情激憤的當地百姓殺死，呈金國書也被搶走。於是趙構留在磁州，不久移至相州。開封被圍後，欽宗任命趙構為河北兵馬大元帥，知中山府陳遘為元帥，汪伯彥、宗澤為副元帥，讓他們迅速「使盡起河北兵」救援開封。這時要把任命書送交給趙構已非常困難，欽宗招募秦仔等四名勇士「持蠟詔如相州」。[11]

找到趙構後，秦仔「於頂髮中出詔」，趙構「讀之哽咽」。十二月，趙構開大元帥府於相州，有兵萬人，分五軍並進抵達大名。宗澤以二千人與金人力戰，破其三十餘寨，履冰渡河請求趙構立即救援京城，「京城受圍日久，入援不可緩」。[12]這時知信德府梁揚祖以三千人至，張俊、苗傅、楊沂中皆在麾下，趙構開始形成自己的軍事實力。欽宗又派人通知趙構，京城正與金軍議和，暫時不要進軍開封。宗澤仍要求進軍澶淵，隨時準備解除京城之圍，汪伯彥就說可以請宗澤先行，於是趙構派宗澤進軍澶淵。這樣宗澤便退出了趙構的政治核心。

靖康二年正月，宗澤自大名至開德，與金人十三次大戰無不取勝，於是勸趙構調遣諸道兵將會於京城，又請各路宋軍聯合救援開封，卻無人理睬。宗澤只好孤軍奮進，結果大破金軍。二月，趙構抵達濟州時已有八萬軍隊，這時宋、金還在議和，金軍要求趙構返回京城，趙構問左右該怎麼辦，後軍統制張俊說：「此金人詐謀爾，今大王居外，此天授，豈可徒往。」[13]不能自投羅網吧！金軍準備以五千兵馬來追擊趙構，呂好問知道後派人告知趙構，「大王之兵，度能擊則邀擊之，不然，即宜遠避。」[14]，能打就打，不能打趕緊跑。四月，金軍擄走徽、欽二帝，宗澤仍號召各路軍隊「據金人歸路邀還二帝」，但無人響應。[15]這時張邦昌請元祐皇后孟氏入居禁中，垂簾聽政，孟太后就派人拿著「大宋受命寶」到濟州勸進。趙構拿到了寶璽便準備登基稱帝，孟太后也宣告：「繇康邸之舊藩，嗣宋朝之大統。」[16]主張由趙構繼位。濟州父老紛紛勸進，「四旁望見城中火光屬天，請王即皇帝位」。宗澤與權應天府朱勝非認為應該在南京應天府登基，「南京，藝祖興王之地，取四方中，漕運尤易」。趙構從濟州趕往應天府時，劉光世、王襄、韓世忠等「皆以師來會」，趙構集團的隊伍更加壯大。[17]

五月，趙構改元「建炎」，寓「火克金」之意，在應天府新建築的天壇舉行受命儀式，「慟哭，遙謝二帝」，於應天府治即皇帝位，孟太后同日在開封撤簾。趙構就是宋高宗，即位後遙上欽宗帝尊號「孝慈淵聖皇帝」，以黃潛善為中書侍郎，汪伯彥同知樞密院事，以呂好問為尚書右丞，尊孟氏為元祐太后，遙尊生母韋氏為宣和皇后，遙立夫人邢氏為皇后。[18]當時歸附高宗的軍隊有王淵、楊惟忠的河北兵，劉光世的陝西兵，張俊、苗傅的禁軍及降盜兵，相互之間沒有統一的指揮機構。高宗設置御營司總攬軍政，以黃潛善兼御營使，汪伯彥副之，以王淵為都統制，劉光世提舉一行事務，韓世忠為左軍統制，張俊為前軍統制，楊惟忠主管殿前公事。

高宗又召李綱為右相，宗澤知開封府。其後又升任宗澤為東京留守、開封府尹，命其整頓開封，以備車駕回京。六月，李綱抵達應天府後彈劾張邦昌，張邦昌被貶往潭州（今湖南長沙）。李綱隨即進行抗金部署，但與宗澤的恢復中原策略不同。主和的黃潛善、汪伯彥要求撤銷招撫司和經制司，避免向金軍挑戰。高宗一面向李綱承諾將留在中原訓練將士，準備抗金，一邊將孟太后等後宮從開封接到應天府，準備南逃。八月，李綱升任左相，黃潛善替補為右相，汪伯彥升任知樞密院事。黃潛善唆使御史張浚彈劾李綱，李綱憤而辭職，不久罷相。

九月，金軍按照當初與偽楚約定劃分地界，逐漸派兵占領河北、河東州縣。這時金軍所立偽楚皇帝張邦昌被宋廷處死於潭州，高宗預感金軍可能再次南侵，十月，從應天府乘船南逃至揚州。高宗在揚州修築宮室，尋歡作樂，歲末任命黃潛善、汪伯彥為左、右相，同時派使臣赴金國求和。十二月，金軍分三路攻宋，開封府尹兼東京留守宗澤有效部署東京防線，粉碎了金軍的夾攻計畫，又依靠這些義軍數十萬人馬抵制金軍的進攻，二十四次上〈乞回鑾疏〉請求高宗返回開封，以號令抗金鬥爭。建炎二年（一一二八）五月，宗澤上書提出出師渡河計畫，高宗置若罔聞。宗澤見坐失渡河良機，憂憤離世。

4 陳邦瞻：《宋史紀事本末》卷五十八〈張邦昌僭逆〉，第六〇三頁。

5 陳邦瞻：《宋史紀事本末》卷五十八〈張邦昌僭逆〉，第六〇四～六〇五頁。

6 以上並見陳邦瞻：《宋史紀事本末》卷五十八〈張邦昌僭逆〉，第六〇五頁。

7 陳邦瞻：《宋史紀事本末》卷五十八〈張邦昌僭逆〉，第六〇五～六〇六頁。

8 陳邦瞻：《宋史紀事本末》卷五十八〈張邦昌僭逆〉，第六〇六頁。

9 陳邦瞻：《宋史紀事本末》卷五十八〈張邦昌僭逆〉，第六〇六～六〇七頁。

10 脫脫：《宋史》卷二十四〈高宗本紀一〉，第四三九頁；曹勳：《松隱文集》卷二十九〈聖瑞圖贊並序〉，四川大學古籍整理研究所編：《宋集珍本叢刊》第四十一冊，北京：線裝書局，二〇〇四年，影印傅增湘校嘉業堂叢書本，第六〇四頁。

11 陳邦瞻：《宋史紀事本末》卷五十九〈高宗嗣統〉，第六一〇頁。

12 陳邦瞻：《宋史紀事本末》卷五十九〈高宗嗣統〉，第六一〇頁。

13 脫脫：《宋史》卷三六九〈張俊傳〉，第一一四七〇頁。

14 脫脫：《宋史》卷三六二〈呂好問傳〉，第一一三三一頁。

15 脫脫：《宋史》卷三六〇〈宗澤傳〉，第一一二七八頁。

16 徐松輯：《宋會要輯稿》后妃一，第二七一頁。

17 陳邦瞻：《宋史紀事本末》卷五十九〈高宗嗣統〉，第六一二頁。

18 脫脫：《宋史》卷二十四〈高宗本紀一〉，第四四三～四四四頁。

3 孟氏二次垂簾

建炎二年七月，金軍得知宗澤去世的消息後大舉南侵。十月，侍御史張浚請先確定後宮應該到哪裡躲避戰亂，高宗決定讓孟太后侄子護送孟太后及六宮、皇子先到杭州，以苗傅、劉正彥為扈從都、副統制。

十二月，金兵攻陷東平府和大名府，知濟南府劉豫降金。建炎三年正月，完顏粘罕攻陷徐州後，先後打敗韓世忠、劉光世的軍隊，以三千騎兵突入淮甸。二月初，金軍破楚州（今江蘇淮安），陷天長軍（今安徽天長），十萬宋軍望風解體，金軍推進到距揚州城僅數十里的地方。傳說這時高宗正在揚州行宮淫樂，突聞戰報，極度驚恐而喪失生育能力。高宗倉皇渡江逃到鎮江，次日金軍攻入揚州，追至長江北岸，因不便渡江，焚揚州而返。高宗在鎮江將黃潛善和汪伯彥罷相，任命朱勝非為右相，王淵為簽書樞密院事兼御營司都統制，自己又從鎮江逃至杭州。來到杭州後，高宗下詔罪己。三月，以朱勝非為尚書右僕射兼中書侍郎，命張浚駐平江，以王淵同簽書樞密院事，呂頤浩為江東安撫制置使。

王淵在揚州大潰退時擁兵數萬，對來襲的五、六千金騎不作任何抵抗，又不能妥善安排軍隊渡河，劉光世對高宗說，王淵「專管江上海船，每言緩急不誤」，但他「所部數萬、騎二千餘不能濟」。抵達杭州後，王淵靠拉攏宦官超常升遷，還獲得了「免進呈書押」的特殊權力，引起諸將強烈不滿，「遂失諸將心」，「諸將口語藉藉」。[19]

提前保護太后、皇子抵達杭州的扈從統制苗傅自負世將，對王淵突然獲得高宗的重用「心忿不平」，扈從副統制劉正彥也「以招降劇盜，功大賞薄」對高宗心懷不滿。於是兩人聯合起來準備發動政變。時值兵荒馬亂，內侍康履、藍珪卻憑藉高宗的寵信妄作威福，對諸將十分輕慢。到了杭州後，這些內侍竟然安排了奢華的觀潮活動，「供帳遮道」。苗傅等忍無可忍，罵道：「汝輩使天子顛沛至此，猶敢爾耶！」你們這些人害得皇帝顛沛流離到這種地步，這種時候還想玩樂享受。中大夫王世修也對內侍恣橫深惡痛絕，劉正彥就對他說：「會當共除之。」[20]得找機會把這些人除掉。苗傅、劉正彥懷疑王淵是靠康履這些內侍升為簽書樞密院事，就與王世修謀劃先斬王淵，然後殺康履等人。

第二天，劉光世被任命為殿前都指揮使，百官入聽宣制。苗傅、劉正彥讓王世修在城北橋下設伏兵，等王淵退朝時把他拉下馬，指控他勾結宦者謀反。劉正彥親手斬殺王淵，並與苗傅擁兵至行宮門外，將王淵梟首，又抓捕殺死內侍百餘人。康履急忙入宮告知高宗，高宗大驚失色，宰相朱勝非趕忙了解情況。中軍統制吳湛已把苗傅一行引入行宮見高宗，他們對高宗說：「傅等不負國家，止為天下除害耳。」知杭州康允之見情況緊急，讓高宗登樓安撫，先穩住叛將情緒。苗傅等望見高宗登樓，仍然山呼而拜。高宗問你們在鬧什麼，苗傅厲聲指責高宗賞罰不公，親信宦官，特別是「王淵遇賊不戰，首先渡江，因交康履，乃除樞密」，而他自己「功多賞薄」，現在已把王淵斬首，宦官也殺了不少，還要求把康履、曾擇兩個宦官誅殺「以謝三軍」。高宗說會處理康履這些人，讓苗傅等先回軍營。苗傅說不行，「若不斬履、擇，臣不還營」。高宗沒辦法，只好把康履交給苗傅。苗傅立即腰斬康履，並「臠其肉，梟首，與淵首相望」。[21]

高宗於是任命苗傅為御營使都統制，劉正彥為副都統制，要求苗傅等歸營。但苗傅等指出趙構不應該當皇帝，

「將來淵聖皇帝來歸，未知何以處之？」如果欽宗回來該怎麼辦。這話戳到高宗的痛點，高宗把朱勝非用繩子送到樓下「委曲諭之」[22]，可能是讓苗傅等人趕緊閉嘴。而苗傅等人提出要求讓孟太后再次垂簾聽政，並派人與金議和。高宗馬上答應了，但苗傅等仍覺得有問題，進一步要求高宗退位，把皇位傳給皇子趙旉（趙旉是建炎元年六月在應天府出生，這時才三歲），高宗只好再把孟太后請出來。

孟太后對苗傅等人說，亡國之禍是蔡京、王黼這些人的責任，和當今皇帝沒什麼關係。苗傅等說他們不管這些，只要求太后垂簾聽政，然後讓皇子繼位。孟太后說大敵當前，一個老太婆抱著一個三歲小孩號令天下，傳出去豈不是讓敵國笑掉大牙，更覺得好欺侮。苗傅等人不答應，一定要高宗退位。孟太后轉身對朱勝非說，你是宰相，就不能出點主意？朱勝非對高宗說，苗傅的心腹王鈞甫說：「二將忠有餘而學不足。」苗傅、劉正彥這兩個人有脾氣，但腦子不好使，所以這事情慢慢處理是可以解決的。[23]高宗無奈，只好宣布禪位於皇子，請太后同聽政。於是南宋出現了「一婦人抱三歲兒決事」的局面，改元明受，高宗被轉移到附近的顯忠寺，並改稱睿聖宮。

苗劉之變發生後，駐守在平江府（今江蘇蘇州）的禮部侍郎張浚成為平叛的核心人物。他先與知平江府湯東野等人謀劃平叛。御營司前軍統制拒絕苗傅的調令，率所部八千兵至平江與張浚會合，「浚見俊，語故，相持而泣，且諭俊以決策起兵問罪」。[24]江東安撫制置使呂頤浩也寫信給張浚商議對策。「主上春秋鼎盛，二帝蒙塵沙漠，日望拯救，其肯遽遜位於幼沖乎？灼知兵變無疑也。」[25]這時各地將領只得到朝廷新君登基後大赦天下的詔書，雖然明確杭州城內發生了政變，卻不清楚到底怎麼回事。這時諫議大夫鄭瑴派親信謝向喬裝打扮，徒步行至平江見到張浚等人，向他們報告了政變的具體情形。張浚等人判斷這種情況下最好的辦法是嚴設兵備，大張聲勢，但持重緩進，以此震懾苗、劉等人，「使賊自遁」而「無驚動三宮」。[26]同時張浚給呂頤浩回信相約共同起兵，又到鎮江要求劉光世領兵共同平叛。呂頤浩看到回信後立即上書請高宗復辟。

苗傅等人掌握的軍隊實力有限，也不得人心，不會輕舉妄動，但他們劫持著高宗，最大的問題是要防止他們一時衝動。於是張浚又派布衣馮轓勸說苗傅、劉正彥「反正」，劉正彥讓馮轓約張浚到杭州。張浚命張俊分兵守吳江，上疏請高宗復辟。苗傅等打算任命張浚為禮部尚書，命張浚率部隊進入杭州，張浚因還沒做好平叛的準備，托口拒絕。

除了呂頤浩與劉光世兩支部隊受張浚節制之外，韓世忠也從鹽城出發，加入平叛隊伍。苗劉之變中被殺害的王淵是韓世忠的恩人，所以這次勤王韓世忠表現得異常積極。他從鹽城收散卒組織一支軍隊準備從海道赴杭州。張俊得知韓世忠抵達常熟時，意識到平叛條件已成熟，於是讓張浚趕緊與韓世忠取得聯繫。韓世忠得到張浚的來信，發誓與苗、劉不共戴天，然後至平江會見張浚。張浚命令韓世忠向杭州進軍，但又指出「投鼠忌器，事不可急，急恐有他變」[27]，讓韓世忠先到秀州（今浙江嘉興）據糧道，等待大軍抵達後再行動。韓世忠抵達至秀州後便稱病不行而大修戰具。

19 陳邦瞻：《宋史紀事本末》卷六十五〈苗劉之變〉，第六六三頁。
20 陳邦瞻：《宋史紀事本末》卷六十五〈苗劉之變〉，第六六三頁。
21 陳邦瞻：《宋史紀事本末》卷六十五〈苗劉之變〉，第六六四頁。
22 陳邦瞻：《宋史紀事本末》卷六十五〈苗劉之變〉，第六六四頁。
23 陳邦瞻：《宋史紀事本末》卷六十五〈苗劉之變〉，第六六五頁。
24 陳邦瞻：《宋史紀事本末》卷六十五〈苗劉之變〉，第六六六頁。
25 脫脫：《宋史》卷三六二〈呂頤浩傳〉，第一一三三〇頁。
26 脫脫：《宋史》卷三九九〈鄭瑴傳〉，第一二一三二～一二一三三頁。
27 陳邦瞻：《宋史紀事本末》卷六十五〈苗劉之變〉，第六六七頁。

4 高宗絕嗣

苗傅等得到韓世忠進軍的消息開始感到恐懼，抓捕了韓世忠的妻子梁氏。朱勝非和苗傅說，把梁氏抓起來只會激怒韓世忠，不如讓梁氏去招撫迎接韓世忠，這樣平江的張浚等人也不會輕舉妄動了。苗傅覺得朱勝非講得挺有道理，報告孟太后封梁氏為安國夫人，讓梁氏去迎接韓世忠。梁氏出城後立即回到秀州韓世忠身邊，朱勝非確定苗傅等人對政治一竅不通，開心地說「二凶真無能為也」。[28]

張浚看到條件已經成熟，寫信讓馮轓到杭州帶給劉正彥等人。張浚在信中說自古以來「言涉不順謂之指斥乘輿，事涉不遜謂之震驚宮闕，廢立之事謂之大逆不道，大逆不道者族」，當今建炎皇帝「不聞失德」，就算他真的想退位，你們也得攔著不讓啊，「一旦遜位，豈所宜聞」。[29]苗傅等人更加恐懼，他們的對策是對武將封官，「以韓世忠為定國軍節度使，張俊為武寧軍節度使、知鳳翔府」，同時與張浚針鋒相對，說他「欲謀危社稷」，貶為黃州團練副使，郴州安置。[30]但所有人都拒絕了這些命令，苗傅才開始派苗翊等在杭州東北面的臨平駐紮，準備與勤王兵決戰。

這時呂頤浩、張浚都率軍抵達平江。呂頤浩、張浚「傳檄中外」，聲討苗傅、劉正彥之罪，同時命令韓世忠、張俊、劉光世等發兵平叛。孟太后得知張浚已號令平叛，就降旨請高宗處理軍事，然後任命張浚為同知樞密院事。張浚、呂頤浩從平江抵達吳江，正式上疏請高宗復辟，嚇得苗傅、劉正彥不知該怎麼辦。朱勝非和他們說，勤王的軍隊還沒抵達，現在改悔「反正」還來得及，不然由孟太后下詔率百官六軍請皇帝復辟，你們可能就真的犯下死罪了。為了防止苗、劉等人狗急跳牆，孟太后還賜給他們免死鐵券，苗傅等就率百官到睿聖宮去朝拜高宗。高宗表示並不會怪罪他們，好言慰勞苗、劉等人。苗、劉等人有點意外，他們覺得自己不會有事了，拍著前額驚喜地說：「聖天子度量如是也！」但苗傅的部下張逵提醒說：「趙氏安，苗氏危矣。」[31]

四月，孟太后宣布還政。高宗復帝位，仍請孟太后垂簾，尊孟太后為隆祐皇太后，然後任命苗傅、劉正彥為檢校少保，張浚為知樞密院事。這時呂頤浩、張浚已抵達秀州，呂頤浩說皇帝雖然已經復位，但苗、劉等人仍控制著朝廷，他們肯定是要對付準備勤王的人，「必反以惡名加我」，所以仍決定進軍。[32]

據說張浚在秀州時還有個故事，有天晚上他獨自坐在房中，邊上的人都睡著了，突然有個人拿著刀站在蠟燭後面，張浚知道是刺客，就開口問是苗傅、劉正彥派來刺殺我的吧？刺客說是啊。張浚說那你把我的頭拿去好了。刺客說我也讀過書，怎麼願意為反賊做事呢，何況「公忠義如此」，不可能謀害你，我來只是看看你的防備措施是不是還有漏洞，說不定後面還有刺客，特地來提醒你一下。張浚就問那要不要給你一筆錢啊？刺客說我圖錢的話，不如殺了你去領賞。張浚說那你願不願意在我手下做事情呢？刺客說我還要回河北照顧老娘，沒法留下來。問刺客姓名也不說，然後就飛簷走壁消失了。張浚怕暴露刺客行跡，第二天還殺了個死囚冒充刺客已死，後來派人尋訪刺客卻毫無線索。[33]

勤王軍從水路進攻臨平的苗翊守軍，苗翊軍想阻斷水路，韓世忠捨舟力戰，苗翊軍開始後退。韓世忠又捨馬操戈而前，並身先士卒，宣稱「今日當以死報國，面不被數矢者皆斬」！於是士卒們奮勇作戰。這時苗翊引滿神臂弩準備射殺韓世忠，韓世忠「瞋目大呼，挺刃突前」，竟把苗翊軍嚇退了。[34]

勤王軍隊就這樣進入杭州城北關門，嚇得苗傅、劉正彥連夜拿上免死鐵券，帶著精兵二千從湧金門逃跑了。勤王軍進入杭州城，張浚等見高宗，「伏地涕泣待罪」。高宗慰勞再三，對張浚說，之前在睿聖宮，和孟太后失去聯繫，有天他在啜羹時突然聽到張浚被貶，當時就想這事要是沒有張浚，恐怕就沒人能解決了。說完高宗便把身上的玉帶解下來賜給張浚，又握著韓世忠的手慟哭，說引苗傅等人進入行宮的中軍統制吳湛最壞，你先去把他給殺了。韓世忠馬上找到吳湛，邊說話邊握著手把吳湛的中指折斷，然後將吳湛與王世修「俱斬於市」。[35]

高宗至此恢復權力，然後把宰相朱勝非等人都罷免了。朱勝非是主動請辭的，他說發生政變時「義當即死」，忍辱偷生是為了想辦法讓高宗復辟。高宗問朱勝非誰可以接替呢？朱勝非推舉了積極勤王的呂頤浩、張浚。高宗又問誰更好一點，朱勝非說呂頤浩「練事而暴」，會做事情但比較暴躁，不太會處理人際關係，張浚「喜事而疏」，喜歡做事情但比較空疏，其實是水準有限，有時好心辦壞事。高宗說張浚太年輕了（當時三十出頭），朱勝非說不要小看他，我當時被召到杭州當宰相，「軍旅、錢穀」這些實際事務全交給張浚，而且張浚就是這次勤王實際組織者。[36]

五月，韓世忠在浦城追捕劉正彥，苗傅則在建陽被當地擒獲。七月，苗傅、劉正彥伏誅。高宗復位後，那位在苗劉之變中立為皇帝的趙旉被立為皇太子。不久高宗駐蹕建康府（今江蘇南京），三歲的趙旉也隨從。這時趙旉生病，宮人又不小心踢翻金香爐發出尖響，把太子驚嚇得病情加劇，竟一病不起。趙旉是高宗唯一的子嗣，雖然高宗當時才二十出頭，但他在揚州潰逃時喪失了生育能力，因此不得不面對擇立宗室繼嗣的問題。[37]

28 脫脫：《宋史》卷三六二〈朱勝非傳〉，第一一三一七頁。
29 脫脫：《宋史》卷三六一〈張浚傳〉，第一一二九九頁。
30 陳邦瞻：《宋史紀事本末》卷六十五〈苗劉之變〉，第六六八頁。
31 陳邦瞻：《宋史紀事本末》卷六十五〈苗劉之變〉，第六六八頁。
32 陳邦瞻：《宋史紀事本末》卷六十五〈苗劉之變〉，第六六九頁。
33 脫脫：《宋史》卷三六一〈張浚傳〉，第一一二九九～一一三〇〇頁。
34 脫脫：《宋史》卷三六四〈韓世忠傳〉，第一一三六〇頁。
35 陳邦瞻：《宋史紀事本末》卷六十五〈苗劉之變〉，第六六九頁。
36 陳邦瞻：《宋史紀事本末》卷六十五〈苗劉之變〉，第六六九～六七〇頁。
37 《朝野遺記》載「春宮未辨菽麥，而魏公在建業，乃責倬而殞之，過矣」（第一一二九頁），謂張浚不容趙旉，殊不合情理；又載「比江都宮中方有所御幸，而張浚告變者遽至，矍然驚惕，遂病痿腐。故明受殂後，後宮皆絕孕」（第一一三〇頁），似小說家言。

第十七章——再有天下

1 太祖的在天之靈

王明清《揮麈錄》有條〈帝王自有真〉記載，說當年宋太祖待下葬時，司天監苗昌裔為其尋訪墓地。太祖的陵墓稱為永昌陵，下葬之後，苗昌裔與永昌陵使王繼恩一起登山觀看永昌陵的地形山勢，這時苗昌裔對王繼恩說，如永昌陵的地形，「太祖之後當再有天下」。據說這句話在宋朝流傳甚廣，最初就是王繼恩記下了這句話。太宗去世時，王繼恩聯合李昌齡、趙鎔、胡旦、潘閬等人謀立「太祖之孫惟吉」，趙惟吉是趙德昭的次子。但按當時的政治鬥爭形勢，王繼恩謀立的應該是太宗的長子趙元佐，而趙元佐字「惟吉」。又說李昌齡的孫子李逢也因這句話在神宗朝與方士李士寧等人蠱惑宗室趙世居圖謀不軌，趙世居是趙德芳的曾孫，被神宗賜死。靖康之難時，趙德昭的五世孫趙子崧也「剽竊此說」產生了當皇帝的念頭，他傳播的檄文中出現了「藝祖造邦，千齡而符景運；皇天佑宋，六葉而生眇躬」的表述。雖然趙子崧聽說高宗在中原時也派人勸進，高宗也一度想重用趙子崧，但趙子崧後來被仇人辛道宗告發「檄文頗涉不遜」，而被貶嶺南。[1]《揮麈錄》所載苗昌裔的話未必可靠，但太祖之後「再有天下」、「以幸非常」的念頭在宋朝從來沒斷絕過。

苗劉之變後，高宗來到江寧府，改江寧府為建康府，把杭州升為臨安府。建炎三年七月皇太子趙旉夭折，當時鄉貢進士李時雨上書請高宗「暫擇宗室之賢者一人，使視皇太子事，以繫屬四海，增重朝廷」，當即被「押出國門」，「斥還鄉里」[2]，但這事件是請高宗立嗣的開端。當時高宗派出兩批使臣北上求和，使臣還在途中，金朝以完顏兀術為統帥再次南侵。高宗倉皇乞和，致信金軍統帥稱「天網恢恢，將安之耶……惟冀閣下之見哀而赦」。[3]金軍不予理睬，一路南下，高宗由建康經鎮江、平江府逃往臨安府、越州（今浙江紹興）。金軍渡江圍攻建康府，建康府投降，高宗由越州逃到明州（今浙江寧波）。金軍過獨松關（今浙江安吉南獨松嶺）逼近臨安府，高宗坐船逃往定海縣（今浙江鎮海），又渡海至昌國（今浙江定海）。金軍攻占越州、明州，高宗又逃至臺州（今浙江臨海）。金軍破定海、昌國，入海三百餘里追擊高宗，途中遇風暴，被宋水軍打敗，退回明州。高宗返回溫州江心嶼，避居江心寺，數天後才登岸。金軍因戰線漫長，無力再戰，一邊撤軍一邊焚城擄掠，明州、臨安、平江等均遭浩劫。

建炎四年四月，高宗從明州進駐越州，八月又把孟太后從虔州迎回越州。建炎二年以來，高宗連續遭遇金軍兩次追擊、苗劉之變被逼退位、皇太子夭折等重大慘劇，朝野上下開始流傳報應之說，認為靖康之難及高宗狼狽是宋太祖神靈震怒天譴所致。據說這時孟太后講了一個奇怪的夢，高宗開始有所領悟，她說的應該是宋太祖的托夢。

上虞縣丞婁寅亮上書請求立嗣，更挑明了太祖報應之說。婁寅亮膽子很大，他說：「恭惟陛下，克己憂勤，備嘗艱難，春秋鼎盛，自當則百斯男，屬者椒寢未繁，前星不耀，孤立無助，有識寒心。」皇帝年紀輕輕卻生不出小孩，還一直倒楣，「天其或者深惟陛下追念祖宗公心長慮之所及乎？」恐怕是上天警告哪裡做得不對。然後分析，「崇寧以來，諛臣進說，推濮王子孫以為近屬，餘皆謂之同姓。致使昌陵以後寂寥無聞，奔迸藍縷，僅同民庶。」高宗的老爹徽宗當皇帝時，十分虧待太祖系宗室，他們的待遇已經和普通老百姓毫無區別了。這種情況下，「恐祀豐於昵，仰違天監，藝祖在上，莫肯顧歆。」太祖在天之靈也不可能保佑宋朝吧，「此二聖所以未有回鑾之期，強敵所以未有悔禍之意，中原所以未有息肩之時也。」否則無法解釋為何發生靖康之難的慘事。婁寅亮明確提出應在比皇帝低一輩的

「伯」字輩「遴選太宗諸孫有賢德者」封為親王，並把他當作皇儲來培養。[4]高宗對婁寅亮的上書十分重視。第二年改元紹興，還把越州升為紹興府。紹興元年六月，高宗又把婁寅亮召到紹興府，婁寅亮當著高宗的面把之前的話以更直白的方式又說了一遍，高宗表示十分佩服，還升他為守監察御史。

婁寅亮的上疏表明了高宗的意向，於是大臣們紛紛附和。先是宰相范宗尹「有造膝之請」，高宗表態學習仁宗選立宗室，並應在太祖後裔中挑選，以慰太祖在天之靈，於是知樞密院事李回、參知政事張守紛紛讚頌太祖。高宗提出在太祖系「伯」字輩中廣泛挑選，簽書樞密院事富直柔又說皇帝應該親自挑選，還說應該先考慮由哪位嬪妃撫養宗室，參知政事秦檜也說「須擇宗室閨門有禮法者」。高宗就下令挑了一輪，挑出來太祖系四、五位兩、三歲的伯字輩宗室，「資相皆非岐嶷。」看上去都不夠聰明，高宗「且令歸家」，準備擴大挑選範圍，讓知南外宗正事趙令廮再挑一輪。[5]

紹興二年（一一三二）正月高宗從紹興至臨安。這時趙令廮挑了趙伯琮、趙伯浩兩個小孩送到宮中。「伯浩豐而澤，伯琮清而臞」，高宗一開始更喜歡伯浩，但有隻貓經過時，伯浩「以足蹴之」，伯琮「拱立如故」。[6]高宗覺得伯浩太不穩重了，就賞了伯浩銀三百兩把他送走了，而伯琮就是後來的宋孝宗。

1 王明清：《揮麈錄・揮麈後錄餘話》卷一〈帝王自有真〉，第一七六頁；脫脫：《宋史》卷二四七〈趙子崧傳〉，第八七四五頁。
2 李心傳：《建炎以來繫年要錄》卷二十五，第五一一頁；脫脫：《宋史》卷二十五〈高宗二〉，第四六七頁。
3 李心傳：《建炎以來繫年要錄》卷二十六，第五二四頁。
4 李心傳：《建炎以來繫年要錄》卷四十五，第八一四頁。
5 李心傳：《建炎以來繫年要錄》卷四十五，第八一七頁。
6 李心傳：《建炎以來繫年要錄》卷五十四，第九五三頁。

2 吳才人的心機

趙伯琮是宋太祖趙匡胤的七世孫，他的父親趙子偁是趙德芳的五世孫。南宋初年盛傳「藝祖在上，莫肯顧歆」是因徽宗年間取消了太祖後裔的宗室待遇。從此太祖後裔不再享受朝廷的錢糧與授官，但可自由遷徙並參加科舉考試。趙子偁在宣和年間考取科舉，生下趙伯琮時是秀州嘉興縣縣丞，據說他的官舍在運河上的杉青閘，這裡是趙伯琮的出生地，而他的妻子張氏是真宗潛邸舊臣張耆的五世孫女。趙伯琮出生於建炎元年，選入宮時年僅六歲，他還有個兄長趙伯圭。

趙伯琮入宮時並沒有被立為皇子，只是改名趙瑗，封了個防禦使的虛銜。高宗需要後宮有人負責撫養趙瑗。這時孟太后已於前一年去世，高宗的生母韋氏十年後簽訂紹興和議時才被迎回。後宮也沒有皇后，因高宗繼位前的正妻邢氏在靖康之難中被擄，雖然這時被遙冊為皇后，卻無法回到南宋。紹興九年（一一三九）邢皇后在五國城（今黑龍江依蘭）去世，年僅三十四歲，而高宗直到韋氏歸宋後才知道邢氏的死訊，高宗中宮虛位長達十六年之久。趙瑗入宮時，有可能撫養他的有潘賢妃、張婕妤與吳才人三人。潘賢妃是趙旉的生母，曾與孟太后一起逃難江西，因喪子之痛無意撫養趙瑗。張婕妤對趙瑗十分熱情，「手招之」，於是高宗讓張婕妤撫養趙瑗，讓吳才人感到嫉妒。[7]

吳才人與高宗算是生死之交，她一直陪伴在高宗身邊，「常以戎服侍左右」，又「頗知書」。建炎三年高宗逃亡時，吳氏在身邊，在寧波時，她靈機應變避免了一場兵變。後來高宗逃亡海上，吳氏也同舟共濟，當時有條魚

「躍入御舟」，吳氏還說了「此周人白魚之祥」的吉利話，讓高宗刮目相看。[8]趙瑗入宮後並沒有被立為皇子，一方面當時高宗年僅二十六歲，仍期待有子嗣，另一方面吳才人提出再領養一位宗室。紹興四年，高宗又把另一位太祖七世孫、五歲的趙伯玖改名趙璩，交給吳才人撫養。引起了各種議論，甚至可能引發一場爭嫡之戰。大臣們看在眼裡有些焦慮，催促早立皇子，高宗都不予理睬。而秦檜並不支持趙瑗，紹興九年支持高宗封趙璩為國公，讓趙璩與趙瑗並駕齊驅。

朝中不同政治勢力在趙瑗與趙璩之間很快形成兩派，宰相趙鼎與大將岳飛支持趙瑗，這給兩人帶來了政治災難。而支持趙璩的有宰相秦檜、養母吳氏。紹興十一年（一一四一）宋、金議和達成，秦檜權勢滔天。紹興十二年（一一四二）趙瑗被封為普安郡王，時年十六歲。同年高宗生母韋氏被迎回，韋氏似乎並不樂意立趙瑗為皇子，對此事三緘其口。高宗從韋氏口中得知邢皇后早已去世，便於紹興十三年（一一四三）冊立吳氏為皇后。這種形勢對趙璩似乎有利，特別是紹興十五年（一一四五）在秦檜的極力勸說下，高宗封趙璩為恩平郡王，繼續與普安郡王趙瑗平起平坐，兩家郡王府時稱「東西府」，爭嫡之戰一觸即發。

趙瑗在宮中的養母張氏於紹興十二年去世，趙瑗父親趙子偁又於紹興十三年去世，對趙瑗的地位產生了微妙的影響。張氏去世之後，趙瑗並沒有失去宮中的支持力量，事實上高宗更加看好趙瑗，所以讓趙瑗「並育於后」，由吳皇后同時撫養趙瑗與趙璩兩位宗室，吳皇后就失去了偏向趙璩的動力，「后視之無間」。[9]趙子偁去世，趙瑗並沒有被立為皇子，倫理上仍是父子關係，秦檜就要求趙瑗為趙子偁服孝三年。當時趙子偁的長子趙伯圭為父親在湖州尋找墓址，「惟烏程之菁山最佳」，據說當時有神明指引，側面反映兄長對趙瑗入宮十二年未被立為皇子、繼統前途難以預料的焦慮心情。[10]

紹興十五年之後，趙瑗與趙璩進入競爭階段，趙瑗略占上風。紹興十九年（一一四九），高宗曾要求兩人溫習舊書，並說《春秋》「其義淵奧，須能識聖人之用心，有自得處」，宰執向高宗進呈兩人溫習的舊書。史書記載，趙瑗讀書非常刻苦，「絕意聲色，常以經史自娱，凡六籍之文，悉加講論。夜則觀古人文集，暇則握筆賦詩、鼓琴習射而已」。[11]地方誌資料裡提到趙瑗能在競爭中勝出，得益於王府教授史浩的指點。有次高宗讓趙瑗書寫〈蘭亭序〉五百本以進，史浩拿戰國時趙簡子立後的故事提醒趙瑗，「此乃趙鞅訓戒之旨」，所以趙瑗進呈的〈蘭亭序〉遠不止五百本。高宗又給兩位郡王各賜宮女十人，史浩又提醒趙瑗「庶母禮事之」，高宗因此對趙瑗愈來愈滿意。史浩是寧波人，《延祐四明志》記載這些故事時就讚歎趙瑗依靠史浩當上皇帝，「高宗益賢普安，遂為皇子，封建王，浩之力也」。[12]史浩的確指點過趙瑗，不過他當王府教授的時間比較晚，這些故事或有附會。

秦檜一直不支持趙瑗，隨著年齡增長，趙瑗開始有反擊的能力。紹興二十四年（一一五四），秦檜派辛立鎮壓衢州的動亂，但沒有向朝廷報告，趙瑗向高宗報告此事，高宗大為吃驚。第二天問秦檜這件事情，秦檜說這種小事就不用打擾皇帝了，等問題完全解決後再上報不遲。秦檜很快知道是趙瑗告密，心裡十分忌恨，無奈年齡上熬不過趙瑗。第二年秦檜就死了，臨終前秦家隱瞞秦檜病情，試圖搶先讓其子秦熺接任宰相，但這個陰謀再次被趙瑗破壞，「又密啟高宗破其奸。」[13]說明他這時已具備了相當的政治影響力。

紹興二十七年（一一五七）史浩升任國子博士時提醒高宗，「普安、恩平二王宜擇其一以繫天下望」[14]，高宗覺得很有道理，第二天還和大臣們說「浩有用才也」，這是史浩以及整個四明史家飛黃騰達的起點。紹興二十九年

（一一五九）六月，史浩升任普安、恩平郡王府教授。九月，高宗生母韋氏去世，享年八十。或許是韋太后一直希望高宗還能生育，據說韋太后從未在立皇子這件事情上鬆過口，高宗一直等到韋太后去世才正式處理此事。紹興三十年（一一六〇）趙瑗被立為皇子，改名趙瑋，進封建王，這時他被領進宮撫養已有二十八年。

7 脫脫：《宋史》卷二四三〈張賢妃傳〉，第八六四九頁。
8 脫脫：《宋史》卷二四三〈憲聖慈烈吳皇后傳〉，第八六四六頁。
9 脫脫：《宋史》卷二四三〈憲聖慈烈吳皇后傳〉，第八六四七頁。
10 樓鑰：《樓鑰集》卷八十九〈皇伯祖太師崇憲靖王行狀〉，顧大朋點校，杭州：浙江古籍出版社，二〇一〇年，第一五八八頁；潘晟：〈北宋皇位繼承的地理術數「觀察」與「預言」〉，《中華文史論叢》二〇一六年第四期。
11 李心傳：《建炎以來繫年要錄》卷一五九，第二五七七頁。
12 袁桷：《延祐四明志》卷五，臺北：成文出版社有限公司，一九八三年，第三三六頁。
13 脫脫：《宋史》卷三十三〈孝宗本紀一〉，第六一六頁。
14 脫脫：《宋史》卷三九六〈史浩傳〉，第一二〇六五頁。

3 史浩的點撥

紹興十九年冬，金國的平章政事完顏亮發動宮廷政變，殺金熙宗，奪取皇位，史稱「海陵王」。完顏亮立志滅南宋，傳說曾讓畫工繪製自己策馬臨安城中吳山的形象，並題詩：「提師百萬臨江上，立馬吳山第一峰。」[15]紹興二十三年（一一五三），金朝將都城從上京（會寧府，今黑龍江阿城白塔子）遷往燕京（今北京），以後又開始營建汴京，加緊擴軍備戰。金朝將南侵的風聲不斷傳到宋廷，宋高宗始而不信。紹興三十一年（一一六一）五月，完顏亮派出使臣，一路射殺運河沿河無辜居民，到臨安府公開挑釁，要求宋、金邊境以長江為界，漢水、長江以北土地盡歸金朝，並以軍事威脅。宋廷經過激烈辯論，在川陝、襄漢、兩淮、沿海四區做出防禦部署。完顏亮遷都汴京後，分四路侵宋，並親率東路軍主力擬渡淮取壽春以攻淮西。宋淮西主將王權退逃至江南的採石（今安徽馬鞍山市南），金軍攻占廬州、滁州、和州、揚州，完顏亮到達採石西附近的江北渡口楊林渡。

隨著兩淮失守，很多大臣都提出繼續退避，向來主戰的趙瑋這時自告奮勇，要求「率師為前驅」。趙瑋的請戰奏疏已交到高宗手上，這時史浩提醒他「太子不可將兵」，並以春秋晉公子申生及唐肅宗的歷史教訓告誡。趙瑋意識到自己的魯莽，請史浩立刻重新起草奏疏，「請扈蹕以供子職，辭意懇到。」先對之前的請戰表示追悔莫及，然後表示他只想在高宗身邊以盡孝道。高宗為趙瑋的前一份奏疏大為惱火之時，就收到了史浩起草的第二件奏疏，心情稍稍平靜下來，然後誇史浩做得太對了，「真王府官也」。當時也有殿中侍御史吳芾提出以趙瑋為元帥先上戰場，史浩立即勸阻說「建王生深宮中，未嘗與諸將接，安能辨此」。又有人提議讓趙瑋在臨安留守，史浩也絕不同意，堅持皇子跟隨在皇帝身邊是唯一正確的選擇。高宗也同意這個觀點，決定北上建康後，以「欲令王遍識諸將」為由讓趙瑋「扈蹕如建康」。[16]

但金軍其他進展不大，水軍未及出發，宋將李寶所率水軍便於十月下旬自明州千里奔襲，在海戰史上第一次使用火藥兵器，將膠西縣東南海灣中陳家島金水軍基地完全消滅，粉碎了完顏亮從海路直取臨安的戰略計畫。完顏亮渡淮不久，反對完顏亮窮兵黷武政策的金朝將領擁立金東京（今遼寧遼陽）留守完顏雍（烏祿）為帝，是為金世宗。完顏雍在一月之內控制了黃河以北的地區，完顏亮獲悉後繼續南侵，親率四十萬大軍臨江誓師。當時淮西宋軍主將李顯忠未到，虞允文奉命往採石犒軍，恰逢金軍渡江在即。虞允文挺身而出，積極部署宋軍防禦。十一月初八，完顏亮命金軍渡江，虞允文指揮宋軍和當塗民兵以海鰍船中流阻擊。經南宋軍民殊死戰鬥，金軍大敗。虞允文估計金軍將次日再來，派一支水軍往上游埋伏，另一支水軍截擊楊林口（即「楊林渡」，今安徽和縣東）。次日金軍渡江，遭南宋二支水軍夾擊，虞允文又以火攻，完顏亮大敗，遂移軍揚州。此役即「採石之戰」，完顏亮不甘失敗，又準備從瓜洲強行渡江。虞允文、楊沂中、成閔等率部馳援鎮江，與金軍對壘。金軍士氣低落，認為渡江必敗，又聽說陳家島金水軍基地被滅，愈加恐慌。完顏亮命令渡江之日，部將闖入完顏亮營帳將其射殺，遣使至鎮江宋營議和，然後撤軍。

採石之戰結束後，宋對金戰局轉守為攻，這時高宗才做出御駕親征的樣子抵達建康。本來是個恢復中原的機會，但高宗堅持議和路線。紹興三十二年（一一六二）正月，金世宗遣使告知已即位，很多大臣以為和約已毀，不應再接待金使。高宗為求議和，不為所動。高宗自知其政策引起了朝野的不滿，這時深感「倦於政事」，開始考慮將皇位傳給趙瑋，自己則「淡泊為心，頤神養志」。[17]二月回到臨安後，高宗就和宰相陳康伯討論禪位事宜。

陳康伯說皇子也不是絕對的繼承人，想禪位最好先立皇太子明確傳位之意，不然皇帝身體好端端的就禪位，外人會以為皇子逼父退位，何況現在處在戰爭狀態，若禪位之事弄得軍心混亂可就麻煩了。於是，趙瑋於紹興三十二年五月被立為皇太子，又改名趙昚。立皇太子的同時，高宗也要準備「頤神養志」的去處。六月，高宗宣布由皇太子即帝位，自稱太上皇帝，退處德壽宮。

退位暨即位儀式相當隆重。先由高宗召孝宗趙昚入內宮，諭以禪位之意。孝宗極力推辭，高宗再三勉諭，孝宗流淚答應。然後鞭炮大作，高宗最後一次登臨紫宸殿，大臣們山呼萬歲後，宰相陳康伯上奏，讚頌高宗行堯舜禪讓之舉，然後君臣泣別。這時高宗不過五十六歲，但他說自己垂垂老矣，主動退位，不是被誰逼的，又說經再三勉諭，皇太子同意即位。然後高宗起身離座，百官也退出殿門，退位儀式結束。

稍後，百官在殿外恭聽內侍宣讀禪位詔書。宣畢，百官跪呼萬歲，孝宗出御紫宸殿，先側立御座不肯就位。內侍再三傳達太上皇旨意，扶掖七、八次，終於略略側坐。百官開始朝拜，孝宗又從御座一躍而起，不願接受朝拜，只好由宰相陳康伯再次反覆勸諫，才完成了即位儀式。太上皇離開皇宮赴德壽宮，孝宗著赭袍親自送行。當時正逢下雨，太上皇再三辭謝，孝宗堅持冒雨手扶太上皇肩輿恭送至皇宮大門口，讓太上皇十分欣慰。第二天孝宗又率文武百官赴德壽宮問安，禮儀極其盛大。

15 宇文懋昭撰，崔文印校證：《大金國志校證》卷十四〈紀年海陵煬王中〉，北京：中華書局，一九八六年，第一九九頁。

16 脫脫：《宋史》卷三九六〈史浩傳〉，第一二〇六六頁。

17 李心傳：《建炎以來繫年要錄》卷二〇〇，第三三八三頁。

4 太上皇與德壽宮

南宋臨安的皇城是據原來杭州城改建的，在城南鳳凰山下。高宗退居的德壽宮已由考古發掘，在望仙橋一帶，即今杭州市望江路北側，南臨胡雪巖故居，西鄰中河，東至吉祥巷一帶。原是一處私家花園，後占為秦檜宅第，高宗欲行禪讓時改建為德壽宮，因在鳳凰山之北，號稱「北內」，與皇帝所居「南內」相對應。

乾道三年（一一六七），孝宗請太上皇遊賞聚景園，太上皇稱頻頻外出太過花費，「本宮後園亦有幾株好花，不若來日請官家過來閒看」。於是孝宗大興土木，從清波門外引西湖水注入宮內大龍池，其上疊石為山，稱萬歲山，像飛來峰。又按四季劃為四區，園內遍植奇花異草，以便四時遊覽，亭榭之盛，御舟之華，非民間可擬。聚遠樓是後苑最宏偉的建築，取蘇軾詩「賴有高樓能聚遠，一時收拾與閒人」名之，周必大有詩云：「聚遠樓高面面風，冷泉亭下水溶溶。人間炎熱何由到，真是瑤臺第一重。」[18]

高宗在德壽宮度過了二十五年歲月，直到八十一歲壽終正寢。表面上看，高宗退居後過著風雅的書畫生活，孝宗對太上皇盡極恭孝之能事。每年由內庫撥給太上皇的生活費用近百萬緡，但他經常感到拮据，孝宗只好以其他名義表示孝敬。此外德壽宮還法外私釀經營酒業，孝宗也視若無睹。但親密的父子關係掩蓋不了高宗與孝宗政治路線上的分歧，高宗是堅決的主和派，孝宗是積極的主戰派。孝宗一心想北伐恢復中原，先為岳飛平反，再重用被高宗認定為「寧至覆國不用此人」的張浚[19]，都已表明了心跡。隆興元年（一一六三）四月，孝宗不顧太上皇與主和派的反對，繞過兩府，向張浚與諸將直接下達北伐詔令，史稱隆興北伐，結果遭遇大敗，不得不重開議和。雖然南宋在隆興和議比紹興和議略有改善，但孝宗的恢復大業由此遭遇重大挫折。

淳熙十四年（一一八七）高宗去世時，孝宗已心灰意冷，不久模仿高宗禪位於光宗，並把德壽宮改名重華宮而退居其中。與高宗相比，孝宗的擇儲問題似乎更加複雜。

18 周密：《武林舊事》卷四〈故都宮殿・德壽宮〉，楊瑞點校，杭州：浙江古籍出版社，二〇一五年，第七二頁。

19 李心傳：《建炎以來繫年要錄》卷一三六，第二一七九頁。

第十八章——己酉傳位

1 莊文太子之死

不知是有意無意，兩宋前五朝的皇位繼承都出現了結構的相似性，太祖、太宗與高宗、孝宗都是兩大支系之間的傳授，真宗與光宗都以皇三子繼承皇位，仁宗與寧宗都是皇帝的唯一子嗣，英宗與理宗都以旁系入統。與真宗的情況非常類似，南宋光宗以孝宗的皇三子繼位，他的兩位皇兄一死一出。當然具體情形有所不同，孝宗的長子趙愭是立為皇太子之後意外身亡，而次子趙愷在光宗趙惇立為皇太子後出判寧國府（今安徽宣州）。

皇兄趙愷健在並且沒有任何政治問題的情況下，孝宗為什麼越次立三子趙惇為皇太子？即便《宋史・趙愷傳》也稱「愷次當立」，立三子趙惇是非常之舉，「帝意未決。」孝宗本來十分猶豫，而最終提出的越次立儲理由是孝宗以為趙惇「英武類己」，因此出人意料、違背常規地「竟立之」。[1]後來的事實證明光宗絕非「英武」之流，那麼孝宗「竟立」三子只是一時看走眼？還是別有隱情？留下的史料中是否有孝宗三子奪嫡的蛛絲馬跡呢？

孝宗的四個兒子都是他作普安郡王時由郭夫人所生，長子趙愭生於紹興十四年（一一四四），次子趙愷生於紹興十六年（一一四六），三子趙惇生於紹興十七年（一一四七），少子趙恪幼年夭亡。冊立嫡長子趙愭為皇太子的問題上，孝宗似乎表現得不太情願。即位不久，宰相張浚就提醒孝宗「早建太子」。[2]這時趙愭已近弱冠之年，完全有資格立即冊封為皇太子，但孝宗沒有讓他入主東宮，趙愭只好如普通皇子一樣出閣就第。據李心傳《建炎以來朝野雜記》記載，孝宗似乎嫌棄長子太過文弱，趙愭立為太子之後，諸王宮教授黃石對孝宗說「東宮不宜以詩文為學」，孝宗居然「大喜」，還給黃石升了官。[3]但《宋史・莊文太子傳》稱「太子賢厚，上皇與帝皆愛之」。[4]孝宗更喜歡哪個兒子本就是難以確定的情緒問題，未必是擇儲的決定性因素，史書記述更多依據事後的政治需要而有所裁取，因此不必過於糾纏。或認為孝宗當時用心於抗金，又顧及太上皇的感受，所以一時顧不上冊立太子之事。

但不久發生的皇嫡孫之爭就很耐人尋味。乾道元年（一一六五）六月，鄧王趙愭的夫人錢氏誕下一子，立即報告了孝宗，他當然很開心。但這時，祕書少監兼恭王府直講王淮突然要求見宰執大臣，說恭王趙惇的夫人李氏兩個月前，也就是當年四月十五日，已生育了孝宗的第一個孫子，王淮直接稱為「皇長嫡孫」，朝廷怎麼沒有舉辦相應的禮儀呢。當時孝宗沒有任命宰相，而宰執大臣中頭號人物錢端禮是鄧王夫人錢氏的父親，錢端禮又是吳越王錢鏐之後，祖父錢景臻是宋仁宗的駙馬，尚皇十女魯國公主。鄧王趙愭生子之後，由錢端禮出面在朝廷舉行了賀禮，恭王趙惇生子被故意忽略，現在恭王府讓王淮來提意見，錢端禮很不高興。第二天報告孝宗，錢端禮提出請禮部、太常寺等相關機構討論皇孫誕生的禮儀問題，意思是讓大家評評恭王生子到底需不需要舉辦禮儀。

這個問題牽涉到孝宗還沒立皇太子，恭王可能認為沒立皇太子等於沒有確定哪個兒子是嫡子，如果說鄧王以長子為嫡，那麼恭王的兒子是不是也以長孫為嫡呢？這個問題提出來，等於逼孝宗早日定嫡，而孝宗還想含糊過去，當時說「不合稱嫡孫，只合稱皇孫」。[5]錢端禮其實想催孝宗立皇太子，他不想含糊過去，說當月三日早上鄧王府先報告誕生了皇嫡孫，那天晚上恭王府才有書面報告說也生了皇孫。孝宗說我知道報告的時間有個先後，既然恭王府有人提出來了，就給他們補辦一個禮儀不就可以了嗎？反正他們晚報告，晚一點舉行也很合理。錢端禮聽了不樂意，說嫡庶問題還是要講清楚，不能模棱兩可，「嫡庶具載《禮經》，所以別嫌疑，明是非，定猶豫」。[6]孝宗繼續打哈哈，說錢端禮講得很有道理，「重塚嫡，正謂此」。[7]為了讓女兒當上太子妃，錢端禮可不想輕易放過這個機會，他知道太上皇的分量，於是說：

> 初二日，詣德壽宮，太上皇宣諭：「皇嫡孫生，與其他事體不同，主上聖孝所招，卿須當行賀禮。」臣遂具奏上表，於初五日稱賀。昨日，王淮來見臣，出白劄子，及稱年鈞以長，義鈞擇賢。

這段話不只是拿太上皇來壓皇帝，更重要的是，錢端禮先去請示了太上皇才來報告皇帝，他行賀禮也是太上皇的指示，當時的大權掌握在誰手上，其實是需要討論的。他拿太上皇的話來直接駁斥恭王府王淮爭奪嫡孫的言論，「年鈞以長，義鈞擇賢」，意思是論年齡是恭王府的孫子年長，論道義是恭王府的兒子賢明。錢端禮的話把孝宗說得心煩意亂，回了一句「此是何語，皆非所宜言」。這時另一位參知政事、指揮採石之戰的虞允文出現了，聽不出他的話是不是在打圓場，說「祭不入支庶之家，可見聖人制禮之意」。錢端禮不依不饒，直接攻擊王淮講的是邪僻之說，孝宗眼看不向錢端禮讓點步這事還過不去了，只好答應把王淮給罷免了，「豈不啟邪心，當行黜責」。[8]

皇嫡孫之爭以王淮外任收場，這事件看似無關緊要，卻呈現了儲位之爭的基本形勢：一、三子趙惇有意挑戰長子趙愭的嫡子地位；二、太上皇對局勢仍有舉足輕重的影響力；三、孝宗似乎因無力掌握全域而有所逃避。皇嫡孫之爭的實質意義是逼孝宗定嫡立儲，孝宗無力抵制，兩個月後果然立鄧王趙愭為皇太子。第二年封太子男為榮國公，賜名挻（音山）；恭王男僅除左千牛衛大將軍，賜名挺。本來孝宗的立儲問題至此徹底解決，但再過一年的乾道三年皇太子趙愭便去世了，年僅二十四歲。趙愭去世的情形比較怪異：

> 太子病暍，醫誤投藥，病劇。上皇與帝親視疾，為赦天下。越三日薨，年二十四，謚莊文。[9]

暍指中暑之類特別輕微日常的病恙，結果堂堂太子竟死於庸醫誤藥。「醫誤投藥」給陰謀論提供了想像的空間，只是史料中似乎沒有留下趙愭之死與權力鬥爭相關的任何資訊。不過葉紹翁的史料筆記《四朝聞見錄》有條〈莊文致疾〉的記載值得解讀，說國忌日剛好碰到士子入貢院考試，大臣們參加完儀式返回時路過貢院。當時的宰相陳俊卿很機智，知道今天經過貢院會碰到交通管制，所以找了一條小路繞道回家了。皇太子趙愭也參加了儀式，他堂而皇之地原路返回，在貢院前遭遇了參加科舉考試的士子人群。接下來的情形看起來有些不可思議，群士攔住了太子的車駕，護衛人員以棍杖驅趕群士，群士竟折斷了護衛人員的棍杖，並開始圍攻太子的車駕，趙愭因此受驚病亡：

莊文之歸，正與群試者會。試者橫截莊文車不得前，執金吾杖呵止之，群士遂即而折其杖，圍車發喊雷動。莊文驚愕，得疾薨，上甚痛之。[10]

這個記載聽起來更加不可思議，但如果是真的，不僅《宋史》「太子病暍，醫誤投藥」的記載更像是刻意掩飾，由「陳相多智」引出趙愭遭圍似乎有所暗示。陳俊卿可不是普通人，他是孝宗在普安郡王時的另一位王府教授，當時曾勸諫孝宗不要沉湎於蹴鞠（鞠戲）。其次，陳俊卿在太學生群體中極有威望，主和派湯思退罷相之後，「太學諸生伏闕下乞召俊卿」，陳俊卿才於乾道元年回朝出任吏部侍郎。當時錢端禮想拉攏陳俊卿謀求相位，「己即相，當引共政」，陳俊卿不但「深拒不聽」，還攻擊錢端禮是外戚不可拜相：

本朝家法，外戚不預政，有深意，陛下宜謹守。[11]

孝宗接受了陳俊卿的意見，而陳俊卿被錢端禮趕出了朝廷，接著就發生了皇嫡孫之爭，錢端禮還是略占上風。

等趙愭立為皇太子，錢端禮「引嫌」而除提舉德壽宮兼侍讀，後來被人彈劾「貪暴不悛」，應該再也沒有回到朝廷。[12]錢端禮離開朝廷後，陳俊卿又回到朝廷中先後出任知樞密院事、參知政事、右僕射兼同平章事，與他同時回朝的還有虞允文。皇太子趙愭去世時，陳俊卿是參知政事。

無論政治立場還是權力關係，錢端禮與德壽宮的關係更加緊密，而陳俊卿一度被孝宗寄予厚望。就此而言，即便無從重新調查趙愭的死因，至少皇太子這一派更多依附太上皇的事實相當清晰。德壽宮支援的皇太子死得莫名其妙，問題是孝宗接下來該如何處理立儲問題，而太上皇又會如何應對呢？

1 脫脫：《宋史》卷二四六〈魏王愷傳〉，第八七三三頁。
2 朱熹：《晦庵先生朱文公文集》卷九十五〈少師保信軍節度使魏國公致仕贈太保張公行狀〉，劉永翔、朱幼文校點，朱熹撰，朱傑人、嚴佐之、劉永翔主編：《朱子全書》第二十五冊，上海：上海古籍出版社、合肥：安徽教育出版社，二〇一〇年，第四四二一頁；李心傳：《建炎以來朝野雜記》乙集卷二〈己酉傳位錄〉，徐規點校，北京：中華書局，二〇〇〇年，第五一五頁。
3 李心傳：《建炎以來朝野雜記》甲集卷一〈莊文太子〉，第四六頁。
4 脫脫：《宋史》卷二四六〈莊文太子愭傳〉，第八七三二頁。
5 李心傳：《建炎以來朝野雜記》乙集卷二〈己酉傳位錄〉，第五一五頁。
6 李心傳：《建炎以來朝野雜記》乙集卷二〈己酉傳位錄〉，第五一六頁。
7 佚名編，汝企和點校：《續編兩朝綱目備要》卷一〈光宗皇帝〉，北京：中華書局，一九九五年，第二頁。
8 以上並見李心傳：《建炎以來朝野雜記》乙集卷二〈己酉傳位錄〉，第五一六頁。
9 脫脫：《宋史》卷二四六〈莊文太子愭傳〉，第八七三二頁。
10 葉紹翁：《四朝聞見錄》乙集〈莊文致疾〉，馮惠民、沈錫麟點校，北京：中華書局，一九八九年，第六三～六四頁。
11 脫脫：《宋史》卷三八三〈陳俊卿傳〉，第一一七八五～一一七八六頁。
12 脫脫：《宋史》卷三八五〈錢端禮傳〉，第一一八三二頁。

2 虞允文的通報

皇太子趙愭的去世，並不意味著孝宗必須在另兩個兒子中挑選一人繼承皇位，因太子留下皇嫡孫趙挺，太子妃錢氏帶著皇嫡孫在東宮繼續居住了三年。這三年裡，先是陳俊卿與虞允文共相，接著陳俊卿罷相，虞允文獨相。陳俊卿罷相之前，朝中有人議論皇孫占據著東宮不合適，陳俊卿與《續資治通鑑長編》作者、當時的祕書監李燾討論過這個問題，李燾覺得太過敏感，趕緊搬了很多歷史教訓勸陳俊卿不要去找孝宗說這些事情。乾道六年（一一七〇）正月，左諫議大夫陳良翰重新提出立儲問題，「以東宮久未建，手疏言之」[13]，孝宗竟採納了他的意見。五月陳俊卿罷相，虞允文獨相，六月就把太子妃錢氏與榮國公趙挺從東宮安排到宮外去居住了。

趙挺就居外第，意味著孝宗決意重新立儲，人選無非在兩個兒子挑選其一。按一般理解，皇二子趙愷以次當立似乎是理所當然，但現存史料中，趙愷顯得毫無存在感，既不被任何人看好，也沒有任何爭取儲位的努力，彷彿只是立皇三子趙惇為皇太子的多餘障礙。因有趙愷這個麻煩，由虞允文逐步推動的立儲過程顯得特別謹慎。先是七月臺州進士鄭偉上書就提到重建東宮的問題，虞允文順勢把他推薦給孝宗，孝宗立即給他補官。接著是當月二十七日，太史局又占卜天象，說火星與木星合宿，「主冊太子」。八月三日，虞允文上朝時請求單獨彙報工作，討論了一番宋、金關係之後，虞允文說：「有一大事方欲干犯雷霆之威，冒萬死以請。」然後一大段議論指出立太子已刻不容緩。這時孝宗的反應很有意思，他說這事我心裡早就考慮成熟了，只是覺得沒必要處理得太過匆忙。虞允文不肯甘休，就講了趕緊立太子的好處，可以讓太子儘早歷練。孝宗的反應仍然很奇怪，他說：「丞相言極是。」虞允文講得極有道理，但還有些小問題沒有解決，稍微再等幾天他會與虞允文專門討論這件事情，算是給了個延後的承諾吧。談到這種地步，虞允文只好謝恩結束會談，但臨走時還是擔心孝宗敷衍他，很焦慮地念叨「此事願陛下早留聖念」，孝宗繼續打哈哈：「甚好甚好，不過旬日間。」[14]

等了二十天，孝宗再沒有提起這件事情，八月二十五日有機會單獨會談，虞允文忍不住又來問孝宗，說等得實在太著急了，「臣實憂懼」。但孝宗還是一副胸有成竹、輕描淡寫的樣子，說這事已經定了，這兩天忙沒來得及說而已。虞允文確實著急，引用了唐太宗立儲的典故又是一大段議論，說這事情不能等了。孝宗還是說「朕志已素定」，就是不說他挑的是哪個兒子，只說重新冊立皇太子涉及一大堆禮儀，要挑個合適的日子來宣布，不能和其他重大事件衝突。虞允文說那很簡單，「郊天慶成日」就是好日子。又等到十一月五日舉行郊壇結束後，孝宗再次與虞允文討論立儲事宜，問他到底什麼意見，他能怎麼回答呢？[15]

立儲的關鍵是具體人選，但兩人從八月到十一月繞來繞去，雖然心裡都有人選，但誰也不願自己提出來。這次孝宗直接問了，虞允文催了那麼久等的就是這一天，但直接報出一個人選又太敏感了。怎麼辦呢？虞允文先表態說立儲具體人選是皇帝乾綱獨斷，臣子可不敢參與，然後把史書上記載當年寇準回答宋太宗立儲詢問的整個過程複述了一遍。前面已詳細分析，寇準表面上說這種事皇帝不能聽哪些人的意見，他更不會胡亂發表意見，實則這些話已經把他的人選說了出來。而虞允文這回借寇準的典故，把自己的人選說出來，所以解釋說：

臣嘗讀國史，太宗八子，真宗為第三，觀準所對，曲折之間，但欲自太宗發之爾。太宗英斷一發，千百世無有議之

> 者。此臣眷眷之忠，獨有望於陛下也。[16]

讓孝宗在兩個兒子中挑一個的虞允文不關心選誰嗎？完全不是。虞允文其實透過「真宗為第三」說出了人選，就是孝宗應該像「太宗英斷一發」那樣挑選皇三子趙惇，但這個決定要由皇帝自己來做。孝宗當然聽得明白虞允文的話，他一直說自己早有決定，但一推再推顯然是有所顧慮，直到這時仍然要將冊立皇太子的日子推到次年正月，並提出要將立太子與「上兩宮尊號」一併舉行，兩宮就是太上皇趙構與太上皇后吳氏。

虞允文只關心明年正月孝宗不要再次失信，而孝宗強調「只俟兩宮禮畢，使降指揮」。乾道七年（一一七一）正月初一給太上皇、太上皇后上尊號禮儀結束，初五虞允文再次催促「今兩宮冊寶慶成，乞早賜處分」。孝宗再次失約，說要等到「中春上旬」才「擇日行禮」，又提出立太子之後另一個兒子如何處理的問題：「餘一親王便欲令出鎮外藩，不知本朝有何典故？」虞允文說按慣例一位皇子立為太子，另一位皇子自然是留在王府，平時還可以「侍陛下左右」，宋朝還沒有讓皇子出鎮外藩的先例。但孝宗說經過深思熟慮，已經做出決斷，意思是「餘一親王出鎮外藩」的方案已經確定。[17]

以上從太史局占卜天象開始，都是依據虞允文日記形成的歷史敘述，保留在李心傳《建炎以來朝野雜記》中。接下來是最關鍵的正月十四日，那天書面正式提出立太子及「餘一親王出鎮外藩」的方案，但奇怪的是虞允文那天沒有留下日記。然後二十四日虞允文為孝宗起草立太子的御劄。《建炎以來朝野雜記》記述到此又補充了晁公遡《箕山日記》的一條記載，訊息量很大：

> 高子長正月末離臨安，李道之子宣贊範者托語其父云：三大王言，丞相遣腹心來報，儲議已定，大人差遣可無慮。

後旬日，建儲詔下。

然後李心傳又補充解釋這段日記：

考尋諸書，子長名祚，此時以右朝請郎充四川宣撫司主管機宜文字，自荊南前去之任。道，恭王夫人之父，此時為湖北副總管。[18]

高子長就是高祚，這時將出任四川宣撫司主管機宜文字。正月底他離開臨安時，有位宣贊舍人請他轉告自己的父親、當時的湖北副總管李道，說丞相已派心腹報告「三大王」已確定為皇儲人選，李道的官職肯定可以升遷，敬請放心。這裡的丞相就是虞允文，三大王就是皇三子趙惇，李道則是恭王妃、趙惇夫人李氏的父親。原來虞允文起草立太子御箚之後，立即派心腹通報恭王趙惇，趙惇又透過王妃李氏的弟弟宣贊舍人（可能叫「李範」）通報李道。李道是岳飛的同鄉，最初是宗澤手下的義軍首領，後來成為南宋的武將。奇怪的是包括《宋史・李道傳》在內的各種史料都未記載李道在趙惇被冊立為皇太子之後的事蹟，也沒有記載其子的名諱，只知道有兩個孫子「孝友、孝純」皆官拜節度使。

虞允文向趙惇、李道透露了相關資訊之後，孝宗終於在二月七日晚朝時向大臣們宣告擇儲決定，他對自己越次立儲有些得意，嘲笑唐太宗「雉奴仁懦，太宗既知之矣，卒不能奪，以基禍亂」。然後孝宗命令學士院正式起草冊立皇太子及加封慶王趙愷的詔書，在「皇第三子恭王惇可立為皇太子」的同時，皇二子慶王愷進封魏王，出判寧國府（今安徽宣州）。[19]

根據虞允文及晁公遡的日記，可以發現支持趙惇的政治集團包括宰相陳俊卿、虞允文以及王妃父親李道。孝宗本人也是皇三子的堅定支持者，確認這一點最充分的證據是虞允文於乾道八年（一一七二）罷相後，接替虞允文的是兩位主戰的臣僚葉衡與王淮，他們都是婺州金華人。其中王淮立朝竟達十餘年之久，而他就是最早為趙惇之子趙擴爭取皇嫡孫地位的恭王府直講。官方史書提供孝宗越次立儲的理由是「以恭王英武類己，竟立之」[20]，從趙惇支持者的政治傾向而言，孝宗所謂的「英武類己」可能是對趙惇寄託了主戰期望。因此皇長子與皇三子的爭嫡之戰在朝中主要體現為主和派錢端禮與主戰派王淮、陳俊卿、虞允文之間的鬥爭，而最高統治者層面又有主和的太上皇與主戰的皇帝之間的暗戰。

德壽宮明顯積極支持的莊文太子趙愭去世後，對於由主戰派越次擁立的趙惇，太上皇與太上皇后又會持怎樣的態度呢？

13 李心傳：《建炎以來朝野雜記》乙集卷二〈己酉傳位錄〉，第五一六頁。
14 李心傳：《建炎以來朝野雜記》乙集卷二〈己酉傳位錄〉，第五一七～五一八頁。
15 李心傳：《建炎以來朝野雜記》乙集卷二〈己酉傳位錄〉，第五一八～五一九頁。
16 李心傳：《建炎以來朝野雜記》乙集卷二〈己酉傳位錄〉，第五二〇頁。
17 李心傳：《建炎以來朝野雜記》乙集卷二〈己酉傳位錄〉，第五二〇～五二一頁。
18 以上並見李心傳：《建炎以來朝野雜記》乙集卷二〈己酉傳位錄〉，第五二一頁。
19 李心傳：《建炎以來朝野雜記》乙集卷二〈己酉傳位錄〉，第五二一頁。
20 脫脫：《宋史》卷二四六〈魏王愷傳〉，第八七三三頁。

3 被忽略的皇次子

皇三子趙惇顯然是孝宗與虞允文共同的選擇，否則就不會有兩人之間長達半年之久的儲議。這個過程中，虞允文一直催促孝宗，孝宗卻說「志已素定」。既然早已達成共識並且下定決心，孝宗又為何連續推延四、五次才宣告儲君人選呢？答案可以從儲議過程中去尋找，前兩次虞允文還沒有機會提出人選。十一月那次人選明確之後，孝宗是說先給兩宮上尊號，次年正月則是討論如何處置皇二子趙愷的問題，顯然德壽宮的態度與越次立儲的非常操作給孝宗造成了極大的壓力。

半年的推延並不是簡單的時間問題，孝宗應是利用這半年時間對德壽宮做了充分的說服工作。已不知作者的宋人筆記《朝野遺記》留下一條記載：

> 莊文既薨，孝廟白德壽扶立光宗。至宣鎖院之夕，德壽故召魏王宴宿宮中。洎次日歸邸，則儲冊已行，而魏邸出麻之宣城矣。復見高廟，亦有慍言，曰：「翁翁留愷，卻使三哥越次做太子。」帝語索漫，戲撫之云「兒謂官家好做，做時煩惱」云。[21]

製作冊立皇太子詔書的那天晚上，太上皇故意把皇二子趙愷召到德壽宮留宿，等趙愷第二天回到王府時，朝廷已宣告冊立皇三子為太子：

> 八日癸丑，百官班文德殿，詔曰：「朕紹承大統，於今十年，深惟太上皇帝付託之重，而元良虛位，惕然於懷。傳

> 曰『儲副天下公器』，朕其敢有所私哉！今第三子惇仁孝嚴重，積有常德，學必以正，譽日以休，蔽自朕心，俾膺主鬯，以永宗社之慶，可立為皇太子。其官屬儀物制度，令有司討論典禮以聞。諮爾中外，體予至懷。」[22]

而趙愷得到的是外鎮寧國府的麻制，他有種被騙上當的感覺。離開臨安之前再次見到太上皇，趙愷有所指責地說原來「翁翁留愷」是為了「使三哥越次做太子」，下一句中「帝語索漫」中的「帝」指高宗還是孝宗比較含糊。反正不知如何解釋，「帝」只好敷衍說當皇帝很煩惱，就是那種「都是為你好」的長輩口吻。

這段頗具戲劇性的稗官野史可能子虛烏有，畢竟上個月「儲議已定」的消息已傳出宮外，趙愷全被蒙在鼓裡顯得太沒有存在感。《建炎以來朝野雜記》記載趙愷是在三月四日離開臨安，孝宗派虞允文前去送行，「命宰執燕餞魏王於玉津園」。趙愷登車之時，還回頭對虞允文說了一句「更望相公保全」[23]，顯然已徹底放棄了爭嫡的念頭。不過這段記載也不能當作無稽之談，畢竟利益受損的當事人最後知道真相也是世態常情，更重要的是其中透露了德壽宮在孝宗第二次立儲時全面配合的態度。

更多細節已無從還原，但德壽宮在擇儲過程中的地位已經顯現。嚴格講，德壽宮沒有干預朝政，莊文太子趙愭畢竟是嫡長子，德壽宮因政治考量全力支持趙愭可以毫不避嫌。德壽宮的訴求永遠是保持強大的政治影響力而非直接處理政務，否則禪讓退位就失去了意義。莊文太子意外死亡，孝宗越次立儲，這個過程中，皇帝極力表現對德壽宮的尊崇並在立儲問題上積極尋求支持，已能滿足德壽宮對政治影響力的訴求。更重要的是，請太上皇出面留宿皇二子趙愷以配合孝宗越次立儲的順利實施，不但顯示出德壽宮特殊的政治地位，而且製造了德壽宮施恩於新太子的局面。犧牲皇二子趙愷以營造祖孫三代君王的和諧融洽，算得上是孝宗政治生涯中的天才之作，無怪乎孝宗在虞允文面前一直表現得胸有成竹，甚至得意揚揚。

問題是德壽宮的政治影響力不會全在孝宗的掌控之中。乾道六年十一月，孝宗給德壽宮的太上皇與太上皇后上的尊號分別為「光堯壽聖憲天體道太上皇帝」與「壽聖明慈太上皇后」。而且高宗與皇后吳氏都非常長壽，高宗於淳熙十四年去世，高壽八十一歲。吳皇后一直活到八十三歲，去世時已是慶元三年（一一九七），她在后位長達五十五年，時間上熬過了嗣子宋孝宗，並以特殊的方式將政治影響力延續到她去世之後。

21 佚名：《朝野遺記・越次建儲》，鍾翀整理，上海師範大學古籍整理研究所編：《全宋筆記》第八十三冊，鄭州：大象出版社，二〇一九年，第一三一頁。
22 李心傳：《建炎以來朝野雜記》乙集卷二〈己酉傳位錄〉，第五二一頁。
23 李心傳：《建炎以來朝野雜記》乙集卷二〈己酉傳位錄〉，第五二三頁。

4 黃貴妃的悲劇

做為太祖之後，孝宗在簡儉寡欲、不好女色方面頗有太祖之風。紹興十四年，高宗為時為普安郡王的孝宗聘娶第一任妻子郭氏。郭氏為孝宗生下四男一女，紹興二十六年（一一五六）去世，年僅三十一歲。孝宗立為太子後，郭氏追封為太子妃，孝宗即位後，郭氏追冊為皇后。郭氏去世後，孝宗有相當長一段時間沒有續娶，直到即位後第二年才冊立賢妃夏氏為皇后。夏氏是袁州宜春（今江西宜春）人，出身寒微，只有曾祖父當過縣主簿，因長得漂亮在高宗朝被父親夏協送入宮中，最初是吳皇后的侍女。孝宗夫人郭氏去世後，「太后以夏氏賜王」[24]，封齊安郡夫人。孝宗即位後，夏氏進賢妃，第二年又是「奉上皇命」立夏氏為皇后。乾道三年亡故，享年也是三十一歲。

夏皇后去世後，孝宗又有將近十年中宮虛位，後宮主要由貴妃翟氏主持。太上皇屢次勸孝宗冊立皇后，孝宗遲遲不見動靜。直到淳熙三年（一一七六），翟貴妃隨孝宗同往德壽宮時，太上皇提出可以立翟氏為后，不久直接讓張去為傳旨「立貴妃為皇后」，並恢復舊姓謝氏。這位謝皇后原是宋高宗的宮女，也是「憲聖太后以賜普安郡王」。謝氏可能早在郭氏還沒去世時就已進入王府，她比夏氏更晚立為皇后可能是因出身更加低賤。夏氏至少祖上有人為官，是父親親自送入宮中，而謝氏「幼孤，鞠於翟氏，因冒姓焉」。[25]謝皇后較長壽，直至開禧三年（一二〇七）去世。除了三位皇后，孝宗還有四位妃子，其中蔡貴妃出身較好，是宜春觀察使蔡滂的女兒；而感情較深的應是曾耗費三萬緡喪葬費的李賢妃，她生育過一位不幸早逝的女兒。

除了郭氏生育的三男，孝宗在此後二十七年間竟無一子誕生，一般認為是他勤於政務、不通聲色而無暇他顧的結果。但由於德壽宮的存在，孝宗即位後似乎仍然沒有婚姻自主權。當然由太上皇為皇帝主婚也無不妥，但後面兩位皇后都是出身低微的高宗宮女，而且是很久以前吳皇后所賜。按說孝宗冊立皇后應該考慮門戶出身，直接冊立吳皇后所賜宮女只能理解為孝宗過於恭孝。但中宮虛位將近十年又顯示並非孝宗本意，就不得不從宮廷權力的角度去理解孝宗的後宮。直白講就是孝宗的後宮牢牢掌握在德壽宮手中，而冊立名門閨女極易形成宮廷的第二個權力中心。

按照常理，這種局面不可能長期維持，畢竟世代更替是無法避免的事情。但莊文太子的丈人錢端禮與德壽宮似乎相當親密，如果意識到德壽宮的勢力已向孫子輩的君王妃妾滲透，那麼孝宗極力營造出的家庭和睦氣氛就會蒙上一層權力暗鬥的陰影。現在莊文太子去世、孝宗越次立儲已是既成事實，新太子妃是武將李道之女，德壽宮的滲透計畫是否就此終結呢？事實上德壽宮不但透過留宿皇二子趙愷施恩於新太子，還直接賜給新太子一位侍妾，就是後來被李皇后所殺的黃貴妃：

> 黃貴妃，淳熙末在德壽宮，封和義郡夫人。光宗為皇太子，傍無侍姬，上皇以夫人賜之，遂專寵。即位，拜貴妃。紹熙二年冬十一月，為皇后李氏所殺。帝聞而成疾。[26]

按《宋史・黃貴妃傳》記載，黃氏不是吳皇后的侍女，而是宋高宗的夫人。新太子對黃氏不但欣然接受，還「遂專寵」，並在光宗即位後迅速封為貴妃。史書上稱她被皇后所殺只是因李氏悍妒，但從趙惇被立為太子到紹熙二年（一一九一）已有十餘年之久，如果不是造成致命挑戰，李皇后也不至於親手謀害前太上皇的夫人。《朝野遺記》載光宗初郊時「自上聞貴妃以子故殞，哭泣無節」，黃貴妃遇害時已有身孕，似乎為李皇后的殘暴行為提供了可以解釋的動機。[27]

淳熙十四年，太上皇高宗趙構去世，孝宗決心為其服孝三年，於是手詔皇太子參決庶務。淳熙十六年（一一八九）正月，孝宗宣告將禪位於皇太子，並將德壽宮改名重華宮。二月禪位儀式正式舉行，「皇太子即皇帝位，側立不坐，如紹興三十二年之禮」，然後新皇帝將孝宗送到重華宮。[28]新皇帝趙惇就是宋光宗，淳熙十六年干支己酉，因此《建炎以來朝野雜記》稱這次禪位為「己酉傳位」。據稱在高宗去世之前「孝宗已有禪意」[29]，退位詔書稱自己「春秋寖高，思釋重負」。[30]但筆記小說不止一處記載光宗急於讓孝宗禪位。一處說趙惇找「清湖陳仙」占卜即位的日期，一處說趙惇以白髮暗示孝宗，「有贈臣以烏髭藥者，臣未敢用」，孝宗看破卻不說破，認為白髮正顯得老成。[31]

在孝宗處碰壁之後，趙惇開始對皇太后吳氏旁敲側擊，有一陣子不停地給吳氏送去時鮮佳餚，弄得吳氏很納悶，後來得知是趙惇想讓吳氏提醒孝宗，「意望娘娘為趣上爾」。吳氏領會之後，趁孝宗來看望他時，就說早點退休享福也不錯，「官家也好早取樂，放下與兒曹」。孝宗聽得懂話裡有話，說自己早就想退休，只是擔心孩子太小沒有經驗，「不爾，則自快活多時矣。」不然他早享福去了。後來光宗又來提醒吳氏，吳氏說已和孝宗講過了，他說你還小，趙惇一聽就急了，抬起冠巾露出頭髮說，我頭髮全白了，還當我小孩子，真是「罪過翁翁」[32]，意思是他已經四十餘歲，當年高宗禪位時怎麼沒把三十多歲的孝宗當作小孩呢？這個「光宗欲速得正位」的故事出自《朝野遺記》，情節是否真實並不重要，重要的是預示著孝宗禪位之後的宮廷權力格局將在吳氏、孝宗、光宗三者之間展開，而光宗皇后李氏將打破祖孫三代微妙的權力平衡。

24 脫脫：《宋史》卷二四三〈成恭夏皇后傳〉，第八六五一頁。
25 脫脫：《宋史》卷二四三〈成肅謝皇后傳〉，第八六五二頁。
26 脫脫：《宋史》卷二四三〈黃貴妃傳〉，第八六五五頁。
27 佚名：《朝野遺記・光宗初郊》，第一三二頁。
28 李心傳：《建炎以來朝野雜記》乙集卷二〈己酉傳位錄〉，第五二五頁。
29 李心傳：《建炎以來朝野雜記》乙集卷二〈己酉傳位錄〉，第五二三頁。
30 李心傳：《建炎以來朝野雜記》乙集卷二〈己酉傳位錄〉，第五二五頁。
31 葉紹翁：《四朝聞見錄》乙集〈烏髭藥〉，第五四～五五頁。
32 佚名：《朝野遺記・光宗欲速得正位》，上海師範大學古籍整理研究所編：《全宋筆記》第八十三冊，第一三三頁。

第十九章——過宮風波

1 悍婦李皇后

淳熙十六年二月，宋光宗接受宋孝宗禪讓即皇帝位，紹熙五年（一一九四）五月，宋孝宗去世，同年七月，宋光宗被迫退位，其子宋寧宗趙擴繼位。宋孝宗、宋光宗先後兩次退位，史稱「兩朝內禪」，而宋光宗退位出於被迫，故又稱「紹熙政變」。關於紹熙政變的前因後果，既有傳統的敘述模式，又有近期的熱點討論，但紹熙政變中宮廷鬥爭的面貌似乎尚未清楚呈現。

傳統歷史敘述中，紹熙政變的主因是光宗李皇后「悍妒」，直接原因是光宗昏庸不孝、拒絕過宮，發動政變的動機是趙汝愚等大臣試圖拯救光宗拒絕過宮、主喪引發的政治危機。近期對紹熙政變的重新討論，無論余英時還是李超，關注的核心是趙汝愚發動政變的真正動機究竟是實現高遠的政治理想，還是避免李皇后當政的現實政治考量。[1]在既有的討論中，紹熙政變中有些眾所周知卻未被充分討論的事實。引發李皇后「悍妒」及光宗拒絕過宮的原因是孝宗拒絕立李皇后嫡子趙擴為皇太子，政變成功的關鍵因素是取得太皇太后吳氏的支持。但若繼續追問，孝宗究竟為什麼拒絕將皇帝的嫡長子立為太子？吳氏在光宗拒絕過宮至寧宗繼位之後的整個過程中，究竟扮演了怎樣的角色？從這些問題切入，就會發現宮廷視角下的紹熙政變迥異於既有的歷史敘述。

按《宋史・李皇后傳》的說法，李氏是安陽人，慶遠軍節度使李道的女兒。李氏成為王妃有個命相的傳說，說李道請道士皇甫坦給幾位女兒算命，皇甫坦見到李氏「驚不敢受拜」，並說「此女當母天下」，皇甫坦把這個面相告訴了高宗，高宗「遂聘為恭王妃」。接著說李氏「性妒悍」，經常在高宗與孝宗面前告趙惇的狀，引起高宗強烈不滿，並後悔上了皇甫坦的當，他對吳后說：「是婦將種，吾為皇甫坦所誤。」而孝宗更直接警告李氏小心被廢，要求李皇后「以皇太后為法，不然，行當廢汝」。或許因孝宗說了一句「以皇太后為法」，李氏「后疑其說出於太后」，懷疑是皇太后想廢她，因此對皇太后充滿了怨恨。[2]總之表面上是李氏「悍妒」引發高宗、吳氏及孝宗的不滿，但問題沒有這麼簡單。

首先，由皇甫坦的「此女當母天下」，然後說「坦言於高宗，遂聘為恭王妃」，意味著高宗支援立趙惇為皇儲，但顯然是故意誤導。如前所述，高宗支持皇長子趙愭，趙愭的丈人是主和派的大臣錢端禮，與高宗立場一致。李氏的父親李道與岳飛同為相州（今河南安陽）人，最初也是宗澤的部下，後來屢立戰功，並成為岳飛的部下，「詔道屬岳飛為選鋒軍統制」，「從飛收復襄陽等郡」。[3]而且孝宗越次立趙惇為太子的過程中，主戰派宰相虞允文與李道互通款曲。李道是岳飛的舊部下、堅定的主戰派，高宗無論如何也不可能選李道做為宋朝未來的國丈。

其次，皇甫坦相命一節最早出自《四朝聞見錄》，情節與《宋史》的記載很不同：

> 後又自出山來見，上叩其所以來，則曰：「做媒來。臣為陛下尋得個好孫息婦。」上問為誰，則以慈懿皇后大將之子，生於營中，生之日有黑鳳儀於營前大黑石上。[4]

皇甫坦講「尋得個好孫息婦」，看似對高宗而言，但趙惇納李氏為妃是隆興二年（一一六四），當時宋孝宗已繼位將近一年，這裡「陛下」究竟指誰不免令人困惑。即便皇甫坦是給高宗做媒，也只說是「尋得個好孫息婦」而沒說「此女當母天下」，這時皇長子趙愭尚未立為皇太子，高宗沒有理由對皇三子的王妃抱有當太子妃、皇后的期侍。5

其三，高宗對吳氏說「是婦將種，吾為皇甫坦所誤」，孝宗對李氏說「以皇太后為法，不然，行當廢汝」，明顯發生在立趙惇為太子之後。對於立趙惇為皇儲，孝宗與高宗、吳氏達成了默契，而李氏將因此成為太子妃及未來的皇后，卻是高宗未曾預料的。而且這時高宗將自己宮中的黃氏賜給趙惇，「光宗為皇太子，傍無侍姬，上皇以夫人賜之，遂專寵」6，聯繫高宗的悔婚之意、孝宗的「廢汝」警告，廢黜李氏的實質更有可能是希望以黃氏取代李氏。

其四，悔婚之意與廢汝警告都出自帝王，但太子妃李氏偏偏「疑其說出於太后」。畢竟後宮權鬥是相對獨立的場域，與后妃的命運更加緊密。趙惇立為皇太子之時，孝宗正值中宮虛位，而他前後續立的夏、謝二后都是吳氏的宮女。吳氏將自己賜予皇帝的侍姬扶植為皇后從而掌控後宮，而「將種」李氏將對吳氏的後宮權勢直接構成威脅，從權力結構而言，廢黜李氏之說「出自太后」是完全準確的判斷。從黃氏「遂專寵」的局面來看，太子趙惇有意討好德壽宮以鞏固自己的地位。李氏對此情勢必激烈抵制，千方百計防止太子與黃氏過於親密，更不能容忍黃氏有所生育，「嘗訴帝左右於高宗及壽皇」當即指此7，而這種態度肯定會讓高宗、孝宗指責李氏「悍妒」。

從李氏的角度來講，黃氏因有德壽宮的支持而無法壓制，所幸李氏還有立於不敗之地的法寶，即在引發皇嫡長孫之爭的趙挺早夭之後、李氏成為太子妃之前，又誕下一名皇孫趙擴——後來的宋寧宗。趙惇立為皇太子後，趙擴就是毋庸置疑的皇嫡孫，李氏憑此敢在後宮與所有人作對。本來吳氏已是李氏的祖母輩，兩人的衝突可以交給時間來解決，偏偏吳氏特別長壽，從而註定了她們的終極對決。

1 參見余英時：《朱熹的歷史世界：宋代士大夫政治文化的研究》，北京：生活・讀書・新知三聯書店，二〇一一年；李超：《南宋寧宗朝前期政治研究》，上海：上海古籍出版社，二〇一九年；王宇：《最是難言父子間——南宋孝宗與光宗的恩怨》，杭州：杭州出版社，二〇一四年。

2 脫脫：《宋史》卷二四三〈光宗慈懿李皇后傳〉，第八六五四頁。

3 脫脫：《宋史》卷四六五〈李道傳〉，第一三五九三頁。

4 葉紹翁：《四朝聞見錄》乙集〈皇甫真人〉，第五六頁。

5 戎默《宋孝宗立儲事件鉤沉》指出高宗承認鄧王之子皇嫡孫地位，不可能將被預言為「當母天下」的女子嫁給恭王，且《四朝聞見錄》的記載「只能說明李氏有賢德，可以輔佐王室，並不能說明她有母儀天下的潛質」（中國歷史文獻研究會編：《歷史文獻研究》總第三十四輯，上海：華東師範大學出版社，二〇一四年，第二九一頁）。

6 脫脫：《宋史》卷二四三〈黃貴妃傳〉，第八六五五頁。

7 陳邦瞻：《宋史紀事本末》卷八一〈兩朝內禪〉，第八九九頁。

2 宋光宗拒朝重華宮

李氏成為太子妃的確很容易成為德壽宮的眼中釘，但太子趙惇由孝宗越次扶立，太子妃李氏又生育了唯一的皇孫趙擴，即便承受來自德壽宮的壓力，孝宗也很難動搖李氏的地位。史書記載，孝宗確實有廢黜李氏之意，退位後又拒絕立李后之子趙擴為太子，勢必導致李氏與孝宗關係的徹底破裂。問題是孝宗與李氏之間是否存在權力上的衝突，以及兩人關係破裂的時間點，史書上的記載並不明確，需要進一步討論。

周密《齊東野語》有條資料專門記載此事。除李氏「天姿悍妒」、「自恣」、「天下寒心，皆歸過於后」等說辭之外，又講到關係破裂是因李氏以「我是官家結髮夫妻」諷刺謝皇后「自嬪御冊立」。所謂「自嬪御冊立」是指謝氏出自德壽宮所賜宮女，謝皇后與孝宗因此「大怒，有意廢之」。孝宗於是召見早已退閒的史浩密謀廢黜李氏，「史太師已老，嘗詔入見北宮，密與之謀，浩以為不可，遂已。」周密意識到這個傳聞非常含糊，所以又稱「宮省事祕，莫得詳也」。[8]按史浩「已老」、「入見北宮」的說法，孝宗這時已退位，在光宗繼位之後試圖廢黜李皇后。而《延祐四明志》述及史浩「以為不可」的原因，他和兒子史彌堅說：「李妃悍惡，上欲廢之，念未有以對。」史彌堅提醒：「嘉王即位，母子位號必改正，今所言議者當執咎。」趙擴的地位不可動搖，現在主張廢黜未來皇帝的母親必然遭殃，史浩「愕然」，才拿定主意反對廢后。[9]

這個記載再次提示，光宗獨子趙擴正是鬥爭的焦點，李氏必須保住嫡子趙擴的地位才能避免自己被廢，而孝宗需要在趙擴以外尋找皇位繼承人，理想的情況是光宗的其他嬪妃能誕下男嗣。因此李氏與孝宗的衝突相當複雜，孝宗如不退位就不可能立趙擴為太子，導致光宗催促孝宗禪位，讓孝宗對李氏更加不滿。孝宗退位之後，可以等待光宗其他皇子出生後正式提出廢后，李氏必須搶先確立趙擴的太子地位，否則就絕不能讓其他嬪妃有所生育。這導致了大約在紹熙二年李氏與孝宗關係的徹底崩潰。先是李后在內宴時「請立嘉王為太子」，直接遭到「孝宗不許」，李后當場對孝宗提出強烈抗議：

> 妾六禮所聘，嘉王，妾親生也，何為不可？[10]

孝宗因此大怒，而李后至此明確孝宗「有廢立意」，她帶著趙擴向光宗「泣訴」。

孝宗拒絕立趙擴為太子，李后必須嚴防死守光宗的其他生育，為此不惜殘殺後宮，先是割下宮女雙手：

> 帝嘗宮中浣手，睹宮人手白，悅之。他日，后遣人送食合於帝，啟之，則宮人兩手也。

再是殘殺黃貴妃：

> 黃貴妃有寵，因帝親郊，宿齋宮，后殺之，以暴卒聞。

據稱當天「風雨大作」，導致光宗祭天的「黃壇燭盡滅」，無法完成禮儀，光宗病情加重，從此無法視朝，李后直接干預朝政，「政事多決於后矣」。[11]由於光宗病重，孝宗來探病，並嚴厲責備李皇后。李后更加怨恨孝宗，開始控制光宗不再過宮朝見孝宗，過宮危機由此產生，後宮的權力鬥爭也蔓延到前朝政治。

紹熙三年至四年（一一九二～一一九三），光宗不過宮似乎引起了嚴重的政治危機，「宰輔、百官下至韋布之士，以過宮為請者甚眾，至有扣頭引裾號泣而諫者」。但一方面孝宗以光宗生病為由主動「傳旨而免」，另一方面光宗偶然也會朝重華宮。比如紹熙三年四月「帝始朝重華宮」；十一月在趙汝愚等人的規諫之下，「兩宮之情始通」；不久光宗再次「朝重華宮」，而且「皇后繼至」，「從容竟日而還，都人大悅」；紹熙四年正月，光宗再次朝重華宮。這樣看來，過宮危機一度已經解決。奇怪的是，紹熙四年七月，趙汝愚出任知樞密院事，九月重陽節百官上壽，「請帝朝重華宮」，但光宗不聽，並出現了更加古怪的舉動，「召內侍陳源為押班」。[12]從紹熙政變的前後過程來看，局勢似乎至此才急轉直下再無挽救的餘地，那麼紹熙四年七月至九月間究竟發生了什麼？

這段時間宮廷中肯定風雲突變，史書中只記述「召內侍陳源為押班」。這位陳源關係重大，後面會詳述，而另被史書刻意掩藏的宮廷大事，需要從其他文獻中鉤沉出來。一般歷史敘述中，過宮危機再次爆發後，前朝大臣群起力諫乃至引裾號泣。如《宋史紀事本末》述及的上書者就有中書舍人陳傅良、給事中謝深甫，兩人勸諫後，光宗本已「感悟」，安排朝見孝宗，卻被李皇后以「天寒，官家且飲酒」一語挽留帝入。這時出現了非常戲劇性但未必真實的情形，李皇后挽留光宗時，陳傅良竟然「趨進，引帝裾，請毋入」，就這樣拉著皇帝的衣服不放，陳傅良竟跟到了御屏之後，被李皇后罵了出來：

此何地，秀才欲斫頭耶！

陳傅良於是「痛哭於庭」，弄得李皇后莫名其妙，派人問陳傅良「此何理也」，陳傅良回答「子諫父不聽，則號泣而隨之」，又進一步激怒了李皇后，結果還是取消了這次朝見重華宮。[13]

接著又有著作郎沈有開、祕書郎彭龜年、禮部侍郎倪思、國子錄王介等連續「上疏請朝」，但都毫無結果，倪思還被罷出朝廷。到了十月會慶節，工部尚書趙彥逾認為光宗無論如何也該朝見重華宮，請求孝宗不要再「降旨免朝」，孝宗把給他的上書轉給了光宗，但光宗仍以生病為由拒絕過宮。於是丞相以下百官都提出辭職，祕書郎兼嘉王府直講彭龜年又奏言說每天記錄皇帝的言行，「車駕不過宮問安」這句話寫了數十遍，做為嘉王府直講他實在不知應該如何教育皇子趙擴了。與此同時，又有「太學生汪安仁等二百一十八人亦上書請朝重華宮」，光宗均不予理睬。[14]

群臣的上書泣諫看似十分壯烈，但總體效果十分糟糕。這涉及史書上故意忽略的一個問題：前朝大臣們對宮廷政治不明就裡，只是從儒家倫理的角度「引裾號泣」，自然解決不了任何問題。光宗並非一味拒絕過宮，只是前朝大臣無法掌握宮廷鬥爭的節奏，到了「十一月，趙彥逾復力請帝朝重華宮」，光宗又朝見了重華宮。[15]這些現象說明，當時的宰執集團其實被排除在權力鬥爭的核心之外，即將引爆的紹熙政變主戰場不在前朝而在後宮。當然引起了前朝大臣們的焦慮，他們承認「宮禁之事，祕不可聞」[16]，又力圖把握鬥爭的實質，就只好依據宮廷傳聞不斷揣測。比如嘉王府直講彭龜年在紹熙四年九月、十月、十一月連續上書說當時的「道塗之議」已「藉藉可畏」，但他依據傳聞判定孝宗、光宗父子關係肯定出現了嚴重的問題，「臣聞之道塗，皆謂兩宮之情頗不如舊，疑間之隙，漸覺有形。」然後彭龜年仔細分析，認為破壞兩宮關系的可能有三件事情：

陛下既舉慈福慶壽大典，自合奏稟，而陛下不行，此一事也。陳源乃壽皇所迸逐之人，而陛下錄用之，此二事也。壽皇近失長婦，若庶人見父母晚年遭此憂戚，亦必親唁之，而陛下不往，此三事也。[17]

彭龜年揣測的是此三事與過宮危機的因果關係，此三事本身是確鑿無疑的事實，也是紹熙四年七月、九月間宮廷政治最重要的線索，隱含的訊息量極大。

8 周密：《齊東野語》卷十一〈慈懿李后〉，張茂鵬點校，北京：中華書局，一九八三年，第二〇一～二〇二頁。
9 袁桷：《延祐四明志》卷五，第三七八～三七九頁。
10 脫脫：《宋史》卷二四三〈光宗慈懿李皇后傳〉，第八六五四頁。
11 以上並見脫脫：《宋史》卷二四三〈光宗慈懿李皇后傳〉，第八六五四頁。
12 陳邦瞻：《宋史紀事本末》卷八一〈兩朝內禪〉，第九〇〇～九〇二頁。
13 以上並見陳邦瞻：《宋史紀事本末》卷八一〈兩朝內禪〉，第九〇三頁。
14 陳邦瞻：《宋史紀事本末》卷八一〈兩朝內禪〉，第九〇三～九〇四頁。
15 陳邦瞻：《宋史紀事本末》卷八一〈兩朝內禪〉，第九〇四頁。
16 彭龜年：〈論陳源間諜兩宮亟宜斥逐車駕往朝重華以息謗騰疏〉，曾棗莊、劉琳主編：《全宋文》第二七八冊，第一四四頁。
17 彭龜年：〈乞車駕過重華宮疏〉，曾棗莊、劉琳主編：《全宋文》第二七八冊，第一三七頁。

3 慈福宮慶壽

彭龜年講的第一件事是光宗為太皇太后吳氏八十歲誕辰舉行慈福慶壽大典。從紹熙四年八月開始，光宗就忙得不可開交：

四年八月七日，詔：「壽聖皇太后聖壽無疆，來歲八十，邦家大慶，可令有司討論典禮來上。」十七日，禮部、太常寺言：「奉詔討論壽聖皇太后慶壽典禮，參照淳熙十二年禮例，先加上尊號，後行慶壽禮。今欲以九月十二日，宰執、侍從、臺諫、兩省官集議尊號於尚書省，議畢，令學士院降詔，以九月二十四日宣布。加上尊號冊寶，欲用十一月冬至。行慶壽禮用新歲元日。」並從之。[18]

接著光宗繼續密集討論上尊號冊寶禮儀，九月二十四日，光宗確定給吳氏加上尊號「壽聖隆慈備福皇太后」，九月二十五日，禮部、太常寺建議「欲乞是日迎奉冊寶至重華宮，以俟內侍官舉冊寶，入詣慈福宮行禮」。給吳氏加上尊號時，先往重華宮朝見孝宗，光宗「從之」。十一月八日，光宗「詔奉上冊寶，依禮例用鼓吹導引，更令臨安儲差樂人一百人，自祥曦殿門外作樂，導引冊寶至重華宮。」[19]下詔上冊寶的儀仗隊先去重華宮。進一步確定儀軌之後，十一月二十日，加上尊號冊寶儀式正式舉行。先是儀仗隊「步導、步從至重華宮殿門外，權置定」，等各就各位之後，「俟皇帝至重華宮殿上降輦，入詣慈福宮，易服通天冠、降紗袍，內侍跪進大圭」，光宗隆重舉行加上尊號冊寶儀式。禮畢，光宗重新易服，「詣重華宮賀至尊壽皇聖帝、壽成皇后，如宮中之儀」。[20]

孝宗禪讓之時把德壽宮改稱重華宮而入住，本想把吳氏迎回大內，但遭到吳氏拒絕。吳氏於是入住德壽宮西側的慈福宮，與孝宗夫婦就住在一起或者說成了鄰居。所謂「十一月趙彥逾復力請帝朝重華宮」就是為吳氏上尊號時的順道之舉，而且前朝與宮廷的氣氛似乎根本不同。前朝彷彿發生了極其嚴重的政治危機，無數朝臣上書力諫以至於「引裾號泣」，好像再不過宮，政治秩序就會崩潰。但宮廷內部是給吳氏上尊號的祥和隆重氛圍，至於過宮之事，似乎孝宗並不強求，光宗也並未強拒，入詣慈福宮之後「詣重華宮賀至尊壽皇聖帝」，整個過程自然而然，看不出孝宗與光宗之間有嚴重的隔閡。而且非常明顯，光宗遠沒有病重到不能理政、過宮的地步，籌劃慈福慶壽大典之細緻甚至顯示他根本沒有生病。更重要的是，以往討論紹熙政變原因總是聚焦於過宮風波或孝宗、光宗父子關係破裂，但上尊號事件揭示當時宮廷政治的基本格局是吳氏、孝宗與光宗之間的三角關係，加上李后可能是四角關係。在三角關係中，一方面是令朝臣萬分焦慮的過宮危機，另一方面卻是隆重熱烈的慶壽大典，朝見重華宮似乎只有做為入詣慈福宮的附屬行動才值得舉行，光宗在祖母與父親之間的傾向性可謂一目瞭然。彭龜年上疏是九月，當時還不知道光宗會在慶壽大典時順道朝謁重華宮，但他指出光宗籌劃慶壽大典時沒有向孝宗報告。「陛下既舉慈福慶壽大典，自合奏稟，而陛下不行」，這件事情似乎可以倒過來理解，光宗是因忙於籌辦慶壽大典才無暇顧及朝謁重華宮，然而朝臣們的焦慮始於重陽節光宗拒絕過宮，對比之下，光宗厚吳氏而薄孝宗實在太過明顯。朝臣們應該意識到厚此薄彼才是政治危機的真正根源，否則不至於無人讚頌光宗的慈福慶壽大典，而一味為並未絕跡的過宮風波「引裾號泣」。

這時光宗為何如此明顯地親近吳氏而疏遠孝宗？光宗是孝宗越次立儲而後禪讓才登上皇位，德壽宮在莊文太子去世後轉而支持光宗，既在立儲之夜留宿皇二子趙愷，又在趙惇成為皇太子之後，賜黃氏為侍妾，孝宗對光宗的恩德仍然遠超德壽宮，這也是前朝大臣無法理解光宗不過宮的原因。當然此後孝宗不同意立嘉王趙擴為皇太子，引發了孝宗與李皇后的尖銳衝突，但這個問題出現在紹熙二年，此後孝宗與光宗關係一度緩和，因此紹熙四年關係的崩潰應是有新因素加劇了矛盾。先來留意彭龜年九月上奏講到的第三件事情：

> 壽皇近失長婦，若庶人見父母晚年遭此憂戚，亦必親唁之，而陛下不往，此三事也。[21]

壽皇孝宗的長婦是莊文太子妃錢氏。趙惇立為皇太子之後，錢氏就以太子妃身分入居東宮，他們育有一子，即榮國公趙挻。趙愭去世之後，太子妃與皇嫡孫仍在東宮居住，孝宗的皇位也可以由皇嫡孫趙挻直接繼承，因此光宗面臨的奪嫡對手除了二兄趙愷還有侄子趙挻。直到乾道六年五月全力支持趙惇的虞允文獨相之後，孝宗才命「榮國公與錢妃自東宮徙居焉」。[22]乾道九年（一一七三）二月，莊文太子的兒子趙挻去世。淳熙元年（一一七四）十月，皇二子魏王趙愷改判明州（今浙江寧波），淳熙七年（一一八〇）二月，趙愷去世。至此，有資格與趙惇爭奪儲位者已全部從人間消失。但莊文太子妃錢氏一直活到紹熙四年，她的兒子趙挻如果還活著已年近三十。而彭龜年這句話意味著錢氏去世時，孝宗「遭此憂戚」非常傷心，而光宗沒有去弔唁這位嫂子，也沒有去安慰父親。不僅如此，彭龜年還將此事與光宗不願過宮聯繫起來，這兩者之間能有什麼關係呢？史書中沒有留下更多資料，只是光宗曾與莊文太子展開激烈的奪嫡鬥爭，趙愭之死十分蹊蹺，光宗與錢氏的關係想必十分糟糕，而孝宗必然由錢氏之死聯想到長子、嫡孫以及諸子奪嫡的經過。

18 徐松輯：《宋會要輯稿》禮五〇，第一八六七頁。
19 徐松輯：《宋會要輯稿》禮五〇，第一八六八頁。
20 徐松輯：《宋會要輯稿》禮五〇，第一八六九～一八七〇頁。
21 彭龜年：〈乞車駕過重華宮疏〉，曾棗莊、劉琳主編：《全宋文》第二七八冊，第一三七頁。
22 李心傳：《建炎以來朝野雜記》乙集卷二〈己酉傳位錄〉，第五一六頁。

4 父子爭國危機

如果沒有更多資料，聯想應該到此為止，彭龜年講述的第三件事情不過是光宗對兄嫂及父親禮數不周，或許進一步引發孝宗的不滿與憂戚。但彭龜年在十月、十一月又上了第二道和第三道奏疏，同時嘉王府翊善黃裳也於紹熙四年十月上了一道奏疏。令人驚奇的是，皇子趙擴的兩位潛邸官員都不約而同地以歷史典故來討論這時孝宗與光宗的父子關係。彭龜年的上疏稱：

昔穎（潁）考叔以遺母之意感鄭莊公，卒能復莊公母子之愛；李唐山人亦以愛女之心感唐肅宗，而不能通肅宗父子之情。23

黃裳則稱：

竊推致疑之因，陛下毋乃以焚廩浚井之事為憂乎？夫焚廩、浚井，在當時或有之。壽皇之子惟陛下一人，壽皇之心，託陛下甚重，愛陛下甚至，故憂陛下甚切。違豫之際，焫香祝天，為陛下祈禱。愛子如此，則焚廩、浚井之心，臣有以知其必無也，陛下何疑焉？

又無乃以肅宗之事為憂乎？肅宗即位靈武，非明皇意，故不能無疑。壽皇當未倦勤，親挈神器授之陛下，揖遜之風，同符堯、舜，與明皇之事不可同日而語明矣，陛下何疑焉？

又無乃以衛輒之事為憂乎？輒與蒯聵（瞶），父子爭國。壽皇老且病，乃頤神北宮，以保康寧，而以天下事付之陛下，非有爭心也，陛下何疑焉？[24]

這裡涉及四個歷史典故，分別是春秋初鄭莊公與母親武姜的關係，唐玄宗、肅宗父子關係，舜與父親瞽叟的關係，以及春秋衛後莊公蒯聵與衛出公輒父子爭國。具體而言：武姜支持次子共叔段武裝奪權，共叔段被鄭莊公驅逐之後，仍曲折奉養母親武姜；安史之亂中，唐肅宗自行稱帝，返回長安後擔心唐玄宗復位，在宦官李輔國的挑撥下不斷逼壓唐玄宗；瞽叟則對舜不滿，與後妻及後妻所生子象聯合以「焚廩浚井」謀害舜，舜在妻子的幫助下設法逃脫；蒯聵原是衛太子，因圖謀殺害衛靈公夫人南子失敗而被驅趕出衛國，衛靈公去世後，由蒯聵之子輒繼位，而蒯聵返回衛國爭奪君位，造成衛出公輒出逃，蒯聵則由孔悝扶立為衛後莊公。這四個歷史典故涉及的政治鬥爭包括母親圖謀以次子取代長子為國君、父親被逼退位後有復國嫌疑、父親謀害長子、父親從兒子手中奪回君位。

彭龜年與黃裳在奏疏中講述這些典故是為了消弭光宗對孝宗的懷疑，他們認為光宗的處境與這些典故根本不同，孝宗絕不可能復位、謀害或以他人取代光宗。現代學者提到這些奏疏內容時，也指出光宗的這種疑慮「近乎荒唐」，但至少承認光宗主觀上擔心孝宗將對自己行「廢黜或加害」是事實，這樣才能解釋他拒絕過宮及舉喪的行徑，也能解釋彭龜年為何將其與莊文太子妃錢氏的去世聯繫起來。[25]

傳統的歷史敘述中，光宗這種嫌疑隱沒在史料之中，只是含糊地提到因宦官的挑撥離間導致光宗的疑慮，光宗因而拒絕過宮與舉喪完全是離經叛道的不孝惡行。然而現代學者又承認孝宗當時的確考慮在光宗之後將皇位傳回次子魏王趙愷的兒子趙抦[26]，但一方面史實中同樣沒有明確記載孝宗試圖擇立趙抦，持這種觀點的幾條理由似乎並不充分。比如《癸辛雜識》記載嘉王趙擴「不慧而訥於言，每北使入見，或陰以宦者代答」[27]，而《宋史》記載「抦性早慧，帝愛之，將內禪，升耀州觀察使，封嘉國公」。[28]趙擴「不慧」未必是事實，而孝宗愛趙抦「早慧」並將其封為嘉國公也不能直接推導出擇立趙抦的意圖，趙抦封為嘉國公之前，趙擴早就被封為嘉王，兩人地位不能同日而語。另一方面，如果承認孝宗意圖擇立趙抦，從常理來講足以讓光宗與孝宗展開一場權力鬥爭，也就不能認為光宗的疑慮「近乎荒唐」，進而合理解釋了紹熙四年七月以來明顯親近吳氏而疏遠孝宗的舉動——因吳氏始終享有崇高的政治地位，謀取吳氏的支持足以阻止孝宗對光宗不利的政治圖謀。

23 彭龜年：〈論小人疑間兩宮乞車駕過宮面質疏〉，曾棗莊、劉琳主編：《全宋文》第二七八冊，第一四〇～一四一頁。
24 脫脫：《宋史》卷三九三〈黃裳傳〉，第一二〇〇二～一二〇〇三頁。
25 參見虞雲國：《宋光宗‧宋寧宗》，長春：吉林文史出版社，一九九七年，第七六頁。
26 參見虞雲國：《南宋行暮：宋光宗宋寧宗時代》，上海：上海人民出版社，二〇一八年，第七一頁。
27 周密：《癸辛雜識》續集下〈寧宗不慧〉，吳企明點校，北京：中華書局，一九八八年，第一九一頁。
28 脫脫：《宋史》卷二四六〈魏王愷傳〉，第八七三四頁。

第二十章——紹熙政變

1 罪人陳源

孝宗是否圖謀擇立趙抦為皇儲是重新理解光宗守宮風波的重點之一。如果確有其事，光宗拒絕過宮就成為可以理解的政治抵制行動，不應簡單地歸咎於不孝或瘋病。最近對紹熙政變的各種討論，關注的重點在於前朝留正、趙汝愚等人發動政變的政治動機，似乎無人質疑光宗拒絕過宮就是不孝或瘋病，而導致不孝或瘋病的原因又是李皇后的悍妒與宦官的離間。特別是紹熙四年七月以後，陳源彷彿被視為光宗疑心孝宗的罪魁禍首。但有個明顯的疑點，陳源是紹熙四年七月才被召為押班，光宗明知陳源是孝宗「迸逐之人」，召回他應是對孝宗產生強烈疑心之後所採取的政治行動，陳源參與宮廷鬥爭似乎是光宗與孝宗關係破裂的結果而非原因。如果這個假設成立，光宗拒絕過宮更應理解為政治鬥爭，光宗疑心孝宗就不能簡單地理解為妄想或者荒唐，所謂擇立趙抦計畫值得進一步探究。

先來追究陳源的來龍去脈。陳源是德壽宮的寵臣，《宋史・陳源傳》稱「陳源，淳熙中提舉德壽宮，頗有寵」。做為德壽宮的寵臣，孝宗需要對他有所壓制，當朝廷準備給陳源「浙西副總管」武職時，當時的給事中趙汝愚以「內侍不當千軍政」為由阻止。此後孝宗與陳源的衝突升級，孝宗無法忍受陳源「恃恩頗恣」，據稱德壽宮的書史徐彥通因給陳源管理家務「不數歲官至經武大夫」，陳源的「廝役」甄士昌因「工理髮」竟也「奏補承信郎」，陳源又安排給臨安府都吏李庚補官，讓他為陳源收集臨安府的情報，「使之窺伺府事」。孝宗「聞而惡之」，決心將陳源從德壽宮清除出去。淳熙十年（一一八三），孝宗以「應奉日久」的理由罷免了陳源，最初說陳源還能留在臨安府，「特落階官，與京祠」，但給事中宇文價拒絕起草制書，「封還錄黄」，於是陳源「改外祠」，只獲得了一個地方上的閒職。但孝宗並不甘休，不久御史中丞黃治等又彈劾陳源，陳源被貶謫建州居住，言官仍不滿足，最後將陳源轉移到郴州居住。陳源恃恩貪墨的巨額財產被沒收，「籍其貲進德壽宮」。陳源得勢時，在杭州西湖之西有間別墅「小隱園」（現杭州花圃內）也被沒收，據稱「其制視禁御有加」，高宗轉而將其賜給了王才人。陳源的遺毒也被清理，徐彥通除名並編管道州，甄士昌、李庚「皆抵罪」。非常明確，陳源最初是德壽宮的寵臣、孝宗的罪人。[1]

進入光宗朝，陳源經歷了漫長的被召還過程。光宗繼位之初的淳熙十六年閏五月，陳源可離開郴州「許在外任便居住」[2]，但仍不許回到臨安府。同年十一月「詔陳源毋得輒入國門」[3]，國門是臨安城門，也就是說這時陳源已回到杭州，但只能在城外居住。紹熙四年正月，光宗朝謁了重華宮，二月，「詔陳源特與在京宮觀。」[4]給陳源在都城內安排了閒職；同年七月，又被召回宮中為「內侍省押班」。[5]陳源召回宮中在前朝引起了驚恐，陳傅良拒絕撰寫制書。光宗明明知道「陳源乃壽皇所迸逐之人」[6]，將其召回宮中授予要職顯然是向孝宗表達強烈的不滿，而不是之後受陳源離間才導致與孝宗關係破裂。光宗在拒絕過宮的同時隆重舉行慈福慶壽大典，親吳氏疏孝宗的局面已非常明確，這時召回德壽宮寵臣，應是拉攏吳氏與陳源共同與孝宗展開政治鬥爭。至理宗朝兵部侍郎曹彥約上箚子時還提到陳源之流「粗習筆墨」，欲為「竊弄權柄，威福在己，乃自謂儒者事業不過如此」，「甚至顯執國政，謀動干戈」[7]，可見陳源政治能量之強大。

過宮風波最初就是源自孝宗拒絕立嘉王趙擴為皇太子。紹熙二年黃貴妃被殺之後，光宗與孝宗可能為立儲問題長期僵持。光宗與李皇后期待孝宗回心轉意，而孝宗在等待光宗再育子嗣，這時的過宮時行時廢。而紹熙四年七月以來情勢急轉直下，應是孝宗對光宗另有子嗣失去耐心，特別是在莊文太子妃錢氏去世的刺激下，開始另行制定擇儲計畫。光宗因此產生「焚廩浚井」之憂，轉而向太皇太后吳氏請求政治支援，並迅速召回孝宗的仇人陳源。在排除以嘉王趙擴為皇儲的情況下，光宗擔心孝宗可能採取的行動包括自己復位與擇立趙抦兩個方案，最極端的「焚廩浚井」情形則是直接謀害光宗。葉紹翁史料筆記《四朝聞見錄》中「皇甫真人」條述及孝宗謀害光宗之說，後來被寫入《宋史．李皇后傳》時縮寫成如下內容：

> 及太子即位，冊為皇后。光宗欲誅宦者，近習皆懼，遂謀離間三宮。會帝得心疾，孝宗購得良藥，欲因帝至宮授之。宦者遂訴於后曰：「太上合藥一大丸，俟宮車過即投藥。萬一有不虞，其奈宗社何？」后覘藥實有，心銜之。[8]

其他文獻並沒有光宗欲誅宦者之說，光宗未必「得心疾」，即位之初似無宦官之禍，以及《四朝聞見錄》本身多訛傳，「俟宮車過即投藥」或許是陳源入宮後才出現的流言，也是光宗這時「焚廩浚井」之憂的誇張之說。

迫於強大的政治與倫理壓力，光宗無法公開宮廷政治的真相，光宗即便向他們透露「焚廩浚井」之憂也會被視為不孝與無理取鬧。前朝臣僚由於「宮禁之事，祕不可聞」，更為光宗召回陳源的舉動莫名驚恐，只能一味勸諫光宗過宮而不得要領，周密甚至指責「縉紳學士，率多賣直釣名之人，遂使上蒙疑負謗，日甚一日」。這種情況下朝野內外更是流言四起，甚至擔心臨安城內會兵戎相見，「至有『生靈塗炭，社稷丘墟』之語，且有詩云『從教血染長安市，一枕清風臥釣磯』，擾擾紛紛，無所不至。」[9]

1 脫脫：《宋史》卷四六九〈陳源傳〉，第一三六七二頁。

2 脫脫：《宋史》卷三十六〈光宗本紀〉，第六九六頁。

3 脫脫：《宋史》卷三十六〈光宗本紀〉，第六九七頁。

4 脫脫：《宋史》卷三十六〈光宗本紀〉，第七〇五頁。

5 脫脫：《宋史》卷三十六〈光宗本紀〉，第七〇六頁。

6 彭龜年：〈乞車駕過重華宮疏〉，曾棗莊、劉琳主編：《全宋文》第二七八冊，第一三七頁。

7 曹彥約：〈兵部侍郎上殿劄子〉，曾棗莊、劉琳主編：《全宋文》第二九二冊，第二九二～二九三頁。

8 脫脫：《宋史》卷二四三〈光宗慈懿李皇后傳〉，第八六五四頁。

9 周密：《齊東野語》卷三〈紹熙內禪〉，第三八頁。

2 趙抦出局

如果光宗的「焚廩浚井」之憂並非被迫害妄想症，那麼「壽皇有廢立意」中最有可能付諸實施的計畫就是擇立嘉國公趙抦為皇儲，使皇位的傳承回歸到皇二子魏王趙愷這一支派。宋朝官方史書顯然刻意掩蓋了孝宗的廢立計畫，將過宮風波的責任一味推諉於光宗不孝與李皇后悍妒，但史料筆記仍透露出擇立趙抦計畫確實存在。《四朝聞見錄》記載，紹熙五年，官員薛公圭同時上書孝宗與光宗，反對擇立趙抦為皇儲：

光皇當勵精之初，薛公圭投北宮麗正書，言頗切至，蓋孝宗之意初主沂邸，光皇亦屬意焉。

趙抦去世後追封為沂王，沂邸就是指趙抦，而且這裡的說法擇立趙抦不但是孝宗之意，連光宗也「屬意焉」，等於說這個計畫一度已公開討論，才導致薛公圭同時上書孝宗、光宗提出反對意見。薛公圭的意見，除了擇立趙抦會變亂嫡庶之外，最重要的是「皇子嫡長，已逾弱冠」，趙擴已經成年，這時擇立趙抦必然「祖父互疑，天地幾變；子孫猜防，上下解體；支嫡交忌，臣民異心」，引起反抗從而引發政治災難，所以警告此舉是「陛下不即天下之安，而冒天下非常之危；不守天下之常，而履天下不測之變」，並質問孝宗與光宗是怎麼當祖父與父親的：

陛下（謂孝宗）盍亦自思其何以得此議？固宜自盡吾為祖為父之道也。上（光宗）盍亦自思其何以得此議？固宜自盡吾為子為父之道也。[10]

這段資料不但意味著擇立趙抦計畫確實存在，而且揭示了紹熙政變中隱藏最深的當事人——南宋第四位皇帝宋寧宗趙擴。趙擴對當時的政治情勢不可能置若罔聞，但就像經過激烈政治鬥爭成功繼位的宋真宗、宋徽宗一樣，掌握最高權力之後，他們就把自己參與權力鬥爭的經過刪除得一乾二淨，最終歷史敘述中，寧宗的表現就只剩下連呼「做不得、做不得」。[11]

《四朝聞見錄》還有一條「憲聖擁立」，稱孝宗去世後，光宗拒絕主喪。這時局面已混亂到「中外人情洶洶，以禍在旦夕」的地步，朝官紛紛出逃，「朝士中如項安世等，遁去者數日，如李詳等，搬家歸鄉者甚眾，侍從至欲相率出城」，京城居民「遷徙大半，居城內者則移居村落，居近郊者則移居傍郡，富家競藏金銀，市價為之倍長。甚而兩宮各分囊橐，潛歸私室，自謂亂釁只在目前」。[12]更可怕的是軍中也蠢蠢欲動，「軍士籍籍，有語變且不測」，甚至傳出了擁戴宗室大臣趙汝愚的說法：

沈有開嘗在汝愚坐曰：「外間傳嘉王出判福州，許國公判明州，三軍士庶，已推戴相公矣。」

這裡的許國公也是指趙抦。趙擴與趙抦均出判地方，意味著任何趙家人都可以當皇帝，因此傳說徐誼還說過一句「但得趙家一塊肉足矣」。[13]

這種局面下，太皇太后吳氏的侄子吳琚提醒：

某人傳道聖語「敢不控竭」。竊觀今日事體，莫如早決大策，以安人心。垂簾之事，止可行之旬浹，久則不可。願聖意察之。

於是第二天吳氏「並召嘉王暨吳興入」，嘉王是趙擴，而吳興就是趙抦，他在寧宗繼位後被封為吳興郡王。吳氏對趙抦說：

外議皆曰立爾，我思量萬事當從長。嘉王長也，且教他做。他做了你卻做，自有祖宗例。

「外議皆曰立爾」說明擇立趙抦的計畫早已傳聞天下，然後吳氏說她考慮讓趙擴當皇帝，因趙擴較年長，並補充說「他做了你卻做，自有祖宗例」，意思是兄終弟及。吳氏這麼講意味著根本沒有排除趙抦繼位的資格，進一步說明孝宗擇立趙抦的計畫確實存在。這番話意味著吳氏已經「決大策」，趙抦聞命「色變，拜而出」，趙擴也「驚惶欲走」，被吳氏命令知閤門事韓侂胄「掖持，使不得出」。

趙擴連稱：

告大媽媽，臣做不得，做不得。

而吳氏只管命令韓侂胄：

取黃袍來，我自與他著。

這時趙擴還與韓侂胄對抗，「王遂掣侂胄肘環殿柱」，被吳氏訓斥：

我見你公公，又見你大爹爹，見你爺，今又卻見你。

公公、大爹爹、爺、你分別指高宗、孝宗、光宗與寧宗，至此可以說吳氏已擁立或扶持宋朝四代君王，顯示出不容置疑的絕對政治權威。趙擴被吳氏的權威震懾，「知憲聖聖意堅且怒，遂衣黃袍，亟拜不知數，口中猶微道『做不得』」，隨後被韓侂胄扶掖出宮，喚百官班。[14]

寧宗就這樣在重華宮登上了皇位，消息傳出後「歡聲如雷，人心始安」[15]，吳氏成功平息了一場政治危機。《四朝聞見錄》又稱，潛邸即位之後，市人會哄搶舊邸財物，謂之「掃閤」，對此趙抦早有準備，而趙擴之前已被安排出判福州「絕不為備」。而第二天韓侂胄隨新皇帝去見光宗時，光宗吃驚地問「是誰」，韓侂胄回答是新嗣位的皇帝，光宗「瞪目視之」說這不是我兒子嗎？接下來《四朝聞見錄》敘述的情節被認為過於離奇，說當時傳國璽還在光宗手上，並堅決不願意交出來，於是韓侂胄向李皇后索要，李皇后說：「既是我兒子做了，我自取付之。」然後就從光宗的臥室內取出傳國璽。[16]事實上宮禁應該有宦官專職司印，皇帝將御璽藏於臥室內確實過於兒戲。

10 以上並見葉紹翁：《四朝聞見錄》丙集〈寧皇登位〉，第一〇四頁。
11 葉紹翁：《四朝聞見錄》丁集〈寧皇即位〉，第一三四頁。
12 周密：《齊東野語》卷三〈紹熙內禪〉，第三九頁；袁說友：《東塘集》卷十三〈得聖語令與部中官商量同眾從官入奏狀〉，四川大學古籍整理研究所編：《宋集珍本叢刊》第六十四冊，北京：線裝書局，二〇〇四年，影印清翰林院鈔本，第三八四～三八五頁。
13 以上並見周密：《齊東野語》卷三〈紹熙內禪〉，第四四頁。
14 以上並見葉紹翁：《四朝聞見錄》甲集〈憲聖擁立〉，第一二頁。
15 葉紹翁：《四朝聞見錄》甲集〈憲聖擁立〉，第一二頁。
16 葉紹翁：《四朝聞見錄》甲集〈憲聖擁立〉，第一三頁；周密《齊東野語》卷三〈紹熙內禪〉：「按御璽重寶，安得即位後方取？兼璽玉各有職掌，安得置之臥內，恐非實。」（第四二頁）

3 趙汝愚貶死

《四朝聞見錄》敘述的寧宗即位過程與主流史書完全不同，而且情節過於戲劇化，對照朝廷典章禮儀甚至顯得荒誕不經。但是如果依據《四朝聞見錄》檢視主流史書的敘述，又會發現傳統歷史敘述固然嚴肅莊重，但政治邏輯上出現了嚴重的缺環。目前可見紹熙政變主流敘述的較早文本包括宋理宗朝形成的《續編兩朝綱目備要》、《續宋中興編年資治通鑑》，較晚有周密《齊東野語》中〈紹熙內禪〉一篇，元修《宋史》相關敘述主要出現在〈李皇后傳〉、〈留正傳〉、〈趙汝愚傳〉等列傳中。主流史書將趙汝愚敘述成紹熙政變的主角，史源是劉光祖撰寫的趙汝愚墓誌銘，而墓誌銘的很多重要情節又被後來的歷史敘述進一步掩蓋，所以仔細分析這個文本非常重要。

寧宗繼位之後，趙汝愚被誣「謀為不軌」而貶死於衡州，「至衡州病作，為守臣錢鍪所窘，暴薨，天下聞而冤之，時慶元二年正月壬午也」。[17]趙汝愚去世時是戴罪之身，沒有人為之撰寫墓誌銘。趙汝愚的墓誌銘出現於十二年後即嘉定元年（一二〇八），這時韓侂胄已去世，趙汝愚始盡復官職，謚曰「忠定」，劉光祖才為他撰寫〈宋丞相忠定趙公墓誌銘〉。[18]這是紹熙政變主流敘述成形的起點，其特殊的歷史書寫背景對於重新理解紹熙政變至關重要，這個問題後文繼續討論。

由〈宋丞相忠定趙公墓誌銘〉成形的紹熙政變其主要情節如下：

一、紹熙二年九月，趙汝愚被召為吏部尚書。十一月郊祀「大風暴至」，光宗「疾作」，孝宗探視並「戒責」

光宗。[19]

二、紹熙三年三月開始，趙汝愚力諫光宗過宮，調和兩宮關係，「開導彌縫之不遺餘力」。[20]

三、紹熙四年以趙汝愚同知樞密院事，趙汝愚「辭不拜者凡十有二疏」，光宗為此請示孝宗，結果「此除盡壽皇意」——拜趙汝愚為宰執大臣完全是孝宗的主意，說明前朝大臣引裾泣諫光宗過宮的政治運動其實代表孝宗的立場，這是重新理解紹熙政變的關鍵點。[21]

四、紹熙四年七月趙汝愚遷知樞密院事——光宗召回陳源即在此時，安排太皇太后吳氏的尊號冊寶禮儀也在這時，而趙汝愚辭不拜，請光宗召回宰相留正。趙汝愚墓誌銘稱光宗「於奉冊前五日詣重華宮，都人大悅」，與《宋會要》所載尊號冊寶儀式之後詣重華宮的記載有所出入。[22]

五、紹熙五年孝宗病重，五月某日宰執大臣詣孝宗寢閣問疾，「孝宗數目丞相及公，若欲有言，而不果發」。第二天群臣請光宗「詣重華侍疾」，反而激起光宗的猜疑，「丞相以下請之益激，上益疑。」第二天光宗為孝宗「疾未瘳」而「致禱天地宗廟」，說明並非不關心父親的疾病，但就是拒絕過宮侍疾，並因此與群臣相互猜疑。光宗與群臣的矛盾升級，韓侂冑傳旨「宰執並出」，於是群臣「俱出於浙江亭俟命」，而這時嗣秀王（孝宗血緣上的兄長、光宗的伯父）趙伯圭「簡丞相傳孝宗意，令宰執復入」，還有「始終扶持」之語，言下之意宰執大臣與孝宗達成政治聯盟，與光宗、韓侂冑形成對抗之勢。這部分出現了紹熙政變主流敘述中第一個重大缺環：孝宗與宰執們「若欲有言」、「始終扶持」的政治訴求是什麼？為這一政治訴求如何與光宗形成對抗，導致光宗無論如何也不願過宮侍疾？[23]

六、紹熙五年六月八日孝宗去世，九日光宗拒絕過宮發喪，「宰執不得已，遂率百官詣重華宮發喪」。十三日將成服，光宗仍不肯出，宰執議請太皇太后吳氏垂簾暫主喪事，並請吳氏侄子吳琚疏通，遭到吳氏拒絕。[24]

七、十八日，以留正為首的宰執大臣向光宗提出立趙擴為皇太子，「皇子嘉王仁孝夙成，宜蚤正儲位，以安人心」。這時朝野流言四起，「時中外阻絕，都人洶洶」。然後墓誌銘以不確定的語氣記述：

> 有言二十四日再以建儲請，批出但有「甚好」二字。

「甚好」意味著光宗同意立儲，所以「明日同擬指揮以進，乞上親批，付學士院降詔」。第二天準備撰制詔書，但到了晚上光宗又給出了一個御批，乃云：

> 歷事歲久，念欲退閒。

封題「付丞相」，留正看到後「色懼」，接下來兩天，宰執們連續請求向光宗面奏商議，均遭拒絕，只好繼續打書面報告，而光宗再次御批稱「可只令施行」。[25]這裡出現了第二個重大的缺環，御批「甚好」同意立儲到御批「歷事歲久，念欲退閒」考慮退位之間究竟發生了什麼？

八、這個局面持續到二十九日，那天光宗再出御批，接下來的情節非常離奇，「付出封題獨異，丞相不啟封，付吏掌之。」這次御批的封題特別奇怪，以至於宰相留正沒打開看內容，直接交給屬吏保管起來。直到七月初，趙汝愚問留正之前的奏疏結果如何，兩人才「啟封」，然後「見牘尾御批十六字，丞相色憂」。[26]這御批十六字嚇得留正「仆於庭，因不出，密為去計」，第二天上朝時就假裝摔跤準備出逃。顯然十六字御批非常關鍵，但史料中沒有記載具體內容，但虞雲國先生對此極有見識地推測：

這則十六字御批的內容，未見史料明確記載。唯《四朝聞見錄》甲編〈憲聖擁立〉所載「某人傳道聖語『敢不控竭』」差似，玩其語意，似是責備之語。[27]

九、這時流言愈傳愈凶，甚至傳聞軍中蠢蠢欲動，「外言訩訩，無有不至，云：京口三軍謂壽皇已崩，朝廷密不發喪，欲相率縞素向闕」。這種危急情況之下，殿前指揮使郭杲來拜訪趙汝愚，趙汝愚問郭杲知不知道京口三軍準備起兵的傳聞，郭杲回答聽說過，趙汝愚明知「所傳妄」，但他想試探郭杲「特欲觀杲之對，以察其心」。於是故意問：「萬一有此，太尉何以處之？」郭杲拱手說：「兵家以直為壯，使杲將若何？」[28]

這時留正準備出逃，趙汝愚認為只有內禪才能渡過政治危機，於是決心拉攏郭杲發動政變，但需要有人與郭杲進一步溝通。這時宗室大臣工部尚書趙彥逾要為孝宗護葬來與趙汝愚告別，兩人討論政治局勢，趙汝愚暗示是不是可以讓光宗內禪，趙彥逾表示贊同，「公因微及與子意，彥逾乃喜。」因趙彥逾有恩於郭杲，讓他與郭杲進一步溝通，並迅速與郭杲議定。第二天孝宗大祥，留正「易肩輿出城去」。[29]

但趙汝愚發動政變需要獲得太皇太后吳氏的支持，他們本來聯繫吳琚，遭到拒絕後，趙汝愚考慮透過徐誼、葉適聯繫韓侂胄請求吳氏支持。韓侂胄與慈福宮內侍張宗尹關係密切，而蔡必勝同為知閤門事，蔡必勝又與徐誼是永嘉同鄉，所以趙汝愚透過徐誼聯繫同鄉蔡必勝、蔡必勝聯繫同事韓侂胄、韓侂胄聯繫熟人張宗尹，才能與吳氏建立聯繫，但張宗尹並不願意，韓侂胄也十分猶豫。趙汝愚的計畫眼看就要失敗，這時孝宗的內侍關禮看到韓侂胄，「邀問侂胄之來何為」，韓侂胄起初不肯說，關禮逼問下才告知趙汝愚的政變計畫，然後主動請纓向吳氏請示，吳氏思考再三，終於在關禮的勸說下同意趙汝愚的政變計畫。[30]

第二天，吳氏垂簾聽政，並聯手趙汝愚、郭杲、韓侂胄共同發動紹熙政變，以光宗「曾有御筆，自欲退閒」為由，宣布「皇子嘉王可即皇帝位」，光宗則退位為太上皇帝。〈宋丞相忠定趙公墓誌銘〉所述紹熙政變的過程還有很多對話與細節，此不一一細述。在此需要指出的是，趙汝愚根本不具備發動一場政變的政治條件。發動政變的關鍵是取得吳氏的支持，但趙汝愚與吳氏之間似有萬千阻隔，兩人根本不可能完成一次政治密謀。趙汝愚還需要獲得禁軍將領郭杲以及知閤門事韓侂胄的支持，而趙汝愚根本沒辦法主動與他們聯繫，偏偏這些人在需要時準時出現在趙汝愚面前，先是郭杲不可思議地來拜訪，再是與韓侂胄關係密切的趙彥逾恰好來拜別，最後關禮正好出現並逼問韓侂胄「之來何為」並主動請示吳氏。這樣的機緣巧合只能是精心謀劃的結果，聯繫神祕的「牘尾御批十六字」，就不得不把關注的焦點回轉到政變的真正當事人及獲益者吳氏與寧宗身上。

17 脫脫：《宋史》卷三九二〈趙汝愚傳〉，第一一九八九頁。
18 劉光祖：〈宋丞相忠定趙公墓誌銘〉，曾棗莊、劉琳主編：《全宋文》第二七九冊，第八八頁。
19 劉光祖：〈宋丞相忠定趙公墓誌銘〉，曾棗莊、劉琳主編：《全宋文》第二七九冊，第八一～八二頁。
20 劉光祖：〈宋丞相忠定趙公墓誌銘〉，曾棗莊、劉琳主編：《全宋文》第二七九冊，第八二頁。
21 劉光祖：〈宋丞相忠定趙公墓誌銘〉，曾棗莊、劉琳主編：《全宋文》第二七九冊，第八二頁。
22 劉光祖：〈宋丞相忠定趙公墓誌銘〉，曾棗莊、劉琳主編：《全宋文》第二七九冊，第八二～八三頁。
23 劉光祖：〈宋丞相忠定趙公墓誌銘〉，曾棗莊、劉琳主編：《全宋文》第二七九冊，第八三頁。
24 劉光祖：〈宋丞相忠定趙公墓誌銘〉，曾棗莊、劉琳主編：《全宋文》第二七九冊，第八四頁。
25 以上並見劉光祖：〈宋丞相忠定趙公墓誌銘〉，曾棗莊、劉琳主編：《全宋文》第二七九冊，第八四頁。
26 劉光祖：〈宋丞相忠定趙公墓誌銘〉，曾棗莊、劉琳主編：《全宋文》第二七九冊，第八四頁。
27 參見虞雲國：《南宋行暮：宋光宗宋寧宗時代》，上海：上海人民出版社，二〇一八年，第一〇六頁。
28 劉光祖：〈宋丞相忠定趙公墓誌銘〉，曾棗莊、劉琳主編：《全宋文》第二七九冊，第八四～八五頁。
29 劉光祖：〈宋丞相忠定趙公墓誌銘〉，曾棗莊、劉琳主編：《全宋文》第二七九冊，第八五頁。
30 劉光祖：〈宋丞相忠定趙公墓誌銘〉，曾棗莊、劉琳主編：《全宋文》第二七九冊，第八五～八六頁。

4 贏家宋寧宗

由〈宋丞相忠定趙公墓誌銘〉開始成形的紹熙政變敘述存在著諸多歷史事實或政治邏輯的缺環，如果結合之前的分析，可以初步形成一些推論：

第一，趙汝愚為代表的宰執及前朝群臣為徒勞無功的泣諫光宗過宮，從任命趙汝愚「盡壽皇意」、趙汝愚與嗣秀王趙伯圭的密切聯繫、孝宗對宰執們「若欲有言」、「始終扶持」來看，孝宗去世之前與趙汝愚等宰執大臣有政治上的攻守聯盟，孝宗這時可能已明確提出立魏王之後趙抦為皇儲，這是光宗不願過宮、侍疾、發喪卻又不能公開、公然拒絕的原因。

第二，孝宗去世之後，趙抦的最大支持者消失，立儲方案面臨重新較量。這時留正提出了表面上合理的方案，立嘉王趙擴為皇儲，完全符合光宗的訴求，因此御批「甚好」。但六天後又御批「歷事歲久，念欲退閑」暗示考慮退位，就顯得極不情願，情理上也不符合光宗的訴求，引發宰相留正的驚恐。這時留正還想挽回，繼續上奏，再過五日光宗「牘尾御批十六字」，留正看也沒看就知道大勢已去，說明這五日之間形勢再次急變。再聯繫留正等奏請立儲之前曾聯繫吳琚請太皇太后吳氏垂簾遭到拒絕，但政變方案形成之後吳氏同意垂簾，說明吳氏的訴求就是逼光宗退位。再聯繫「牘尾御批十六字」其中四字可能是《四朝聞見錄》所謂「敢不控竭」，如果這是光宗面對逼宮的反應，似乎可理解為「我哪裡敢不控竭自己的政治訴求」，虞雲國指出「似是責備之語」，即在吳氏的逼迫下無奈接受退位時發出的怨恨之語，所以不能公之於世。再聯繫〈憲聖擁立〉中吳氏「早決大策」的情節來看，引起宰相留正恐慌出逃的應是期間吳氏逼光宗退位導致他的立儲計畫破產。

第三，趙汝愚根本沒有政治資本策動郭杲、韓侂胄、吳氏去發動一場政變，政變的策動者是吳氏。趙汝愚只是吳氏發動政變時需要聯合的前朝關鍵人物，留正不看御批十六字以及出逃都是因為不願直接參與政變，吳氏退而求其次只能請趙汝愚參與。所以不是趙汝愚想方設法說服吳氏，但趙汝愚與郭杲、趙彥逾、徐誼、蔡必勝、韓侂胄聯繫這些情節也是存在的，只不過是依據吳氏的需要製造出來的虛假政變策劃過程，因吳氏不想擔負策動政變的惡名。這個推論看似十分驚人，但換個角度來理解，如果趙汝愚真的是紹熙政變的成功策動者，他做為定策殊勳功臣隨即在寧宗朝被治罪貶死就完全超出了常理。正因趙汝愚不是紹熙政變的核心人物，而且一度是支持孝宗的中堅力量，寧宗繼位之後就成了一粒棄子，韓侂胄去世後又在歷史書寫中為吳氏背負了紹熙政變策動者的責任。

第四，古今都有人認為排除了擇立趙抦計畫之後，留正以趙擴為皇儲的計畫最為合理，但為什麼會被棄置呢？由於一向認定趙汝愚是紹熙政變的策動者，所以有學者從推行士大夫政治理想的角度去解釋趙汝愚的行動。但如果相信政變的策動者是吳氏，問題就變成了光宗與寧宗對於吳氏有何區別？就皇帝本身而言，兩者可能沒有區別，畢竟光宗在孝宗去世之前已不斷向吳氏表達親近與尊崇之意。但吳氏無意干預朝政，只是從德壽宮不斷向皇帝賞賜侍姬的情況來看，吳氏更在意從後宮對皇帝有所牽制。而這個問題上，光宗的皇后李氏完全無法讓吳氏接受，特別是吳氏賞賜給光宗的黃貴妃竟被李皇后所殺。相較而言，寧宗的情況卻完全不同。寧宗出生於乾道四年（一一六八），淳熙十二年（一一八五）封平陽郡王，並「納夫人韓氏」。這位韓氏最初與姊姊一起被選入宮，因

「能順適兩宮意」而「歸平陽郡邸」[31]，這是孝宗朝的事情，「兩宮」應是指大內與德壽宮，也就是說韓氏能討吳氏在內的帝后歡心。韓氏是韓琦的六世孫、韓侂胄的侄女。而韓侂胄之所以成為紹熙政變的核心人物最主要是與吳氏的姻戚關係，他的母親是吳氏的妹妹，他的妻子又是吳氏的侄女，韓侂胄有吳皇后與韓皇后的雙重外戚身分，他在寧宗朝的專政很大程度上代表著吳氏的政治影響力。從宮廷政治的角度講，在光宗李皇后與寧宗韓皇后兼韓侂胄之間，吳氏自然會選擇後者，這解釋了為什麼吳氏會捨光宗而取寧宗，以及光宗為什麼會在「牘尾御批十六字」中被迫接受退位又口出怨言。

第五，紹熙政變的整個過程中，最大受益者是隱藏最深的宋寧宗。事後的歷史敘述中，寧宗的表現只是說著「某無罪，恐負不孝之名」而被黃袍加身。[32]但正如表面上無奈垂簾的吳氏是政變實際發動者一樣，寧宗應是政變積極主動的參與者，只是為了避免「負不孝之名」，他的具體行動不可能出現在成功繼位之後任何歷史書寫中。

總之，紹熙政變的核心人物吳氏、寧宗、韓侂胄與韓皇后是寧宗繼位後的真正受益者，光宗、李皇后以及趙抦就成了政治鬥爭的失敗者，以趙汝愚為代表當年泣諫過宮的前朝大臣受到打擊其實不可避免。但是到了慶元三年，八十三歲高齡的吳氏去世，慶元六年（一二〇〇）韓皇后、光宗及李皇后同年去世，隨著紹熙政變政治集團變得支離破碎，宮廷政治再次發生重大變局就不可避免了。

31 脫脫：《宋史》卷二四三〈寧宗恭淑韓皇后傳〉，第八六五六頁。
32 劉光祖：〈宋丞相忠定趙公墓誌銘〉，曾棗莊、劉琳主編：《全宋文》第二七九冊，第八七頁。

第二十一章——沂邸風雲

1 韓侂胄被誅

兩宋的皇位傳承出現了奇特的結構性對應。光宗與真宗一樣以皇三子入統；寧宗與仁宗都是獨子，兩人同樣生育多子卻無一存活，不得不從宗室中擇立皇儲。慶元三年，經韓侂胄一手謀劃，六歲的宗室趙與愿由韓皇后領養入宮，並改名趙曮。與孝宗是宋太祖次子趙德芳的世系不同，趙與愿是太祖長子趙德昭的十世孫。寧宗皇后韓氏於慶元六年去世，當時受寵的嬪妃有楊貴妃與曹美人，韓侂胄與楊貴妃早有矛盾，因此支持柔順的曹美人，但寧宗立楊氏為皇后。

楊皇后出身極其卑微，甚至不知道自己的姓氏，但頗有姿容，由善聲伎的養母張夫人帶入慈福宮，成為給吳氏奏樂的「則劇孩兒」[1]，據稱特別能討吳氏的歡心。楊氏特別機敏並善於權術，寧宗為孝宗守喪期間，據稱楊氏主動引誘寧宗。吳氏發現後一度將楊氏驅逐出宮，但寧宗對她念念不忘，守喪結束後，透過宦官王德謙向吳氏求取楊氏，吳氏再次將身邊的宮女賜給了當今的皇帝。楊氏頗受寧宗寵愛，引起韓侂胄的戒懼。吳氏與韓皇后相繼去世後，楊氏被立為皇后，趙曮也歸楊氏領養。韓侂胄完全失去後宮的政治資源，甚至喪失了外戚的身分，為了繼續掌控大權亟需由外戚專權轉向宰相專權。外朝宰執大臣不願看到韓侂胄的凌駕之勢，韓侂胄第一次尋求出任平章軍國事的努力因中樞大臣的反對而失敗。韓侂胄打出「北伐」旗號，逐步放鬆黨禁，以尋求新的支持者。開禧元年（一二〇五），韓侂胄順利出任平章軍國事，伺機發動北伐。

傳統觀點認為韓侂胄在北伐遇挫後，一度向金求和，但金人的函首要求致使韓侂胄大怒，並促使史彌遠等主和派聯合楊皇后發動政變，並與金國屈辱議和。但李超的研究發現，韓侂胄北伐受挫後立刻選擇退縮，金人並未拒絕以韓侂胄做為談判對象，並預設宋朝以蘇師旦、鄧友龍做為「替罪羊」的做法。開禧三年，宋、金和議大致達成共識，而韓侂胄的反對者聚攏在楊皇后周圍，於戰爭結束前冒險發動政變。楊皇后主導的這場政變是她與韓侂胄矛盾不可調和的結果，宋、金和議關於函首的內容是金方得知韓侂胄死訊後臨時增加的。為製造政變的合法性，楊皇后、史彌遠等曲解韓侂胄的許多行為，甚至捏造某些事實，將權力鬥爭中的冒險政變塑造成和戰之爭。

楊皇后有意參與政治，韓侂胄是她的障礙之一，於是積極籠絡各方反韓勢力，圖謀除掉韓侂胄。除了皇子趙曮與冒認的兄弟楊次山，楊氏發展的誅韓核心力量還有禮部尚書史彌遠和殿前司統帥夏震。史彌遠是孝宗朝宰相史浩的兒子。雖然韓侂胄已察覺到楊皇后將對他動手，但他認為寧宗不至於治其死罪，更沒想到楊皇后等人會直接誅殺他。開禧三年十一月三日，先由史彌遠奏稱北伐失敗，生靈塗炭，而韓侂胄「意猶未已」，於是「請誅侂胄」。楊皇后又指使皇子趙曮追究韓侂胄的戰爭責任，而她直接說與韓侂胄勢不兩立，指他「要廢我與兒子」，但寧宗拒絕誅殺韓侂胄，「后從旁力贊之，帝猶未許」。於是楊皇后透過楊次山層層聯繫史彌遠、錢象祖、李壁等反韓勢力，最後李壁擔心罷黜韓侂胄未必成功，直接命令「主管殿前司公事夏震統兵三百，候侂胄入朝，至太廟前，即呵止之，擁至玉津園側，殺之」。[2]這種直接誅殺大臣的行為與政變方式在整個宋代歷史上是唯一一次。

誅殺韓侂胄之後，十六歲的趙曮被立為皇太子，改名趙詢，並參決政事，史彌遠升右丞相兼樞密使兼太子少傅。形成了楊皇后、太子趙詢、丞相史彌遠聯合專政的局面。不幸的是，十三年後的嘉定十三年（一二二〇），二十九歲的趙詢去世，諡號景獻，景獻太子與莊文太子都葬在今杭州太子灣，太子灣的地名也是這樣來的。

太子趙詢去世，寧宗再次面臨立儲的問題。趙詢之死背後是否牽扯到政治鬥爭，現已沒有任何線索可追查。但寧宗再次立儲時，當年太皇太后吳氏擁立他時對趙抦說過的「他做了你卻做」似乎發生了作用。吳氏原話的本意是兄終弟及，但趙抦已於開禧二年（一二〇六）去世，他生過一個兒子趙垓三歲而夭。但趙抦去世被追封為沂王，並立趙希瞿的兒子趙貴和承嗣。這時要兌現吳氏「他做了你卻做」的遺訓，就該領養趙貴和為皇子。寧宗的確這樣做，立趙貴和為皇子，賜名趙竑。趙竑做為唯一的皇子可視為理所當然的皇儲，但沒有被立為皇太子。不過皇儲與權臣的關係不好相處，趙詢是韓侂冑擇立的，最後竟成為誅殺韓侂冑的主謀之一，而這位新皇子趙竑又對新權臣史彌遠深惡痛絕。

史彌遠是權謀老手，他知道趙竑喜歡鼓琴，就在趙竑身邊安排了一個「美人善鼓琴者」做為臥底。美人「知書慧黠」，趙竑很喜歡，什麼話都跟她說。有次指著宮壁輿地圖上南海的瓊州、崖州兩個地方說：「吾他日得志，置史彌遠於此。」等他當了皇帝要把史彌遠發配到這裡。又給史彌遠取了個奇怪的稱呼叫作「新恩」，暗示將來也可以發配到廣東的新州或恩州。史彌遠又進一步試探趙竑，七月七日那天給趙竑進獻了很多「乞巧奇玩」，趙竑借酒醉故意將這些精巧的玩具「碎於地」。[3]

史彌遠知道趙竑與他勢不兩立，便開始暗中實施廢立計畫。

1 葉紹翁：《四朝聞見錄》丙集〈慈明〉，第一一〇頁。

2 陳邦瞻：《宋史紀事本末》卷八十三〈北伐更盟〉，第九三三頁；葉紹翁：《四朝聞見錄》丙集〈虎符〉，第九二頁。

3 脫脫：《宋史》卷二四六〈鎮王竑傳〉，第八七三五頁。

2 史彌遠廢立

按照後來的歷史敘述，史彌遠有個家庭教師，叫余天錫，是舟山人。這一年余天錫想回家鄉考科舉，史彌遠就說趙竑被立為皇子後，沂王府又絕嗣了，請余天錫物色適合的宗室給沂王府繼嗣。余天錫到紹興時遇上大雨，在當地全保長家裡躲雨，全保長資訊靈通，以豐盛的酒餚招待余天錫，席間有兩小孩伺候。余天錫問起，全保長介紹是他外甥，大的叫趙與莒，小的叫趙與芮，他們的父親是宋太祖長子趙德昭之後趙希瓐。趙希瓐當過小官，不幸早逝，妹妹就帶著兩個小孩來投靠他這個舅舅。

等余天錫回到臨安，和史彌遠說起這兩小孩，輩分剛好合適，史彌遠便讓兩個孩子來杭州見面。全保長為此非常興奮，「鬻田治衣冠，集姻黨送之，且詫其遇」。據說史彌遠會看相，見了之後「大奇之」，但為了保密又把兩個小孩送了回去，弄得全保長十分沒面子，「保長大慚，其鄉人亦竊笑之」。一年多以後，史彌遠又問余天錫那兩個小孩還能再來臨安嗎？這回全保長吸取教訓，「辭謝不遣」，但史彌遠讓余天錫對全保長說：「二子長者最貴，宜還撫於其父家。」因此把趙與莒送到了臨安。等到趙竑立為皇子，史彌遠就給十七歲的趙與莒補官秉義郎，賜名趙貴誠，讓他承嗣沂王府，「以備皇子之選」。[4]

趙貴誠一直生活在農村舅舅家，沒接受過帝王需要的教育，史彌遠密請國子學錄鄭清之專職教育他。因需要絕對保密，史彌遠趁在淨慈寺給父親史浩做佛教法事時，單獨與鄭清之登慧日閣，然後說趙竑素質不佳，沂王府的趙貴誠值得培養，事成之後不愁榮華富貴，但若洩密，兩家都會被族滅：

皇子不堪負荷，聞後沂邸者甚賢，今欲擇講官，君其善訓導之。事成，彌遠之座即君座也。然言出於彌遠之口，入於君之耳，若一語泄，吾與君皆族矣！

鄭清之說一句「不敢」便答應了，於是開始教趙貴誠寫文章，又臨習高宗的書法。趙貴誠學得很快，鄭清之每次見史彌遠都拿著趙貴誠的詩文翰墨讚不絕口。史彌遠還是好奇，問「吾聞皇侄之賢已熟，大要究竟何如。」鄭清之到底怎麼評價趙貴誠，他的回答是「一言以斷之曰，不凡」。史彌遠謀立趙貴誠的意志更加堅定。5

史彌遠開始向寧宗詆毀趙竑，但寧宗弄不明白他是什麼意思。嘉定十七年（一二二四）八月寧宗病重，史彌遠派鄭清之到沂王府和趙貴誠攤牌，但趙貴誠默不作聲。鄭清之說：「丞相以清之從遊久，故使布腹心，今不答一語，則清之將何以答丞相。」丞相培養你這麼久，你一句話也不說，讓他怎麼答覆丞相呢？這時趙貴誠拱手徐言：

紹興老母在。6

「紹興老母在」的回答的確非常巧妙，既沒有拒絕史彌遠，也沒有表現出搶皇位的興趣，既與史彌遠的謀劃廢立保持某種距離，但緊要關頭突然關心留在紹興鄉下的母親，顯示出趙貴誠的仁孝之心，而仁孝正被宋朝士大夫視為當好皇帝的根本保證。當鄭清之把這句話轉告史彌遠，史彌遠覺得趙貴誠確實非同凡響。

史彌遠於是開始實施廢立計畫，稱寧宗病情好轉，借皇帝的詔書立趙貴誠為皇子，改名為趙昀。但廢立皇子必須獲得楊皇后的支持。閏八月寧宗去世，史彌遠找來楊皇后兩個冒認的侄子楊谷、楊石去和楊皇后溝通。楊皇后不同意，說「皇子竑先帝所立，豈敢擅變」。但史彌遠態度堅決，楊谷、楊石大半夜在楊皇后宮中與史彌遠府中跑了七趟來回，皇后與宰相的意見還是沒有達成一致。最後楊谷等對楊皇后說：「內外軍民皆已歸心，苟不立之，禍變必生，則楊氏無噍類矣。」[7] 如果堅持拒絕史彌遠，他就會自己動手，楊家就徹底完蛋了。

4 陳邦瞻：《宋史紀事本末》卷八十八〈史彌遠廢立〉，第九九〇頁。
5 以上並見陳邦瞻：《宋史紀事本末》卷八十八〈史彌遠廢立〉，第九九一頁。
6 陳邦瞻：《宋史紀事本末》卷八十八〈史彌遠廢立〉，第九九一頁。
7 陳邦瞻：《宋史紀事本末》卷八十八〈史彌遠廢立〉，第九九一頁。

3 霅川之變

楊皇后沉默良久，或許是回想當年與史彌遠聯手誅殺韓侂胄，這次無非是故伎重演。最後楊皇后還是接受了政變計畫，問「其人安在」，彷彿根本不知道趙昀的存在似的。得到楊皇后的同意，史彌遠立即派快行去接趙昀進宮，還特別囑咐不要接錯人了：

今所宣是沂靖惠王府皇子，非萬歲巷皇子。苟誤，則汝皆處斬！[8]

當時皇子趙竑已知寧宗去世，正踮著腳等宮中接他去繼承皇位，卻看到「快行過其府而不入」，接著又見他們「擁一人徑過」，因天濛濛亮看不清楚，感到萬分困惑。趙昀進宮見到楊皇后，楊皇后摸著他的背說：「汝今為吾子矣。」從今以後你就是我的兒子了，然後立即讓趙昀為寧宗舉喪，再派人召趙竑進宮。趙竑進宮後，他的隨從被禁衛軍攔下。趙竑在寧宗柩前舉哀畢，就被當年誅殺韓侂胄的夏震控制，隨後舉行新皇帝登基儀式。據說這時趙竑還沒明白過來，吃驚地問：「今日之事，我豈當仍在此班？」今天這種事情，我怎麼站在外面呢？夏震騙說要等正式宣布後才安排他即皇帝位。而趙竑「遙見殿上燭影中有人在御座」，趙昀已在內殿登基，趙竑要參加的是接下來百官拜賀的儀式。趙竑不肯拜，被夏震「捽其首下拜」[9]按下腦袋行拜禮。

趙竑就這樣失去了皇位，不久被封為濟王，出居湖州。楊皇后被尊為皇太后並垂簾同聽政，繼續與史彌遠聯合專政的局面。趙昀就是宋理宗，即位後追封生父趙希瓐為榮王，生母全氏為國夫人，以弟趙與芮嗣榮王。

接下來趙竑的命運非常悲慘。史彌遠廢立引起朝野的強烈憤慨，第二年即寶慶元年（一二二五），湖州太學生潘壬、潘丙兄弟等竟想擁戴趙竑稱帝。他們組織太湖漁民和巡卒數十人，乘夜進入湖州城找到濟王趙竑，重新上演了黃袍加身的鬧劇。趙竑不從，潘氏兄弟以武力脅迫，還說他們已爭取到忠義軍李全支持。李全是山東義軍領袖，這時已接受南宋招安，潘氏兄弟說李全發兵二十萬護送趙竑回到臨安奪回皇位。趙竑糊里糊塗在湖州當上了皇帝，湖州官員還來祝賀登基。第二天趙竑發現根本沒有李全的軍隊，潘氏兄弟只是組織了一群太湖漁民與巡卒。趙竑發現上當後，親自向朝廷報告有人造反，然後自率湖州的地方軍隊鎮壓潘氏兄弟。這個事件史稱「霅川之變」，霅川是流經湖州的一條河流。趙竑雖然自己鎮壓了這次叛亂，史彌遠終究覺得他是個禍害，最後還是逼趙竑自殺。

這個史彌遠廢立的故事把他的罪惡揭示清楚，看起來這段歷史敘述是未經掩飾的，其實不然，因與之前的紹熙政變一樣，政變的關鍵人物太后總是顯得太過超然與無辜。楊家侄子一夜七次往返是為了表現楊皇后的無奈被迫，被迫接受後還問「其人安在」是表現她事先未曾參與廢立計畫。史彌遠費盡周折之事，楊皇后真的一無所知嗎？周密《癸辛雜識》有條〈濟王致禍〉的資料，說趙竑的夫人吳氏「性極妒忌」，無法容忍趙竑有寵姬，據說吳氏是楊皇后的侄孫女（不明白為何是異姓侄孫女，或者出自高宗吳皇后），經常向楊皇后告狀。有次楊皇后趁內宴賞賜吳氏一枝水精雙蓮花頭簪，並讓趙竑親自給吳氏戴上，還告誡夫婦倆應該和睦。但不久兩人又吵架，趙竑一怒之下砸碎了楊皇后賞賜的頭簪，吳氏又來向楊皇后告狀，這下終於激怒了楊皇后，讓她產生了「廢儲之意」。此後趙竑又觸犯史彌遠，史彌遠「密謀之楊后，遂成廢立之禍焉」[10]，這樣一來，理宗之立仍是楊皇后與史彌遠聯手發動的一場政變。

8 陳邦瞻：《宋史紀事本末》卷八十八〈史彌遠廢立〉，第九九二頁。

9 陳邦瞻：《宋史紀事本末》卷八十八〈史彌遠廢立〉，第九九二頁。

10 周密：《癸辛雜識》後集〈濟王致禍〉，第八六頁。

4 福王素恨賈似道

紹定五年（一二三二）楊太后去世，紹定六年（一二三三）史彌遠去世，楊、史專政正式結束，宋理宗開始親政，並改元端平。端平元年（一二三四），南宋與新興的蒙古聯合攻滅金朝，但金朝滅亡之後，宋、蒙戰爭隨即開始，經歷了窩闊臺、蒙哥、忽必烈三個階段。蒙哥繼承蒙古汗位後，於寶祐元年（一二五三）再次侵宋，開慶元年（一二五九）御駕親征的蒙哥在合州釣魚城下戰死。為了返回蒙古爭奪汗位，攻打鄂州（今湖北武漢）未果的忽必烈與宋朝賈似道私自達成議和意向後撤軍。忽必烈圍攻鄂州時，賈似道是被緊急調到鄂州指揮作戰，並被升任為右相兼樞密使。據說賈似道指揮非常出色，多次挫敗蒙軍的進攻，讓忽必烈極為欣賞。但忽必烈撤軍後，賈似道向宋理宗報告時誇大了鄂州之戰的戰功，而隱瞞了曾與忽必烈議和的經過，賈似道因此被尊為再造宋室的功臣，開始擅權專政。

賈似道的身分非常特殊。他是今浙江臺州天臺人，其父賈涉在處置歸宋反金武裝時表現出突出才幹。但賈似道的成長經歷比較特別，據說他的生母胡氏是賈涉偶遇的有夫之婦，生下賈似道之後，又離開賈家另嫁：

賈涉濟川以制置，少日，舟過龜溪，見婦人浣衣者，偶盼之，因至其家。問夫何在，曰：「未歸。」語稍洽，調之曰：「肯相從乎？」欣然惟命。及夫還，扣之，亦無難色，遂攜以歸。既而生似道，未幾去，嫁為民妻，似道少長，始奉以歸。[11]

賈似道非常聰明，但可能自幼無人管教，養成了任性出格的性格。賈似道靠父親恩蔭獲得官職的同時又考取進士，此外他有姊姊進宮成為宋理宗的貴妃。宋理宗的皇后謝氏是楊太后所立，理宗對謝皇后相當冷淡，而專寵賈貴妃。憑藉賈涉的恩蔭與賈貴妃的奧援，賈似道一路官運亨通，很快就出任京湖安撫制置大使的要職。淳祐七年（一二四七）賈貴妃去世，賈似道沒有因此衰落，他在對蒙防務上展現才華，鄂州保衛戰之前已是樞密使兼兩淮宣撫使，成為兩淮抗蒙宋軍的最高統帥。

鄂州保衛戰五年之後的景定五年（一二六四），宋理宗去世，宋度宗趙禥繼位。宋理宗親生的兩個兒子都夭折，所立皇太子是他的侄子，也就是趙與芮的兒子趙孟啟，趙禥是立為太子之後的賜名。趙孟啟的出身較奇怪，生父趙與芮的夫人錢氏一直沒有生育，生母黃氏的來歷曲折。黃氏原是魏峻的婢女，魏峻是趙與芮的姊夫。但黃氏後來離開了魏家，成為李仁本家的婢女。而李仁本把女兒嫁給了趙與芮，黃氏隨李氏陪嫁到趙家。李氏還是沒有生育，趙與芮苦於無子，但陪嫁的黃氏意外給趙與芮生下了趙孟啟，「一幸而得男，是為度宗。」因黃氏出身過於低賤，懷上度宗時本想墮胎，「以其母賤，遂服墜胎之藥」，卻還是生下了趙孟啟，只是用藥之後發育不良，「生子手足皆軟弱，至七歲始能言」，幾乎就是個弱智兒。但這段墮胎失敗的經歷後來或許被理解成某種奇蹟，「資識內慧，七歲始言，言必合度，理宗奇之」，所以理宗立儲是「乃屬意托神器焉」。[12]

當時的宰相吳潛本來反對立弱智兒當皇太子，但吳潛與賈似道有仇，賈似道為了討好理宗而扳倒吳潛，就全力支持立度宗。但這個事情又留下兩個疑案，一是吳潛反對立度宗的話，他是否另有選擇呢？周密的《癸辛雜識》留下一段很含糊的話：

> 當吳毅夫為相日，穆陵將建儲，吳不然之，欲別立汗邸，承宣專任方甫以通殷勤。吳以罪去國。紹陵既為皇子，嘗遣人俟於汗邸，欲殺之。方知之，乃自後門逃去，後為謝堂捕之，送兵馬司，自刎而死。[13]

吳潛想立「汗邸」，度宗立為皇子之後抓捕了吳潛安排與汗邸「通殷勤」的方甫，逼其自殺。這個記載真假姑且不論，問題是此處的「汗邸」不見於記載，應是個有意或無意的文字訛誤。[14]那麼「汗邸」應該指誰就成為一個問題，有人猜「汗邸」是「漢邸」之訛，也無法落實到具體所指。但據情理而言，「汗邸」應是形近的「沂邸」之訛，沂邸仍是指趙抦這一世系，之前的趙竑與理宗都是以嗣沂王的身分被立為皇子，由於吳氏當年對趙抦有「他做了你卻做」之語，從沂王府立嗣始終具有合法性。而理宗出繼之後，又立趙貴謙為嗣沂王，如果吳潛要別立沂邸，應是趙貴謙的兒子趙乃猷。

另一個問題，賈似道既然支持理宗立度宗，度宗的生父趙與芮應該感激賈似道才對。但《宋史》記載「福王與芮素恨似道」，甚至賈似道被貶時，竟是趙與芮安排鄭虎臣行至漳州木棉庵時殺害了賈似道。[15]趙與芮「素恨」賈似道的原因實在讓人困惑，或許是因他的弱智兒子當皇帝導致南宋滅亡？或許背後還隱藏著已湮沒的權力鬥爭或者度宗身世的祕密？這些問題都很難從史料中獲得答案，不過值得注意的是，趙與芮在南宋滅亡之後被帶到元大都，並繼續生活了十一年，直到至元二十五年（一二八八）以高壽八十去世，所以有可能所謂「素恨」賈似道是趙與芮面對元朝做出來的一種姿態而已。

度宗雖然是弱智兒，但他倒有能力生育。他與全皇后生下了嫡子趙㬎，與楊淑妃生下了庶長子趙昰，又與俞修容生下三子趙昺。咸淳十年（一二七四）度宗去世，年僅四歲的嫡子趙㬎繼位，史稱宋恭帝。垂簾聽政的不是生母太后全氏，而是理宗皇后、太皇太后謝氏。理宗皇后謝道清是寧宗朝宰相謝深甫的孫女，因謝深甫當年「有援立楊太后功」，被楊太后立為理宗皇后。據說謝道清「生而黧黑，瞖一目」，但後來神奇地「膚蛻，瑩白如玉，醫又藥去目瞖」。[16]德祐二年（一二七六）元軍攻入臨安時，投降元軍的南宋最高統治者就是這位謝太后。後來她在元大都活到至元二十年（一二八三），享年七十四歲。

度宗全皇后是他祖母全氏的侄孫女，宋亡後隨其子宋恭帝入元，後為尼正智寺而終。宋恭帝入元後，至元二十五年被送往吐蕃學習藏文、佛經，後出家，至治三年（一三二三）被元英宗賜死，時年五十二歲。楊淑妃與趙昰、趙昺隨南宋流亡政權逃亡，趙昰稱帝時，楊淑妃以太后同聽政。景炎三年（一二七八）趙昰病亡，趙昺繼位。祥興二年（一二七九）趙昺在崖山海戰失敗後投海而死，楊太后「遂赴海死，其將張世傑葬之海濱」。[17]

11 周密：《齊東野語》卷十五〈龜溪二女貴〉，第二七二～二七三頁。
12 周密：《齊東野語》卷十五〈龜溪二女貴〉，第二七二頁；周密：《癸辛雜識》續集下〈紹陵初誕〉，第一九〇頁；脫脫：《宋史》卷四十六〈度宗本紀〉，第八九一頁。
13 周密：《癸辛雜識》後集〈魏子之謗〉，第五八頁。
14 錢大昕：《十駕齋養新錄附餘錄》卷八〈吳潛建儲之謗〉，南京：鳳凰出版社，二〇一六年，第二三七頁。
15 脫脫：《宋史》卷四七四〈賈似道傳〉，第一三七八七頁。
16 脫脫：《宋史》卷二四三〈理宗謝皇后傳〉，第八六五八頁。
17 脫脫：《宋史》卷二四三〈楊淑妃傳〉，第八六六二頁。

結語

宮廷政治涉及兩種基本的政治制度，一是君主繼承制度，二是皇帝制度。中國自西周就確立了嫡長子繼承制度，由此延伸出影響深遠的宗法制度，在世界文明史上獨具特色。嫡長子繼承制度理論上排除了兄終弟及、兄弟爭嫡的必要性，但由於君主絕嗣或骨肉相殘等原因，實際政治運作並不能避免君位爭奪戰的爆發。

皇帝制度由秦始皇創立，其核心是君主專制、中央集權的皇權制度，皇帝擁有至高無上的政治地位與無遠弗屆的政治權力。但皇帝需要有極強的能力，才能保證制度上賦予的絕對權力得以順利實施。事實上，這樣的皇帝在守成之君中並不常見。一旦皇帝能力不足，就必須有輔助人員來填補皇權的空缺，這些人一般包括后妃、外戚、宦官與朝臣，他們是宮廷政治的重要參與者。

宮廷鬥爭貫穿於整部中國君主政治史，但歷史敘述中，宋朝的宮廷政治顯得比較特別。無論統一時期的秦漢、隋唐、明清，分裂時期的三國、十六國、南北朝、十國，抑或北方游牧民族建立的匈奴、北魏、遼、金、元等政治，無不經歷了無休止的、殘酷的宮廷鬥爭。很多宮廷政治的故事，包括呂氏稱制、巫蠱之禍、隋煬帝奪嫡、玄武門之變、武則天稱帝、馬嵬坡之變、靖難之役、雍正奪嫡等，不但為讀史者所熟悉，甚至透過通俗文藝使得婦孺皆知。相比之下，宋朝好像是宮廷政治中的一股清流，宋代士大夫不無自豪地宣稱：

> 宋三百餘年，外無漢王氏之患，內無唐武、韋之禍，豈不卓然而可尚哉。[1]

但這樣的美談主要是深受理學思想影響士大夫的一種期許，並不代表宋朝沒有經歷激烈而殘酷的宮廷鬥爭。因士大夫對宋朝政治有種理想主義的期許，史家自覺不自覺地掩飾宋朝宮廷政治的本來面目，刻意製造出宋朝皇位繼承中特別和諧謙讓的假象，比如說太祖、太宗兄終弟及是趙匡胤有堯舜禪讓之德等。

宋朝的宮廷政治錯綜複雜，圍繞皇位繼承展開的權力鬥爭異常激烈、深不可測，皇子、后妃、宦官、外戚、宗室、權臣等各方參與者無一缺席。但由於歷史記載的隱諱與掩蓋，目前只能透過史料的深度發掘與史實的邏輯推演，盡可能梳理出宋朝宮廷政治的基本脈絡。

太祖、太宗兄終弟及顯然涉及殘酷的政治鬥爭，其真實面貌直至近年才得以揭示清楚。太宗立儲過程中，長子元佐與次子元僖的鬥爭為人熟知，但真宗的奪嫡行動恐怕已永遠湮沒，四子元份也捲入紛爭長期為人忽視。仁宗以真宗唯一子嗣繼位，從此宋朝宮廷政治由儲子奪嫡演變為后妃生育問題，並開啟了皇太后垂簾聽政的時代。

真宗去世之後，真宗劉皇后、仁宗曹皇后、英宗高皇后、神宗向皇后、哲宗孟皇后在不同歷史情境中以皇太后或太皇太后的身分垂簾聽政。這時期的宮廷政治主要體現為皇后干預立儲：劉皇后冒認仁宗，曹皇后廢立英宗，高皇后排擠哲宗定策功臣，向皇后謀立徽宗，孟皇后支持高宗。帝后衝突是皇太后時代宮廷政治的主要特點，除較特殊的孟太后，其他劉太后與仁宗、曹太后與英宗、高太后與哲宗、向太后與徽宗都存在嚴重的政治矛盾，而且是北宋仁宗以來持續而激烈黨爭的重要根源。宋朝宮廷政治的太上皇時代包括徽宗—欽宗、高宗—孝宗、孝宗—光宗、光宗—寧宗四個時期。這個階段幾乎與宋、金戰爭同時，太上皇現象也與對外戰爭緊密聯繫，至少徽宗退位很大程度上是推卸對外作戰的責任，高宗與孝宗其實存在主和與主戰的衝突。至於光宗、寧宗朝的太上皇現象，很大程度上是高宗吳皇后干預政治的結果。高宗吳皇后與寧宗楊皇后雖然幾乎沒有垂簾聽政，但透過後宮形成巨大而持續的政治權勢，構成了南宋政治史的重要一極。

無論是皇太后垂簾聽政還是太上皇現象都對皇帝權力造成嚴重侵蝕，也可理解為皇權持續衰落的過程。太上皇時代末期，權臣現象隨著最後一位太上皇光宗的衰落而出現，並先後出現了韓侂胄、史彌遠與賈似道三位權相。權相最初難以獨立專政，韓侂胄必須依賴高宗吳皇后與寧宗韓皇后，史彌遠與寧宗楊皇后始終聯合專政，賈似道也有胞姊（理宗賈貴妃）的奧援。

透過宮廷政治的視角，不但可以將宋朝政治史劃分為皇帝、皇太后、太上皇與權相四個時期，還能從宮廷鬥爭的視角進一步理解宋朝政治的派系問題。太祖、太宗的派系問題直到南宋高宗傳位時才顯現出來。太宗朝的奪嫡之爭中，趙廷美、趙元佐、趙元僖做為失敗者出局，皇三子趙元侃成為宋真宗。但真宗傳仁宗而絕嗣，宋朝皇帝世系又回到太宗四子趙元份這支，由趙元份的孫子趙宗實繼位並傳三代四帝而北宋滅亡。所以太宗四個兒子與皇位的複雜關係，奠定了北宋宮廷政治的基本格局。此外，真宗晚年后黨與太子黨的鬥爭是北宋黨爭的重要源頭。仁宗親政之後，曹皇后、高皇后、向皇后、孟皇后在後宮構建了一脈相承的政治勢力，他們是英宗、神宗、哲宗、徽宗四朝反變法的政治後臺。總之，宮廷政治某種程度是北宋政治鬥爭的總根源，僅將政治紛爭理解為士大夫政治理念的分歧可能失之簡單。

至於南宋，雖然宋朝的皇位傳承由孝宗而回歸到太祖世系，但孝宗與高宗不但存在主戰與主和的立場衝突，而且在位時長期受制於德壽宮太上皇的勢力。高宗去世後，孝宗很快也退位當太上皇，繼位的光宗與寧宗雖是孝宗的子、孫，卻為了鞏固權勢而主動靠攏高宗吳皇后。結果造成光宗在紹熙政變中被迫退位，而寧宗依靠太皇太后吳氏而繼統，大權最終旁落於吳太后的親信韓侂冑，以及出自吳太后慈福宮的楊皇后及史彌遠。因此重新繼統的太祖後裔孝宗、光宗、寧宗很大程度上無法掌控宋朝的政權。寧宗之後的理宗依賴史彌遠（包括楊皇后）的政治陰謀而繼位，因此某種意義而言，南宋宮廷只有兩大派系：一、高宗與吳皇后系；二、楊皇后與史彌遠系。

由此總覽三百年宋朝宮廷政治，宋太祖、欽宗之外其實有五大派系：一、太宗、真宗、劉皇后、仁宗系，政治上追求「無為」、「太平」；二、英宗、神宗、哲宗、徽宗，政治上否定仁宗，追求變法「大有為」；三、仁宗曹皇后、英宗高皇后、神宗向皇后、哲宗孟皇后，這個後宮政治派系是真宗晚年以寇準為首的太子黨延續，政治上激烈反對變法路線，開創了慶曆、元祐的特殊政治傳統，並在南宋透過哲宗孟皇后確立慶曆、元祐政治的正統性；四、高宗、吳皇后以及受其支配的孝宗、光宗、寧宗，這個統治集團基本維繫著宋、金和議的局面；五、楊皇后、史彌遠、理宗、度宗、賈似道，孝宗一系三代而絕嗣，理宗開創了南宋皇帝的第二個世系，但最後的權臣賈似道嫉恨之前形成的史彌遠集團，這個問題又與南宋亡於蒙元密切相關。

特別值得注意的是，南宋政治雖然衝突激烈，由孟皇后提供合法性的高宗，以及由史彌遠扶立的理宗都追認北宋后黨主導的慶曆、元祐政治傳統，從而決定了宋朝政治史敘述以慶曆、元祐為正統的總基調。意味著任何不符合慶曆、元祐傳統的政治行動在歷史書寫中都有可能遭到歪曲。

1 脫脫：《宋史》卷二四二〈后妃傳上〉，第八六〇六頁。

附表

1. 宋朝世系表

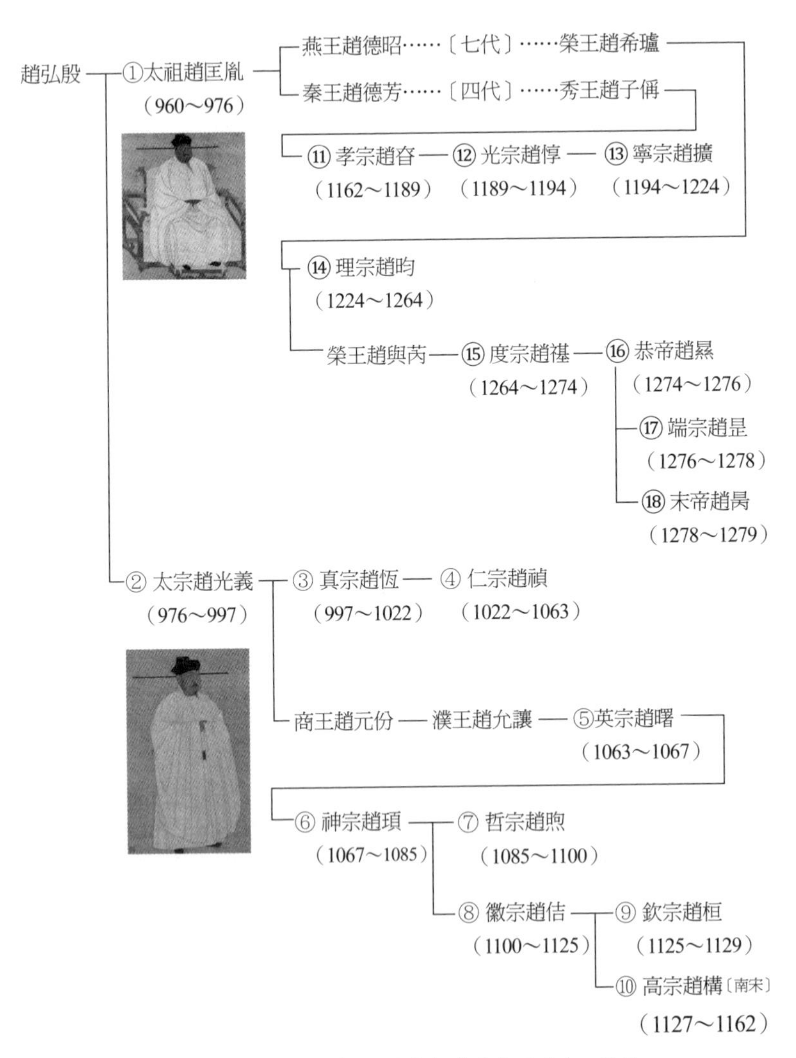

據《中國大百科全書・中國歷史（縮印本）》「歷代世系表」製作
（北京：中國大百科全書出版社，一九九四年，第一〇八九頁）

2.宋朝后妃、皇子表

說明：

一、編號。有皇后的帝王自宋宣祖至宋度宗按順位編號為0～15；后妃以帝王加順位、地位等編號，如溫成張皇后為第四位皇帝宋仁宗的第四位皇后編號為44，仁宗苗貴妃是雍王趙昕生母編號為45；皇子按生母加排行編號，如宋真宗趙恆為24元德李皇后所生，排行第三，編號為24-3。生母不詳后妃號編為0，生母地位低下或非親生后妃號編為9，如太宗次子趙元僖生母不詳編為20-2，太宗四子趙元份生母任太儀不入《宋史》編為29-4，仁宗養子趙曙編為49-2等。

二、著重。有垂簾聽政經歷的四字諡號皇后用黑體著重。繼皇帝位的皇子用黑體著重。

三、括弧。非親生子等加括弧，如或謂非杜太后親生的趙廷美、仁宗養子趙曙等。

0 宋宣祖趙弘殷	
后妃	皇子
01 昭憲杜太后	01-1 宋太祖趙匡胤 01-2 宋太宗趙光義 （01-3 秦王趙廷美）

1 宋太祖趙匡胤	
后妃	皇子
11 孝惠賀皇后	11-1 燕王趙德昭
12 孝明王皇后	12-2 秦王趙德芳
13 孝章宋皇后	

2 宋太宗趙光義	
后妃	皇子
21 淑德尹皇后	
22 懿德符皇后	
23 明德李皇后	
24 元德李皇后	24-1 漢王趙元佐 24-3 **宋真宗趙恆**
	20-2 昭成太子趙元僖（生母不詳） 29-4 商王趙元份（生母任太儀） 20-5 越王趙元傑（生母不詳） 20-6 鎮王趙元偓（生母不詳） 29-7 楚王趙元偁（生母臧貴妃） 29-8 周王趙元儼（生母王淑妃） 29-9 崇王趙元億（生母不詳）

3 宋真宗趙恆	
后妃	皇子
31 章懷潘皇后	
32 章穆郭皇后	32-1 悼獻太子趙祐
33 **章獻明肅劉皇后（劉娥）**	
34 章懿李太后（李宸妃）	34-2 **宋仁宗趙禎**
35 章惠楊太后（楊淑妃）	
36 昭靜沈貴妃	

4 宋仁宗趙禎	
后妃	皇子
41 郭皇后	
42 張皇后（張美人）	
43 **慈聖光獻曹皇后**	
44 溫成張皇后	
45 昭節苗貴妃	45-1 雍王趙昕
46 昭淑周貴妃	
47 楊德妃	
48 馮賢妃	
49 董叔妃	
	（49-2 **宋英宗趙曙**）

5 宋英宗趙曙	
后妃	皇子
51 **宣仁聖烈高皇后（高滔滔）**	51-1 **宋神宗趙頊** 51-2 吳王趙顥 51-3 益王趙頵

6 宋神宗趙頊	
后妃	皇子
61 **欽聖憲肅向皇后**	
62 欽成朱皇后	62-1 **宋哲宗趙煦** 62-5 簡王趙似
63 欽慈陳皇后	63-3 **宋徽宗趙佶**
64 惠穆武賢妃	64-2 楚王趙佖
65 林賢妃	65-4 燕王趙俁 65-6 越王趙偲

7 宋哲宗趙煦	
后妃	皇子
71 昭慈聖獻孟皇后	
72 昭懷劉皇后	72-1 獻愍太子趙茂

8 宋徽宗趙佶	
后妃	皇子
81 顯恭王皇后	81-1 **宋欽宗趙桓**
82 顯肅鄭皇后	
83 懿肅王貴妃	83-2 鄆王趙楷 83-9 莘王趙植 ……
84 顯仁韋太后	84-7 **宋高宗趙構**
85 喬貴妃	
86 明達劉皇后	86-6 益王趙棫 86-8 祁王趙模 86-14 信王趙榛
87 明節劉皇后	……
生母不詳	80-3 肅王趙樞 80-4 景王趙杞 80-5 濟王趙栩 80-10 儀王趙樸 80-11 徐王趙棣 80-12 沂王趙楞 80-13 和王趙栻

9 宋欽宗趙桓	
后妃	皇子
91 仁懷朱皇后	91-1 太子趙諶
	90-2 趙訓（生母不詳）

10 宋高宗趙構	
后妃	皇子
101 憲節邢皇后	
102 潘賢妃	102-1 元懿太子趙旉
103 張賢妃	（103-2 **宋孝宗趙昚**）
104 憲聖慈烈吳皇后	（104-3 信王趙璩）
105 劉貴妃	
106 劉婉儀	
107 張貴妃	

11 宋孝宗趙昚	
后妃	皇子
111 成穆郭皇后	111-1 莊文太子趙愭 111-2 魏王趙愷 111-3 **宋光宗趙惇**
112 安恭夏皇后	
113 成肅謝皇后	
114 蔡貴妃	
115 李賢妃	

12 宋光宗趙惇	
后妃	皇子
121 慈懿李皇后（李鳳娘）	121-1 **宋寧宗趙擴**
122 黃貴妃	

13 宋寧宗趙擴	
后妃	皇子
131 恭淑韓皇后	
132 **恭聖慈烈楊皇后**	
133 曹貴妃	
	（139-1 景獻太子趙詢） （139-2 鎮王趙竑） （139-3 **宋理宗趙昀**）

14 宋理宗趙昀	
后妃	皇子
141 謝皇后	
142 賈貴妃	
143 閻貴妃	
	（149-1 **宋度宗趙禥**）

15 宋度宗趙禥	
后妃	皇子
151 全皇后	151-1 **宋恭帝趙㬎**
152 楊淑妃	152-2 **宋端宗趙昰**
153 俞修容	153-3 **宋末帝趙昺**

3. 宋朝宮鬥派系表

<table>
<tr><td>1 太祖朝</td><td colspan="2">趙普</td><td colspan="2">皇弟趙光義（太宗）、王繼恩、張守眞、程德玄</td></tr>
<tr><td>2 太宗朝</td><td>皇弟趙廷美、盧多遜、皇長子趙元佐、王繼恩、李皇后、趙昌言、胡旦</td><td colspan="2">皇二子趙元僖、趙普、呂蒙正、王沔</td><td>皇三子趙元侃（眞宗）、王曾、寇準、劉氏</td></tr>
<tr><td>3 眞宗朝</td><td colspan="2">劉皇后、錢惟演、丁謂</td><td colspan="2">趙禎（仁宗）、周懷政、寇準</td></tr>
<tr><td>4 仁宗朝</td><td colspan="2">曹皇后、范觀音、高洮洮、史志聰、武繼隆</td><td colspan="2">宋仁宗、張貴妃、賈昌朝、陳執中、文彥博</td></tr>
<tr><td>5 英宗朝</td><td colspan="2">曹太后</td><td colspan="2">宋英宗、韓琦</td></tr>
<tr><td>6 神宗朝、元祐</td><td colspan="2">高太后、司馬光</td><td colspan="2">蔡確、章惇</td></tr>
<tr><td>7 哲宗朝</td><td colspan="2">孟皇后</td><td colspan="2">劉皇后</td></tr>
<tr><td>8 徽宗朝</td><td colspan="2">向皇后、端王趙佶（徽宗）、 曾布</td><td colspan="2">朱太妃、蔡王趙似、章惇</td></tr>
<tr><td>10 高宗朝</td><td colspan="2">趙璩、秦檜、（吳皇后）</td><td colspan="2">趙瑗（孝宗）、趙鼎、岳飛、史浩</td></tr>
<tr><td>11 孝宗朝</td><td colspan="2">太子趙愭、宋高宗、錢端禮</td><td colspan="2">三子趙惇（光宗）、李鳳娘、陳俊卿、虞允文</td></tr>
<tr><td>12 光宗朝</td><td>李皇后、陳源</td><td>宋孝宗、趙抦</td><td>留正、趙汝愚、黃裳</td><td>吳太后、趙擴（寧宗）、韓侂胄</td></tr>
<tr><td>13-1 寧宗朝一</td><td colspan="2">韓侂胄</td><td colspan="2">楊皇后、太子趙詢、史彌遠</td></tr>
<tr><td>13-2 寧宗朝二</td><td colspan="2">皇子趙竑</td><td colspan="2">楊皇后、史彌遠、沂王趙貴誠（理宗）</td></tr>
<tr><td>14 理宗朝</td><td colspan="2">賈似道、趙禥（度宗）</td><td colspan="2">吳潛、趙乃猷</td></tr>
</table>

參考文獻

史料

1. 《宋大詔令集》，司義祖整理，北京：中華書局，一九六二年。
2. 畢仲游：《西臺集》，傅惠成點校，山右歷史文化研究院編：《西臺集（外三種）》，上海：上海古籍出版社，二〇一六年。
3. 蔡絛：《鐵圍山叢談》，惠民、沈錫麟點校，北京：中華書局，一九八三年。
4. 晁公武撰，孫猛校證：《郡齋讀書志校證》，上海：上海古籍出版社，一九九〇年。
5. 陳邦瞻：《宋史紀事本末》，河北師範學院歷史系中國古代史組點校，北京：中華書局，二〇一五年。
6. 陳均：《皇朝編年綱目備要》，許沛藻、金圓、顧吉辰、孫菊園點校，北京：中華書局，二〇〇六年。
7. 丁傳靖輯：《宋人軼事彙編》，北京：中華書局，二〇〇三年。
8. 馮夢龍：《警世通言》，北京：中華書局，二〇〇九年。
9. 傅璇琮、祝尚書主編：《宋才子傳箋證 北宋前期卷》，瀋陽：遼海出版社，二〇一一年。
10. 韓琦撰，李之亮、徐正英箋注：《安陽集編年箋注》，成都：巴蜀書社，二〇〇〇年。
11. 黃以周：《續資治通鑑長編拾補》，顧吉辰點校，北京：中華書局，二〇〇四年。
12. 李燾：《續資治通鑑長編》，北京：中華書局，二〇〇四年，第二版。
13. 李心傳：《建炎以來朝野雜記》，徐規點校，北京：中華書局，二〇〇〇年。
14. 李心傳：《建炎以來繫年要錄》，北京：中華書局，一九八八年。
15. 李埴撰，燕永成校正：《皇宋十朝綱要校正》，北京：中華書局，二〇一三年。
16. 樓鑰：《樓鑰集》，顧大朋點校，杭州：浙江古籍出版社，二〇一〇年。
17. 馬端臨：《文獻通考》，上海師範大學古籍研究所、華東師範大學古籍研究所點校，北京：中華書局，二〇一一年。
18. 歐陽修：《歐陽修全集》，李逸安點校，北京：中華書局，二〇〇一年。
19. 潘閬：《逍遙集》，景印文淵閣《四庫全書》第一〇八五冊，臺北：商務印書館，一九八三年。
20. 錢大昕：《十駕齋養新錄 附餘錄》，南京：鳳凰出版社，二〇一六年。

21. 錢若水修，范學輝校注：《宋太宗皇帝實錄校注》，北京：中華書局，二〇一二年。
22. 上海師範大學古籍整理研究所編：《全宋筆記》，鄭州：大象出版社，二〇一九年。
23. 邵伯溫：《邵氏聞見錄》，李劍雄、劉德權點校，北京：中華書局，一九八三年。
24. 邵博：《邵氏聞見後錄》，李劍雄、劉德權點校，北京：中華書局，一九八三年。
25. 施耐庵、羅貫中：《水滸傳》，北京：中華書局，二〇〇九年。
26. 司馬光：《涑水記聞》，鄧廣銘、張希清點校，北京：中華書局，一九八九年。
27. 司馬光著，李之亮箋注：《司馬溫公集編年箋注》，成都：巴蜀書社，二〇〇八年。
28. 四川大學古籍整理研究所編：《宋集珍本叢刊》，北京：綫裝書局，二〇〇四年。
29. 蘇轍：《龍川別志》，俞宗憲點校，北京：中華書局，一九八二年。
30. 脫脫：《遼史》，北京：中華書局，一九七四年。
31. 脫脫：《宋史》，北京：中華書局，一九八五年。
32. 王昶：《金石萃編》，上海：上海古籍出版社，二〇二〇年，影印嘉慶十年刻同治錢寶傳等補修本。
33. 王明清：《揮麈錄》，田松青校點，上海：上海古籍出版社，二〇一二年。
34. 王銍：《默記》，朱傑人點校，北京：中華書局，一九八一年。
35. 文瑩：《湘山野錄》，鄭世剛、楊立揚點校，北京：中華書局，一九八四年。
36. 徐夢莘：《三朝北盟會編》，上海：上海古籍出版社，二〇〇八年，第二版。
37. 徐松輯：《宋會要輯稿》，劉琳等校點，上海：上海古籍出版社，二〇一四年。
38. 薛居正：《舊五代史》，北京：中華書局，一九七六年。
39. 葉紹翁：《四朝聞見錄》，馮惠民、沈錫麟點校，北京：中華書局，一九八九年。
40. 俞正燮：《癸巳類稿》，于石等點校，合肥：黃山書社，二〇〇五年。
41. 袁桷：《延祐四明志》，臺北：成文出版社有限公司，一九八三年。
42. 曾布：《曾公遺錄》，顧宏義點校，北京：中華書局，二〇一六年。
43. 曾棗莊、劉琳主編：《全宋文》，上海：上海辭書出版社、合肥：安徽教育出版社，二〇〇六年。
44. 張君房編：《雲笈七籤》，北京：中華書局，二〇〇三年。
45. 趙汝愚編、北京大學中國中古史研究中心校點整理：《宋朝諸臣奏議》，上海：上海古籍出版社，一九九九年。
46. 趙彥衛：《雲麓漫鈔》，傅根清點校，北京：中華書局，一九九六年。
47. 周密：《癸辛雜識》，吳企明點校，北京：中華書局，一九八八年。
48. 周密：《齊東野語》，張茂鵬點校，北京：中華書局，一九八三年。

49. 周密：《武林舊事》，楊瑞點校，杭州：浙江古籍出版社，二〇一五年。
50. 朱弁：《曲洧舊聞》，孔凡禮點校，北京：中華書局，二〇〇二年。
51. 朱熹：《晦庵先生朱文公文集》，劉永翔、朱幼文校點，朱熹撰，朱傑人、嚴佐之、劉永翔主編：《朱子全書》第二十五冊，上海：上海古籍出版社、合肥：安徽教育出版社，二〇一〇年。

論著

1. 白效詠：《陳摶與趙宋王室之交往考析》，《蘭州學刊》二〇〇六年第六期。
2. 鮑緒先：《浙江淳安發現宋恭聖仁烈楊太后家族宗譜及其墓地——宋寧宗楊后與宋度宗楊淑妃生平及其家族考》，《東南文化》一九九二年第Z期。
3. 蔡崇榜：《宋代修史制度研究》，臺北：文津出版社，一九九一年。
4. 曹家齊：《「愛元祐」與「遵嘉祐」——對南宋政治指歸的一點考察》，《學術研究》二〇〇五年第十一期。
5. 曹清華：《富弼年譜》，四川大學碩士學位論文，二〇〇二年。
6. 常志峰：《從天禧到天聖：北宋真仁之際的朝局與權力關係》，西北大學碩士學位論文，二〇一八年。
7. 陳峰：《北宋皇室與「將門」通婚現象探析》，《文史哲》二〇〇四年第三期。
8. 陳國燦、方如金：《宋孝宗》，長春：吉林文史出版社，一九九七年。
9. 陳曦、費團結：《歷史敘述的簡化與複雜——論〈木綿庵鄭虎臣報冤〉中的宋元戰爭描寫》，《陝西理工大學學報》（社會科學版）二〇一八年第四期。
10. 陳璽、馬創：《瑤華祕獄：哲宗孟皇后巫蠱案始末》，《民主與法制時報》二〇二〇年九月十七日，第八版。
11. 陳玉潔：《試論章惇》，《河南師大學報》（社會科學版）一九八三年第一期。
12. 程金良：《趙普與北宋政權的建立、鞏固》，《蘭臺世界》二〇〇七年第十五期。
13. 程鬱：《進入宋代皇室的乳母與宮廷政治鬥爭》，《中華文史論叢》二〇一五年第三期。
14. 褚雪榮：《北宋宣仁太后高氏年譜》，江西師範大學碩士學位論文，二〇二〇年。
15. 崔英超、張其凡：《論「隆興和議」前後南宋主戰派陣營的分化與重構》，《甘肅社會科學》二〇〇四年第三期。
16. 笪夢雅：《宋代精神病人研究》，安徽大學碩士學位論文，二〇一八年。
17. 鄧廣銘：《陳橋兵變黃袍加身故事考釋》，《真理雜誌》一九四四年第一卷第一期。
18. 鄧廣銘：《試破宋太宗即位大赦詔書之謎》，《歷史研究》一九九二年第一期。
19. 鄧廣銘：《宋太祖太宗皇位授受問題辨析》，《真理雜誌》一九四四年第一卷第二期。

20. 鄧小南：《關於「泥馬渡康王」》，《北京大學學報》（哲學社會科學版）一九九五年第六期。
21. 鄧小南：《祖宗之法：北宋前期政治述略》，北京：生活・讀書・新知三聯書店，二〇〇六年。
22. 董春林：《宋高宗南渡後的政治取向——基於建炎年間幾起冤案的分析》，《北方論叢》二〇一二年第一期。
23. 董淼：《西夏小梁太后與北宋高太后干政比較研究》，湖北大學碩士學位論文，二〇一三年。
24. 段舒揚：《宋仁宗立儲研究》，北京大學碩士學位論文，二〇一六年。
25. 范立舟：《理學在南宋寧宗朝的境遇》，《暨南學報》（哲學社會科學版）二〇〇二年第三期。
26. 范帥：《宋代東宮制度研究》，西北大學博士學位論文，二〇一七年。
27. 范帥：《宋代皇子制度研究》，河南大學碩士學位論文，二〇一四年。
28. 方誠峰：《北宋晚期的政治體制與政治文化》，北京：北京大學出版社，二〇一五年。
29. 方誠峰：《走出新舊：北宋哲宗朝政治史研究》，北京大學博士學位論文，二〇〇九年。
30. 方燕：《南宋光宗朝過宮流言探析》，《四川師範大學學報》（社會科學版）二〇一五年第六期。
31. 方震華：《轉機的錯失——南宋理宗即位與政局的紛擾》，《臺大歷史學報》二〇一四年第五十三期。
32. 馮會明：《定策扶危的宋代宗室宰相趙汝愚》，《上饒師範學院學報》（社會科學版）二〇〇六年第四期。
33. 馮繼仁：《論陰陽堪輿對北宋皇陵的全面影響》，《文物》一九九四年第八期。
34. 付海妮：《宋代后妃臨朝不危政原因淺析》，《蘭州教育學院學報》二〇〇五年第一期。
35. 付海妮：《宋代后妃臨朝問題研究》，西北師範大學碩士學位論文，二〇〇六年。
36. 傅紹磊、鄭興華：《賈似道與宋末士風探微》，上海社會科學院歷史研究所《傳統中國研究集刊》編輯委員會編：《傳統中國研究集刊》第十五輯，上海：上海社會科學院出版社，二〇一七年。
37. 富東奇：《皇位傳承與宋初政局研究（九六〇～九九七）》，遼寧大學碩士學位論文，二〇一九年。
38. 高士捷：《後周遺臣與宋初政治》，華中科技大學碩士學位論文，二〇一四年。
39. 宮磊：《宋真宗封禪探究》，山東師範大學碩士學位論文，二〇〇七年。
40. 谷霽光：《宋代繼承問題商榷》，《清華學報》一九四一年第十三卷第一期。
41. 顧宏義：《「晉王有仁心」說辨析——兼及宋初「斧聲燭影」事件若干疑問之考證》，《杭州師範大學學報》（社會科學版）二〇一五年第二期。
42. 顧宏義：《〈宋史〉的史源及其相關問題》，包偉民、劉後濱主編：《唐宋歷史評論》第三輯，北京：社會科學文獻出版社，二〇一七年。
43. 顧宏義：《宋初政治研究：以皇位授受為中心》，上海：華東師範大學出版社，二〇一〇年。
44. 顧宏義：《宋徽宗即位日記事發覆》，《首都師範大學學報》（社會科學版）二〇一七年第五期。
45. 顧宏義：《王禹偁〈建隆遺事〉考——兼論宋初「金匱之盟」之真偽》，《中華文史論叢》二〇〇九年第三期。
46. 顧宏義：《趙德芳生母考——兼析宋朝官史失載趙德芳生母之原因》，《河北大學學報》（哲學社會科學版）二〇一七年第五期。

47. 顧吉辰：《「燭影斧聲」辨析》，《黃淮學刊》（社會科學版）一九八九年第一期。
48. 郭發喜：《再論「宋代無宗室之禍」》，姜錫東主編：《宋史研究論叢》第二十輯，北京：科學出版社，二〇一七年。
49. 郭湖生、戚德耀、李容淦：《河南鞏縣宋陵調查》，《考古》一九六四年第十一期。
50. 郭影影：《宋代后妃生育問題研究》，河北大學碩士學位論文，二〇一八年。
51. 韓冠群：《從宣押入內到獨班奏事：南宋韓侂胄的專權之路》，《北京社會科學》二〇一六年第四期。
52. 韓冠群：《從政歸中書到權屬一人：南宋史彌遠專權之路》，《四川師範大學學報》（社會科學版）二〇一七年第三期。
53. 韓冠群：《南宋嘉定末年皇位繼承問題新考——以寧宗的旨意為視角》，《江西社會科學》二〇一六年第七期。
54. 韓軍鎮：《宋欽宗欲復哲宗廢后孟氏位號說的流變及其內涵》，姜錫東主編：《宋史研究論叢》第二十七輯，北京：科學出版社，二〇二〇年。
55. 郝伶伶：《已佚兩種宋代歷史文獻輯佚與研究》，河北大學碩士學位論文，二〇一二年。
56. 郝怡：《宋代帝室中兄終弟及服制研究》，山西師範大學碩士學位論文，二〇一四年。
57. 何冠環：《「金匱之盟」真偽新考》，《暨南學報》（哲學社會科學）一九九三年第三期。
58. 何冠環：《宮闈內外：宋代內臣研究》，新北：花木蘭文化事業有限公司，二〇一八年。
59. 何冠環：《攀龍附鳳：北宋潞州上黨李氏外戚將門研究》，香港：中華書局（香港）有限公司，二〇一三年。
60. 何冠環：《宋初朋黨與太平興國三年進士》，上海：中西書局，二〇一八年。
61. 何冠環：《宋太宗箭疾新考》，《香港中文大學中國文化研究所學報》一九八九年第二十卷。
62. 何玉紅：《中興形象的構建：光武故事與宋高宗政治》，《中國史研究》二〇一七年第四期。
63. 何兆泉：《兩宋宗室研究——以制度考察為中心》，上海：上海古籍出版社，二〇一六年。
64. 何兆泉：《宋代宗室研究》，浙江大學博士學位論文，二〇〇四年。
65. 何忠禮、徐吉軍：《南宋史稿》，杭州：杭州大學出版社，一九九九年。
66. 何忠禮、鄭瑾：《賈似道與鄂州之戰》，李國章、趙昌平主編：《中華文史論叢》總第七十九輯，上海：上海古籍出版社，二〇〇五年。
67. 何忠禮：《略論宋高宗的「禪位」》，姜錫東主編：《宋史研究論叢》第十三輯，保定：河北大學出版社，二〇一二年。
68. 何忠禮：《南宋楊皇后姓氏、籍貫考》，北京大學中國古代史研究中心編：《鄧廣銘教授百年誕辰紀念論文集：一九〇七~二〇〇七》，北京：中華書局，二〇〇八年。
69. 何忠禮：《南宋政治史》，北京：人民出版社，二〇〇八年。
70. 何忠禮：《宋高宗新論》，上海：上海古籍出版社，二〇二一年。
71. 侯楊方：《宋太宗繼統考實》，《復旦學報》（社會科學版）一九九二年第二期。
72. 胡文寧：《偽齊政權研究》，上海：上海古籍出版社，二〇二二年。
73. 胡昭曦、蔡東洲：《宋理宗 宋度宗》，長春：吉林文史出版社，一九九六年。
74. 煥力：《宋代后妃參政和「皇帝與士大夫共治天下」》，《晉陽學刊》二〇一〇年第一期。

75. 煥力：《宋代士大夫政治規制下的后妃參政》，《人文雜誌》二〇〇九年第三期。
76. 黃純怡：《皇權、近習與權臣：南宋的外戚與政治》，臺北：萬卷樓，二〇二一年。
77. 黃錦君：《兩宋后妃事蹟編年》，成都：巴蜀書社，一九九七年。
78. 黃日初：《「端王輕佻，不可以君天下」辨疑》，《北京社會科學》二〇一五年第六期。
79. 黃豔：《北宋哲宗孟皇后的廢立與時政》，《樂山師範學院學報》二〇〇五年第七期。
80. 黃燕生：《宋仁宗 宋英宗》，長春：吉林文史出版社，一九九七年。
81. 惠冬、張其凡：《「失敗者」的歷史：陳橋兵變新探》，《南昌大學學報》（人文社會科學版）二〇一二年第五期。
82. 霍無忌：《宋仁宗、英宗易代事研究》，《故宮學刊》二〇一九年第一期。
83. 賈保倩：《從向太后垂簾論北宋女主在黨爭中的政治角色》，浙江大學碩士學位論文，二〇〇九年。
84. 賈道民：《「車蓋亭詩案」新解》，《蘭臺世界》二〇一三年第三十期。
85. 賈鴻源：《北宋皇后殯宮位置規劃研究》，姜錫東主編：《宋史研究論叢》第二十六輯，北京：科學出版社，二〇二〇年。
86. 賈麗英：《析「千古之謎」中的宋太宗》，《石家莊師範專科學校學報》一九九九年第一期。
87. 賈連港：《「兵馬大元帥」「天下兵馬大元帥」與「河北兵馬大元帥」——康王趙構大元帥官銜的變化及其政治意涵》，《中國史研究》二〇一七年第一期。
88. 賈連港：《「韓侂胄事蹟」的形成及流轉》，《史學史研究》二〇一四年第三期。
89. 賈連港：《兩宋之交趙構大元帥府的組織、運行及其政治遺產》，《西北大學學報》（哲學社會科學版）二〇一七年第五期。
90. 賈連港：《宋代內禪政治研究》，西北大學碩士學位論文，二〇一一年。
91. 賈雁飛：《「金匱之盟」研究史》，山東大學碩士學位論文，二〇〇九年。
92. 姜武福、宋傳銀：《北宋宦官專權干政》，《荊州師專學報》一九八九年第四期。
93. 姜錫東、魏彥紅：《近二十餘年來宋代宗室研究述評》，《中國史研究動態》二〇一三年第四期。
94. 蔣復璁：《宋太宗晉邸幕府考》，《大陸雜誌》一九六五年第三十卷第三期。
95. 蔣復璁：《宋太祖時太宗與趙普之政爭》，《史學彙刊》一九七三年第五期。
96. 蔣復璁：《宋太祖孝章宋皇后崩不成喪考》，《珍帚齋文集》卷三〈宋史新探〉，臺北：商務印書館，一九八五年。
97. 荊雪倩：《北宋宮闈制度研究》，山東大學碩士學位論文，二〇一六年。
98. 孔妮妮：《論湖湘學派的君臣理想及其政治導向》，《求索》二〇一一年第十二期。
99. 孔學：《「金匱之盟」真偽辨》，《史學月刊》一九九四年第三期。
100. 樂進進：《皇權授受與政治忌諱——從王禹偁貶謫事件看宋初政治生態》，《煙臺大學學報》（哲學社會科學版）二〇二一年第四期。
101. 李超：《景獻太子與南宋開禧、嘉定之際的政爭》，姜錫東主編：《宋史研究論叢》第二十輯，北京：科學出版社，二〇一七年。
102. 李超：《歷史書寫與歷史事實：宋金和戰與韓侂胄之死》，《中山大學學報》（社會科學版）二〇一七年第四期。

103. 李超：《南宋寧宗朝前期政治研究》，上海：上海古籍出版社，二〇一九年。
104. 李超：《宋理宗繼位問題再探——以趙竑與史彌遠之矛盾為中心》，《寧波大學學報》（人文科學版）二〇二〇年第二期。
105. 李超：《周必大、趙汝愚與永嘉士人》，《溫州大學學報》（社會科學版）二〇一七年第五期。
106. 李峰：《北宋開國故事：眾聲喧嘩中的造假與虛構》，《史學月刊》二〇一五年第十一期。
107. 李涵：《章獻劉皇后擅政與寇準之死》，北京大學中國中古史研究中心編：《紀念陳寅恪先生誕辰百年學術論文集》，北京：北京大學出版社，一九八九年。
108. 李洪霞：《鄒浩研究》，河北大學碩士學位論文，二〇一〇年。
109. 李強：《「金匱之盟」的是是非非——對一樁宋史學術舊案的再認識》，《晉陽學刊》二〇〇八年第五期。
110. 李勤德：《試論趙普》，《史學月刊》一九八三年第六期。
111. 李書豪：《〈曾布日錄〉的歷史書寫》，河北大學碩士學位論文，二〇一七年。
112. 李婉婷：《富弼與北宋中後期政治》，山西大學碩士學位論文，二〇一〇年。
113. 李裕民：《揭開「斧聲燭影」之謎》，《山西大學學報》（哲學社會科學版）一九八八年第三期。
114. 李裕民：《趙匡胤是怎樣奪取政權和鞏固政權的》，《山西大學學報》（哲學社會科學版）一九九一年第一期。
115. 栗豔：《宋初道教政治讖語研究》，《科學經濟社會》二〇一五年第二期。
116. 廖建凱：《權相秉國——史彌遠掌政下之南宋政局》，臺灣師範大學碩士學位論文，二〇一三年。
117. 廖寅：《論宋理宗繼位與四明集團的關係》，《求索》二〇〇四年第十一期。
118. 林瑞翰：《宋太祖太宗之御將及太宗之治術》，《臺大歷史學報》一九七八年第五期。
119. 林天蔚：《宋代權相形成之分析》，《宋史研究集》第八輯，臺北：國立編譯館，一九七六年。
120. 林嘯：《史彌遠與南宋中後期政局》，杭州師範大學碩士學位論文，二〇一五年。
121. 林炫羽：《宋高宗立儲及其背後的政治文化與權力關係》，《史林》二〇二一年第五期。
122. 劉愛靜：《中國古代法律審判中的政治影響——探析宋初趙廷美和盧多遜謀反案》，山東大學碩士學位論文，二〇一四年。
123. 劉安志：《近年來「燭影斧聲」與「金匱之盟」研究述評》，《史學月刊》一九九五年第一期。
124. 劉廣豐：《北宋女主政治中的女性意識——以對劉太后的考察為中心》，《婦女研究論叢》二〇一四年第六期。
125. 劉廣豐：《丁謂與宋真宗朝的「天書封祀」》，《學習月刊》二〇〇八年第十八期。
126. 劉廣豐：《關於宋真宗劉皇后身世的幾點考述》，范立舟、曹家齊主編：《張其凡教授榮開六秩紀念文集》，上海：上海人民出版社，二〇〇九年。
127. 劉廣豐：《寇、丁之爭與宋真宗朝後期政治》，暨南大學碩士學位論文，二〇〇六年。
128. 劉廣豐：《南宋后族淳安楊氏家族考論》，《杭州師範大學學報》（社會科學版）二〇一七年第三期。
129. 劉廣豐：《宋代后妃與帝位傳承》，《武漢大學學報》（人文科學版）二〇〇九年第四期。
130. 劉廣豐：《宋代特殊政治勢力與女主權力的互動——以劉太后統治時期為中心》，《江漢論壇》二〇一五年第十期。

131. 劉廣豐：《心態史視角下宋代的女主政治——以北宋劉太后為中心》，《中原文化研究》二〇一八年第二期。
132. 劉廣豐：《章獻明肅劉太后與宋真、仁之際政治研究》，武漢大學博士學位論文，二〇〇九年。
133. 劉國喜：《宋真宗後期的政治——「祥符」道路的選擇》，湖南科技大學碩士學位論文，二〇一一年。
134. 劉洪濤：《從趙宋宗室的家族病釋「燭影斧聲」之謎》，《南開學報》一九八九年第六期。
135. 劉佳偉：《從親情與政治的互動關係考察宋仁宗與劉太后》，《綿陽師範學院學報》二〇一九年第六期。
136. 劉江：《女性與皇權——向太后與宋徽宗繼位考論》，《東方論壇》二〇一六年第五期。
137. 劉靜貞：《從皇后干政到太后攝政——北宋真仁之際女主政治權力試探》，《國際宋史研討會論文集》，臺北：中國文化大學出版部，一九八八年。
138. 劉靜貞：《皇帝和他們的權力——北宋前期》，臺北：稻鄉出版社，一九九六年。
139. 劉靜貞：《社會文化理念的政治運作——宋代母／后的政治權力與位置試探》，鄧小南、程民生、苗書梅主編：《宋史研究論文集（二〇一二）》，鄭州：河南大學出版社，二〇一四年。
140. 劉靜貞：《唯家之索——隆祐孟后在南宋初期政局中的位置》，《國際社會科學雜誌》（中文版）二〇一六年第三期。
141. 劉坤新：《從紹熙內禪看南宋皇位繼承之不穩定性》，《山西檔案》二〇一四年第二期。
142. 劉坤新：《南宋潛邸出身官員群體研究》，河北大學博士學位論文，二〇一五年。
143. 劉坤新：《彭龜年研究》，河北大學碩士學位論文，二〇一一年。
144. 劉坤新：《以南宋彭龜年為視角看光宗朝政局》，《保定學院學報》二〇一〇年第五期。
145. 劉莉：《夏竦與北宋仁宗朝政治》，華中科技大學碩士學位論文，二〇一五年。
146. 劉未：《宋代皇陵布局與五音姓利說》，《浙江大學藝術與考古研究》第〇期，二〇一八年。
147. 劉鑫：《宋代士大夫的女性觀》，四川師範大學碩士學位論文，二〇一九年。
148. 劉興亮：《重慶中國三峽博物館藏〈皇宋中興聖德頌〉碑考述》，《三峽大學學報》（人文社會科學版）二〇一三年第四期。
149. 劉毅：《宋代皇陵制度研究》，《故宮博物院院刊》一九九九年第一期。
150. 劉正萍：《試論北宋章獻明肅劉皇后的政治人生》，《東北師大學報》（哲學社會科學版）二〇一一年第四期。
151. 柳立言：《南宋政治初探——高宗陰影下的孝宗》，《中央研究院歷史語言研究所集刊》一九八六年第五十七本第三分。
152. 盧荷生：《對宋太宗承位之剖析》，《中央圖書館館刊》一九七〇年新第三卷第三～四期。
153. 魯學娟：《賈似道形象研究》，西北師範大學碩士學位論文，二〇一八年。
154. 羅家祥：《靖康黨論與「靖康之難」》，《華中師範大學學報》（人文社會科學版）二〇〇二年第三期。
155. 羅家祥：《朋黨之爭與北宋政治》，武漢：華中師範大學出版社，二〇〇二年。
156. 毛欽：《論賈似道奸臣形象的塑造》，《天中學刊》二〇一五年第六期。
157. 毛元佑、雷家宏：《宋太祖》，長春：吉林文史出版社，一九九六年。

158. 孟憲玉：《宋真宗潛邸舊臣研究》，河北大學碩士學位論文，二〇〇五年。
159. 孟醒：《北宋前期從政爭走向黨爭的歷程及其影響》，東北師範大學碩士學位論文，二〇一三年。
160. 墨鑄：《王禹偁三次謫官緣由》，《文史哲》一九八四年第五期。
161. 寧歐陽、雷家宏：《慶典中的政治：論南宋的慶壽禮》，馬建春主編：《暨南史學》第二十二輯，廣州，暨南大學出版社，二〇二一年。
162. 藕蕾：《南宋初年「趙鼎集團」研究》，河南大學碩士學位論文，二〇二〇年。
163. 潘晟、魯鑫：《鞏義宋陵考察散記》，《中國人文田野》第五輯，成都：巴蜀書社，二〇一二年。
164. 潘晟：《北宋皇位繼承的地理術數「觀察」與「預言」》，《中華文史論叢》二〇一六年第四期。
165. 潘晟：《知識、禮俗與政治：宋代地理術的知識社會史探》，南京：江蘇人民出版社，二〇一八年。
166. 潘守皎：《王禹偁與宋太宗、真宗的舊知新怨》，《齊魯學刊》二〇一一年第五期。
167. 潘雨：《宋代太后垂簾聽政研究》，遼寧大學碩士學位論文，二〇一九年。
168. 龐明啟：《相權、儒術、勳舊的三重奏——趙普與盧多遜之爭探論》，《雲南民族大學學報》（哲學社會科學版）二〇一五年第三期。
169. 龐小翠：《夏竦與仁宗朝政治研究》，河北大學碩士學位論文，二〇一六年。
170. 彭康：《編外的後宮：北宋宮廷養女》，廈門大學碩士學位論文，二〇一八年。
171. 彭文良：《〈宋史·蘇軾傳〉補證——以蘇軾、章惇關係為中心》，《史林》二〇一六年第六期。
172. 蒲章臻：《「燭影斧聲」「金匱之盟」：宗室政策視角下的太宗繼位問題》，《池州學院學報》二〇二〇年第四期。
173. 漆俠：《范仲淹集團與慶曆新政——讀歐陽修〈朋黨論〉書後》，《歷史研究》一九九二年第三期。
174. 錢杭：《關於「燭影斧聲」之「斧」》，《史林》二〇〇一年第四期。
175. 屈超立：《從賈似道專權看南宋權相政治形成的原因》，四川大學古籍整理研究所、四川大學宋代文化研究資料中心編：《宋代文化研究》第四輯，成都：四川大學出版社，一九九四年。
176. 任士英：《宮廷政治史話》，北京：社會科學文獻出版社，二〇一二年。
177. 戎默：《宋孝宗立儲事件鉤沉》，中國歷史文獻研究會編：《歷史文獻研究》總第三十四輯，上海：華東師範大學出版社，二〇一四年。
178. 邵彥：《〈洛神賦圖〉與宋高宗後宮——南宋摹本功能與意義的再思考》，王明明主編：《大匠之門》十三，南寧：廣西美術出版社，二〇一六年。
179. 申利：《文彥博年譜》，鄭州大學碩士學位論文，二〇〇六年。
180. 申萬裡、岑宇凡：《宋蒙鄂州之役期間的「議和」問題新探》，《安徽史學》二〇二一年第三期。
181. 施秀娥：《宋太宗繼統考略》，《齊魯學刊》一九八九年第六期。
182. 施譯涵：《書寫差異與婦德規訓——以南宋光宗慈懿李後事蹟為探究對象》，《興大人文學報》二〇一八年第60期。
183. 施譯涵：《天命、夢兆與婦德實踐——〈宋史·高宗憲聖慈烈吳皇后傳〉內容試探》，《興大人文學報》二〇一六年第五十六期。
184. 史冷歌：《宋代皇帝的疾病、醫療與政治》，保定：河北大學出版社，二〇一三年。

185. 孫剛：《夏竦年譜簡編》，《古籍整理研究學刊》二〇一四年第五期。
186. 孫晶晶、陳萍：《紹熙內禪事件後南宋帝位更迭之象考略》，《蘭臺世界》二〇一五年第十二期。
187. 孫煒：《南宋光宗朝的太上皇制度研究》，《洛陽理工學院學報》（社會科學版）二〇一七年第三期。
188. 譚平：《后妃與宋代政治》，《中華文化論壇》二〇〇八年第三期。
189. 湯勤福：《宋真宗「封禪滌恥」說質疑——論真宗朝統治危機與天書降臨、東封西祀之關係》，《河北大學學報》（哲學社會科學版）二〇一九年第二期。
190. 唐代劍：《陳摶、張守真事蹟考》，《中華文化論壇》一九九六年第二期。
191. 唐政平：《北宋宦官預政若干問題探析》，廣西師範大學碩士學位論文，二〇一〇年。
192. 田傑：《北宋宦官群體研究》，西北大學碩士學位論文，二〇〇九年。
193. 田志光、苗書梅：《南宋相權擴張的若干路徑論略》，《北方論叢》二〇一二年第三期。
194. 田志光、朱倩倩：《宋仁宗廢后事件再探》，《商丘師範學院學報》二〇一六年第十一期。
195. 田志光：《宋初武將政治地位再認識——崇文抑武之另一面》，《文史哲》二〇二一年第一期。
196. 仝相卿：《北宋八大王趙元儼生平新探》，《江西社會科學》二〇一三年第五期。
197. 萬藹雲：《宋朝內命婦遷轉問題之探討》，《通識研究集刊》二〇〇六年第十期。
198. 汪伯琴：《宋初二帝傳位問題的剖析》，《大陸雜誌》一九六六年第三十二卷第十期。
199. 汪家華：《「斧聲燭影」及宋太宗即位考論》，《衡陽師範學院學報》二〇一一年第二期。
200. 汪家華：《太宗即位考》，《巢湖學院學報》二〇〇五年第二期。
201. 汪聖鐸、孟憲玉：《宋真宗的潛邸舊臣考論》，《安徽師範大學學報》（人文社會科學版）二〇〇四年第六期。
202. 汪聖鐸：《試論〈宋史全文〉理宗部分的史料價值》，《文獻》二〇〇五年第四期。
203. 汪聖鐸：《宋真宗》，長春：吉林文史出版社，一九九六年。
204. 汪天順：《章惇與曾布、蔡卞交惡及其對紹述政治的影響》，《中國史研究》二〇〇九年第一期。
205. 王斌：《「金匱之盟」真偽探析》，《和田師範專科學校學報》二〇一五年第二期。
206. 王曾瑜：《宋高宗傳》，鄭州：河南文藝出版社，二〇二一年。
207. 王晨：《論北宋相權的階段性變遷》，東北師範大學碩士學位論文，二〇一二年。
208. 王冬梅：《留正與光宗朝政局研究》，暨南大學碩士學位論文，二〇〇七年。
209. 王海華：《孟太后與兩宋之際的政治》，北京大學碩士學位論文，二〇〇〇年。
210. 王菡：《宋哲宗》，長春：吉林文史出版社，一九九七年。
211. 王化雨：《〈宋史•王旦傳〉「立皇太子」事辨析》，《中華文化論壇》二〇一七年第十期。
212. 王化雨：《蔡京去留與宋徽宗朝初年政治》，《史林》二〇一七年第六期。

213. 王敏安：《北宋母后聽政及其與士大夫的政治關係——以劉太后與高太皇太后為探討中心》，臺灣師範大學碩士學位論文，二〇一八年。

214. 王瑞來：《「狸貓換太子」傳說的虛與實——後真宗時代：宋代士大夫政治下的權力博弈》，《文史哲》二〇一六年第二期。

215. 王瑞來：《「燭影斧聲」事件新解》，《中國史研究》一九九一年第二期。

216. 王瑞來：《論宋代相權》，《歷史研究》一九八五年第二期。

217. 王瑞來：《宋朝末代皇后之父——〈全公墓志〉考釋》，《中山大學學報》（社會科學版）二〇二三年第一期。

218. 王雅軒：《宋初宮廷疑案辨析》，《文化學刊》二〇〇八年第二期。

219. 王宇：《最是難言父子間——南宋孝宗與光宗的恩怨》，杭州：杭州出版社，二〇一九年。

220. 王宇：《朱熹「寧宗嫡孫承重」說與慶元黨禁的走向》，《浙江大學學報（人文社科版）》二〇二二年第三期。

221. 王雨非：《形象塑造——論宋代士大夫對章獻劉太后的評價書寫》，姜錫東主編：《宋史研究論叢》第二十七輯，北京：科學出版社，二〇二〇年。

222. 王育濟、陳曉瑩：《宋太祖與他的家人》，《濟南大學學報》（社會科學版）二〇一八年第三期。

223. 王育濟：《「金匱之盟」真偽考——對一樁學術定案的重新甄別》，《山東大學學報》（哲學社會科學版）一九九三年第一期。

224. 王育濟：《論「陳橋兵變」》，《文史哲》一九九七年第一期。

225. 王志雙：《北宋仁宗朝呂夷簡集團的組成及其性質》，《邢臺學院學報》二〇〇三年第三期。

226. 王志雙：《蕩滌保守政風以開新局的前奏——郭皇后被廢與宋仁宗前朝政局》，《蘇州科技學院學報》（社會科學版）二〇一二年第三期。

227. 王志雙：《呂夷簡與宋仁宗前期政治研究》，河北大學碩士學位論文，二〇〇〇年。

228. 韋兵：《「張守真神降」考疑：術士與宋太祖太宗皇權更替》，《華東師範大學學報》（哲學社會科學版）二〇一七年第三期。

229. 魏志江：《論宋代后妃》，《揚州師院學報》（社會科學版）一九九四年第一期。

230. 聞軒軒：《南北之爭與北宋政治》，河南大學碩士學位論文，二〇一九年。

231. 聞軒軒：《豫定太宗神器之傳——新視野下杜太后與「金匱之盟」補論》，四川大學古籍整理研究所、四川大學宋代文化研究中心編：《宋代文化研究》第二十八輯，北京：線裝書局，二〇二二年。

232. 吳寶琪：《論北宋開國功臣趙普》，《北京師範大學學報》一九八五年第三期。

233. 吳天墀：《燭影斧聲傳疑》，《史學季刊》一九四一年第一卷第二期。

234. 吳肖丹：《北宋「奸相」章惇與蘇軾的交遊新論》，《海南大學學報》（人文社會科學版）二〇一七年第三期。

235. 吳業國：《南宋寧宗楊皇后籍貫、身世獻疑》，《中國典籍與文化》二〇一〇年第三期。

236. 吳增輝：《車蓋亭詩案的歷史還原》，《西華師範大學學報》（哲學社會科學版）二〇一四年第五期。

237. 吳錚強：《寇準謀廢東宮考》，雷聞、康鵬、張國旺主編：《隋唐遼宋金元史論叢》第十一輯，上海：上海古籍出版社，二〇二一年。

238. 伍純初：《權相賈似道與晚宋政局研究》，《南都學壇》二〇一一年第六期。

239. 夏令偉：《論史浩的兩次拜相及其原因——史氏相權與趙氏宮廷的關係研究之一》，《浙江海洋學院學報》（人文科學版）二〇一〇年第一期。

240. 蕭慶偉：《車蓋亭詩案平議》，《河北大學學報》（哲學社會科學版）一九九五年第一期。
241. 肖崇林、廖寅：《「福華編」：南宋末年賈似道執政時代述論》，姜錫東主編：《宋史研究論叢》第十四輯，保定：河北大學出版社，二〇一三年。
242. 肖建新：《南宋紹熙內禪鉤沉》，《安徽師範大學學報》（人文社會科學版）二〇〇二年第六期。
243. 肖建新：《宋朝的垂簾聽政》，《文史雜誌》一九九三年第五期。
244. 肖建新：《宋代臨朝聽政新論》，《社會科學戰線》二〇〇三年第四期。
245. 熊鳴琴：《曾布與北宋後期黨爭》，暨南大學碩士學位論文，二〇〇四年。
246. 熊鳴琴：《黨爭視野下的〈曾布日錄〉》，《東華理工大學學報》（社會科學版）二〇一二年第三期。
247. 熊燕軍：《宋季韓震之死及相關問題》，紀宗安、馬建春主編：《暨南史學》第十二輯，桂林：廣西師範大學出版社，二〇一六年。
248. 徐紅、苑恩達：《論北宋遺詔與皇太后垂簾聽政》，《江蘇第二師範學院學報》二〇一八年第一期。
249. 徐美超：《史彌遠的政治世界：南宋晚期的政治生態與權力形態的嬗變（一二〇八～一二五九）》，復旦大學碩士學位論文，二〇一四年。
250. 徐夢麗：《鄭清之研究》，山東師範大學碩士學位論文，二〇一九年。
251. 徐瑞康：《從趙伯琮的入宮看宋高宗在立儲問題上的政治考量》，《文化創新比較研究》二〇一九年第十期。
252. 徐紫林：《靖康期間汴京城內流言傳播與官府應對》，《哈爾濱學院學報》二〇二〇年第七期。
253. 許浩然：《周必大的歷史世界：南宋高、孝、光、寧四朝士人關係之研究》，南京：鳳凰出版社，二〇一六年。
254. 許玲：《宦官與宋神宗哲宗兩朝政治研究》，山東大學碩士學位論文，二〇一六年。
255. 許玉龍：《臺諫群體與宋英宗朝政治》，華中科技大學碩士學位論文，二〇一五年。
256. 燕永成：《試論劉太后與宋真宗朝史的編修》，《史林》二〇一〇年第三期。
257. 燕永成：《〈王文正公遺事〉考略》，《上海師範大學學報》（哲學社會科學版）一九九五年第一期。
258. 楊丹：《韓琦年譜新編》，蘭州大學碩士學位論文，二〇一三年。
259. 楊光華：《宋代后妃、外戚預政的特點》，《西南師範大學學報》（哲學社會科學版）一九九四年第三期。
260. 楊果、劉廣豐：《宋仁宗郭皇后被廢案探議》，《史學集刊》二〇〇八年第一期。
261. 楊果：《宋代后妃參政述評》，《江漢論壇》一九九四年第四期。
262. 楊華明：《略論北宋名相趙普專權》，《樂山師範學院學報》一九九八年第二期。
263. 楊潔：《宋高宗「中興之主」的官方塑造與歷史書寫》，山西大學碩士學位論文，二〇一九年。
264. 楊慶傑：《宋哲宗之孟皇后生平及政治角色考述》，《鄭州輕工業學院學報》（社會科學版）二〇一四年第二期。
265. 楊裕欣：《五雲深護帝王家——兩宋后妃的年壽、婚姻及其家庭情況考述》，華東師範大學碩士學位論文，二〇〇八年。
266. 葉帆：《「金匱之盟」再考辨》，《歷史教學問題》二〇〇〇年第四期。
267. 尤嬋嬋：《北宋中後期太后與新舊黨爭》，首都師範大學碩士學位論文，二〇一三年。

268. 于志霖、鐵愛花：《趙顥的王府屬官與元祐政局》，姜錫東主編：《宋史研究論叢》第二十輯，北京：科學出版社，二〇一七年。
269. 于志霖：《趙顥與北宋神哲兩朝政局》，蘭州大學碩士學位論文，二〇一七年。
270. 余英時：《朱熹的歷史世界：宋代士大夫政治文化的研究》，北京：生活・讀書・新知三聯書店，二〇一一年。
271. 虞雲國：《南渡君臣：宋高宗及其時代》，上海：上海人民出版社，二〇一九年。
272. 虞雲國：《南宋行暮：宋光宗宋寧宗時代》，上海：上海人民出版社，二〇一八年。
273. 虞雲國：《宋代臺諫系統的破壞與君權相權之關係》，《學術月刊》一九九五年第十一期。
274. 虞雲國：《宋光宗・宋寧宗》，長春：吉林文史出版社，一九九七年。
275. 喻朝剛：《章惇論》，《史學集刊》一九九七年第一期。
276. 袁征：《紹熙廢立初探》，《學林漫錄》十集，北京：中華書局，一九八五年。
277. 臧嶸：《「靖康恥」是怎樣造成的？》，《史學月刊》一九六五年第二期。
278. 曾祥波：《兩宋政治話語中的「趙氏孤兒」及其文學影響》，《南京師大學報》（社會科學版）二〇一六年第二期。
279. 詹衛：《關於車蓋亭詩案》，《中國典籍與文化》一九九七年第四期。
280. 張邦煒：《靖康內訌解析》，《四川師範大學學報》（社會科學版）二〇〇一年第三期。
281. 張邦煒：《兩宋王朝史》，鄭州：鄭州大學出版社，二〇二一年。
282. 張邦煒：《兩宋無內朝論》，《河北學刊》一九九四年第一期。
283. 張邦煒：《宋代對宗室的防範》，《北京師院學報》（社會科學版）一九八八年第一期。
284. 張邦煒：《宋代皇親與政治》，鄭州：鄭州大學出版社，二〇二一年。
285. 張邦煒：《宋徽宗初年的政爭——以蔡王府獄為中心》，《西北師大學報》（社會科學版）二〇〇四年第一期。
286. 張邦煒：《宋真宗劉皇后其人其事》，鄧廣銘、王雲海主編：《宋史研究論文集》（一九九二年年會編刊），開封：河南大學出版社，一九九三年。
287. 張春曉：《「權奸」的明代演繹——以通俗文學中賈似道形象嬗變為中心》，《明清小說研究》二〇一九年第二期。
288. 張吉寅：《火災視閾下北宋劉太后與士大夫的權力博弈》，《河北大學學報》（哲學社會科學版）二〇一九年第四期。
289. 張金嶺：《宋理宗研究》，北京：人民出版社，二〇〇八年。
290. 張林：《從平庸到仁聖——兩宋政治迭變中的仁宗形象》，中山大學博士學位論文，二〇一〇年。
291. 張林：《向太后攬權及其與徽宗之政爭——立足於蔡京去留問題之考察》，姜錫東、李華瑞主編：《宋史研究論叢》第十輯，保定：河北大學出版社，二〇〇九年。
292. 張梅坤：《趙伯澤家族的興衰和史彌遠廢立之變——南宋安定郡王趙伯澤及其家族墓誌考析》，《杭州大學學報》（哲學社會科學版）一九八六年第一期。
293. 張孟倫：《宋代統治階級在撰修國史上的鬥爭》，《蘭州大學學報》（社會科學版）一九八一年第四期。
294. 張明華：《「靖康之難」被擄北宋宮廷及宗室女性研究》，《史學月刊》二〇〇四年第五期。
295. 張明華：《北宋宮廷的〈長恨歌〉——宋仁宗與張貴妃宮廷愛情研究》，《咸寧學院學報》二〇一二年第一期。

296. 張明華：《北宋宣仁太后垂簾時期的心理分析》，《洛陽師範學院學報》二〇〇四年第一期。
297. 張明華：《從曹皇后的道德自虐看北宋中期儒學復興對宮廷女性的負面影響》，《浙江萬里學院學報》二〇〇四年第一期。
298. 張明華：《論北宋女性政治的蛻變》，《河南大學學報》（社會科學版）二〇〇二年第一期。
299. 張其凡、白效詠：《乾興元年至明道二年政局初探——兼論宋仁宗與劉太后關係之演變》，《中州學刊》二〇〇五年第三期。
300. 張其凡、劉廣豐：《寇準、丁謂之爭與宋真宗朝後期政治》，紀宗安、湯開建主編：《暨南史學》第五輯，廣州：暨南大學出版社，二〇〇七年。
301. 張其凡、田翼：《有關宋理宗的兩個問題的考察》，《商丘師範學院學報》二〇一一年第五期。
302. 張其凡、王冬梅：《南宋宰相留正的家世與生平——留正研究之一》，《國際社會科學雜誌》（中文版）二〇〇九年第三期。
303. 張其凡：《留正與光宗之立——留正研究之二》，張其凡著，廣東省人民政府文史研究館編：《番禺集：宋代歷史文化探研集》，廣州：廣東人民出版社，二〇一七年。
304. 張其凡：《宋初政治探研》，廣州：暨南大學出版社，一九九五年。
305. 張其凡：《宋太宗》，長春：吉林文史出版社，一九九七年。
306. 張其凡：《趙普評傳》，北京：北京出版社，一九九一年。
307. 張其凡：《趙普政治思想試探》，《首都師範大學學報》（社會科學版）一九八九年第二期。
308. 張偉：《論張邦昌「偽楚」政權及其影響》，《寧波大學學報》（人文科學版）一九九九年第三期。
309. 張小花、慶振軒：《曾布「建中之政」的失敗與徽宗朝初期政局演變》，《北京聯合大學學報》（人文社會科學版）二〇一八年第二期。
310. 張學敏：《寇準與真宗朝政治研究》，東北師範大學碩士學位論文，二〇一二年。
311. 張延和：《靖康「遵祖宗舊制」之政與兩宋之際的政治轉型》，《史林》二〇二〇年第六期。
312. 張蔭麟：《宋太宗繼統考實》，《文史雜誌》一九四一年第一卷第八期。
313. 張雲箏：《論「宣仁之誣」》，《焦作師範高等專科學校學報》二〇〇八年第四期。
314. 章尚正：《中國封建皇帝內禪論》，《中國史研究》一九九六年第三期。
315. 趙冬梅：《千秋是非話寇準》，北京：電子工業出版社，二〇一二年。
316. 趙冬梅：《先帝皇后與今上生母——試論皇太后在北宋政治文化中的含義》，張希清、田浩、黃寬重、于建設主編：《十～十三世紀中國文化的碰撞與融合》，上海：上海人民出版社，二〇〇六年。
317. 趙曈：《讖緯與陳橋兵變》，《中州學刊》二〇一七年第二期。
318. 趙英華：《論影響宋代皇儲確立及繼位的力量》，姜錫東、李華瑞主編：《宋史研究論叢》第六輯，保定：河北大學出版社，二〇〇五年。
319. 趙英華：《宋代皇儲制度研究》，河北大學碩士學位論文，二〇〇〇年。
320. 趙澤光：《道教與北宋政治》，《貴州社會科學》二〇〇七年第七期。
321. 趙振：《君臣關係與北宋前期政治——以寇準為個案》，《北方論叢》二〇〇五年第四期。
322. 仲偉民：《宋神宗》，長春：吉林文史出版社，一九九七年。

323. 周蓓：《宋代風水研究》，上海師範大學碩士學位論文，二〇〇三年。
324. 周勁松：《宋代皇位繼承無內亂原因探析》，《中州學刊》一九九六年第一期。
325. 朱玖昀：《宋代立儲考》，《石油大學學報》（社會科學版）一九九三年第二期。
326. 朱倩倩：《仁宗朝后妃與北宋政治研究》，河南大學碩士學位論文，二〇一八年。
327. 朱倩倩：《宋真宗晚年權力交接問題探析》，姜錫東主編：《宋史研究論叢》第二十四輯，北京：科學出版社，二〇一九年。
328. 朱瑞熙：《宋朝的宮廷制度》，《學術月刊》一九九四年第四期。
329. 朱松美：《「燭影斧聲」探謎》，《山東教育學院學報》二〇〇四年第三期。
330. 朱雲鵬：《道教與宋太宗父子的上臺》，《中州學刊》一九九九年第二期。
331. 朱子彥：《宋代垂簾聽政制度初探》，《學術月刊》二〇〇一年第八期。
332. 諸葛憶兵：《論宋代后妃與朝政》，《南京師大學報》（社會科學版）一九九八年第四期。
333. 諸葛憶兵：《宋代參知政事與宰相之關係初探》，《北京師範大學學報》（社會科學版），一九九九年第一期。
334. 祝建平：《仁宗朝劉太后專權與宋代后妃干政》，《史林》一九九七年第二期。
335. 祝總斌：《試析關於宋孝宗「憎恨」宋高宗的兩條資料》，《中華文史論叢》二〇一二年第四期。
336. 宗風奇：《韓琦年譜》，廣西師範大學碩士學位論文，二〇一一年。
337. （韓）朴志君：《北宋時期宣仁太后的攝政》，姜錫東、李華瑞主編：《宋史研究論叢》第七輯，保定：河北大學出版社，二〇〇六年。
338. （加）曹星原：《斯人斯藝何獨為向氏所知：向氏家族的榮辱與〈清明上河圖〉》，楊麗麗主編：《〈清明上河圖〉新論》，北京：故宮出版社，二〇一一年。
339. （美）蔡涵墨、陳元：《曹勳與「太祖誓約」的傳說》，《中國史研究》二〇一六年第四期。
340. （美）蔡涵墨：《歷史的嚴妝：解讀道學陰影下的南宋史學》，北京：中華書局，二〇一六年。
341. （美）戴仁柱著，劉廣豐、惠冬譯：《丞相世家：南宋四明史氏家族研究》，北京：中華書局，二〇一四年。
342. （美）賈志揚：《劉后及其對宋代政治文化的影響》，漆俠主編：《宋史研究論文集——國際宋史研討會暨中國宋史研究會第九屆年會編刊》，保定：河北大學出版社，二〇〇二年。
343. （美）賈志揚著，趙冬梅譯：《天潢貴胄：宋代宗室史》，南京：江蘇人民出版社，二〇〇五年。
344. （美）劉子健、靜寰：《南宋成立時的幾次危機及其解決》，《社會科學戰線》一九八三年第四期。
345. （美）劉子健：《宋太宗與宋初兩次篡位》，《中國史研究》一九九〇年第一期。
346. （美）伊沛霞：《向皇后（一〇四六～一一〇一）及史傳以外的傳記資料》，游鑑明、胡纓、季家珍主編：《重讀中國女性生命故事》，南京：江蘇人民出版社，二〇一二年。
347. （美）伊沛霞著，韓華譯：《宋徽宗》，桂林：廣西師範大學出版社，二〇一八年。
348. （日）愛宕元：《宋太祖弑害説と上清太平宮》，《史林》六七卷二號，一九八四年。

349.（日）荒木敏一：《宋太祖酒癖考》，《史林》三八卷五號，一九五五年。
350.（日）久保和田男著，趙望秦、黃新華譯：《五代宋初的洛陽和國都問題》，《中國歷史地理論叢》二〇〇一年第三期。
351.（日）平田茂樹：《宋代の垂簾聴政について》，《中國の伝統社會と家族：柳田節子先生古稀記念》，東京：汲古書院，一九九三年。
352.（日）千葉煚：《孟皇后のこと—宋代の后妃その三》，《歴史論集：生江義男先生還暦記念》，調布：生江義男先生還暦記念歴史論集刊行委員會，一九七八年。
353.（日）千葉煚：《宋代の后妃—太祖・太宗・真宗・仁宗四朝》，《青山博士古稀紀念宋代史論叢》，東京：省心書房，一九七四年。
354.（日）千葉煚：《憲聖慈烈呉皇后とその周辺》，《桐朋學園大學短期大學部紀要》三，調布：桐朋學園大學短期大學部，一九八四年。
355.（日）千葉煚：《英宗宣仁聖烈皇后高氏—宋代の后妃その二》，《東洋史論集：木村正雄先生退官記念》，調布：木村正雄先生退官記念事業東洋史論集編集委員會，一九七六年。
356.（日）寺地遵著，劉靜貞、李今芸譯：《南宋初期政治史研究》，上海：復旦大學出版社，二〇一六年。
357.（日）小林晃：《南宋寧宗時期史彌遠政權的成立及其意義》，鄧小南、程民生、苗書梅主編：《宋史研究論文集（二〇一二）》，鄭州：河南大學出版社，二〇一四年。
358.（日）小林晃：《南宋孝宗朝における太上皇帝の影響力と皇帝側近政治》，《東洋史研究》第七一卷第一號，二〇一二年。
359.（日）熊本崇：《宋神宗立太子前後—哲宗定策問題序説—》，《集刊東洋學》一〇七卷，二〇一二年。
360.（日）竺沙雅章著，方建新譯：《宋朝的太祖和太宗：變革時期的帝王》，杭州：浙江大學出版社，二〇〇六年。
361. Chaffee, John W., "The Rise and Regency of Empress Liu (969-1033)." *Journal of Song-Yuan Studies* No.31, 2001, pp.1-25.
362. Chu, Ming Kin, "Mobilizing Supporters for the Song Restoration: Narratives and Allusions in the 'Empress Dowager's Letter to Be Promulgated across the Realm'", *Journal of Asian History 55 (2)*, 2021, pp.251-278.
363. Chung, Priscilla Ching, *Palace women in the Northern Sung, 960-1126,* Leiden: E. J. Brill, 1981.
364. Ebrey, Patricia B., and Bickford, Maggie ed., *Emperor Huizong and Late Northern Song China: The Politics of Culture and the Culture of Politics,* Cambridge (Massachusetts) and London: Harvard University Asia Center, 2006.
365. McMahon, Keith, *Celestial Women: Imperial Wives and Concubines in China from Song to Qing,* London: Rowman & Littlefield Publishers, 2016.
366. Zhang, Jipeng, and Zhang, Yanan, "The Political Intention of Emperor Huizong to Mourn the Concubines." *Frontiers in Art Research 2(3)*, 2020, pp.59-62.

HISTORY 系列 136

大宋官家現形記：撕開宮廷政治三百年的黑幕

作者—吳錚強

浙江海寧人，浙江大學歷史學院教授、博士生導師，知名宋史、社會史學者，尋宋旅行家。浙江大學生地方歷史文書編纂與研究中心負責人，浙江大學公眾史學研究中心、宋學研究中心、歷史學院宋史研究中心副主任。現代社會科學視野下的中國文化本體論者。

副總編輯—邱憶伶
封面設計—FE設計葉馥儀
內頁設計—林樂娟

董事長—趙政岷
出版者—時報文化出版企業股份有限公司
一〇八〇一九臺北市和平西路三段二四〇號三樓
發行專線—（〇二）二三〇六六八四二
讀者服務專線—〇八〇〇二三一七〇五
（〇二）二三〇四七一〇三
讀者服務傳真—（〇二）二三〇四六八五八
郵撥—一九三四四七二四 時報文化出版公司
信箱—一〇八九九臺北華江橋郵局第九九信箱
時報悅讀網—http://www.readingtimes.com.tw
電子郵件信箱—newstudy@readingtimes.com.tw
法律顧問—理律法律事務所 陳長文律師、李念祖律師
印刷—勁達印刷有限公司
初版一刷—二〇二四年九月六日
定價—新臺幣五〇〇元
（若有缺頁或破損，請寄回更換）

時報文化出版公司成立於一九七五年，並於一九九九年股票上櫃公開發行，於二〇〇八年脫離中時集團非屬旺中，以「尊重智慧與創意的文化事業」為信念。

大宋官家現形記：撕開宮廷政治三百年的黑幕／吳錚強著.
-- 初版. -- 臺北市：時報文化出版企業股份有限公司，2024.09
400 面；14.8×21 公分. --（History 系列；136）
ISBN 978-626-396-688-8（平裝）
1.CST: 宮廷政爭 2.CST: 宋史
625.1 113012220

ISBN 978-626-396-688-8
Printed in Taiwan